KB110997

시크릿을 깨닫다

정신세계사

지은이 카밀로

10대 때부터 영성에 관심을 가지고 동서양의 다양한 영성전통을 공부하며 수행했다. 2005년에 '나는 누구인가?'라는 의문에 답을 얻기 위하여 스페인 갈리시아의 엄률 시토회 소속 산타 마리아 데 소브라도 봉쇄수도원에 입회하였다. 2011년에는 종신서원을 발하고 900년이 넘는 수도회 역사상 두 번째 한국인 남자 종신서원자가 되었다. 가톨릭 수도자 출신이지만 동양의 핵심영성인 비이원론의 수행자이며 현재 네이버 카페 '비이원 시크릿 아카데미'를 운영하고 있다.
네이버 카페 https://cafe.naver.com/purplertsi7

일러두기 • 이 책에 인용된 성경 구절들은 가톨릭 공동번역본을 기준으로 하되, 글의 흐름과 저자의 해석에 따라 일부 표현을 달리 쓰거나 괄호를 덧붙인 부분이 있습니다.

시크릿을 깨닫다

카밀로 지은 것을 정신세계사 김우종이 2019년 8월 9일 처음 펴내다. 배민경이 다듬고, 변영옥이 꾸미고, 한서지업사에서 종이를, 영신사에서 인쇄와 제본을, 하지혜가 책의 관리를 맡다. 정신세계사의 등록일자는 1978년 4월 25일(제2018-000095호), 주소는 03965 서울시 마포구 성산로4길 6 2층, 전화는 02-733-3134, 팩스는 02-733-3144, 홈페이지는 www.mindbook.co.kr , 인터넷 카페는 cafe.naver.com/mindbooky 이다.

2022년 5월 17일 펴낸 책(초판 제5쇄)

ISBN 978-89-357-0431-6 03190

이 도서의 국립중앙도서관 출판시도서목록(CIP)은 서지정보유통지원시스템 홈페이지(http://seoji.nl.go.kr)와 국가자료공동목록시스템(http://www.nl.go.kr/kolisnet)에서 이용하실 수 있습니다. (CIP제어번호: CIP2019027862)

차례

비이원의 신비

만남의 시작

아직 해도 채 뜨지 않은, 푸른 분위기가 감도는 이른 새벽에 그녀가 눈을 떴다. 갈색의 부스스한 머리를 대충 묶는 그녀는 눈도 제대로 뜨지 못한 채, 동그란 안경을 주섬주섬 찾아 낀다. 잠이 많은 그녀가 졸린 몸을 일으킬 수 있는 것은 아직 산더미처럼 남은 대출과 매달 내야 하는 월세 탓인 것 같다. 그녀는 침대에 앉아 한숨을 한 번 크게 쉬고 책상에 세워둔 액자를 바라본다. 액자에는 컴퓨터용 사인펜으로 조잡하게 그린 10억짜리 지폐가 꽂혀 있었는데, 그녀는 아침마다 그것을 보고 빙긋 웃기도 하고, 눈을 감고 무언가 상상할 때도 있다. 그녀가 지금 무엇을 상상하는지는 알 수 없지만, 그것이 그녀에게 아주 좋은 기분을 가져다주는 것이 확실하다. 시계 초침 소리만 맴돌던 조용한 방에 그녀의 목소리가 나지막이 울린다.

"오늘이 꼭 100일 되는 날이네…."

약간의 실망감이 묻어나오는 억양이다. 그녀는 100일 전부터 소위 '끌어당김의 법칙', '네빌링' 등으로 불리는 시크릿의 방법을 실천하고 있었다. 간절히 원하는 것이 이미 이루어졌다고 믿으면 정말로 그렇게 된다는 것이 시크릿의 요지인데, 많은 사람의 시크릿 성공 이야기를 접한 그녀는 자신 또한 그렇게 될 것이라고 굳게 믿었다. 따라서 그녀는 매일 아침 부자가 된 자신을 상상하고, 실제로 그 기분을 느껴보고, 상황을 구체화하며 그것을 실천해온 것이다. 그러나 도통 돈은 들어올 생각을 하지 않는다. 그녀 스스로 정한 시크릿 마감일이 당장 오늘인데도 말이다!

"뭐, 어떻게든 되겠지."

그녀는 실망스러운 기분을 애써 부정하며 출근 준비를 시작한다. 머리를 감고, 말리는 내내 기분이 언짢다. 날씨가 덥고 습한 데다가, 버스 정류장에는 출근하는 직장인들이 바글거린다. 그녀는 문득 시크릿 기술을 이용해 매번 자리에 앉아 편하게 출근한다는 사람의 이야기가 생각났다. 100일간 아무 변화도 생기지 않았던 것을 보상받고 싶은 마음 때문일까, 자잘한 시크릿은 거들떠보지도 않던 그녀가 잠시 눈을 감고 상상한다. '버스가 도착하면 문이 열리고, 내가 탄다. 자리도 아주 많고 에어컨도 시원하게 틀어뒀네…. 햐, 생각만 해도 기분 좋다!' 잠시 후, 그녀가 타야 하는 버스가 곧 도착한다는 안내가 들린다. 그녀는 내심 자신의 상상대로 되길 기대하는 눈치다. 몇 분쯤 기다리자 저 멀리,

버스가 달려온다. 그녀는 벌써 기분이 좋아지기 시작했다. 마침내 버스가 그녀의 앞까지 왔지만, 상황은 그녀의 기대와는 달랐다. 버스 안은 이미 콩나물시루가 되어 정류장에 정차하지도 않고 매캐한 매연만 남긴 채 저 멀리 달려간다.

그날 저녁 6시, 그녀는 피곤한 몸을 이끌고 집으로 돌아가는 중이다. '1등 두 번, 2등 다섯 번…' 길거리 매점의 낡은 현수막이 요란스럽게 펄럭거린다. 매점 앞은 복권을 사려는 사람들로 가득 차서 길을 지나는 사람들에게 방해가 되었다. 행인들의 눈총이 무섭게 그들을 쏘아댄다. 무슨 생각이었는지, 평소에는 복권에 관심도 없던 그녀가 어느새 매점 앞, 사람들 틈에 껴 있다.

"자동이요."

그녀가 꾸깃꾸깃한 5,000원짜리 지폐를 내밀며 말한다. 아마도 그녀는 100일째인 오늘이 지나기 전에 그녀의 소원을 꼭 이루고 싶은 것 같다. 껌을 '짝짝' 소리가 나게 씹어대는 아주머니는 그녀를 흘낏 보더니 시끄러운 기계가 뱉어낸 종이를 건넨다. 그녀는 종이를 받아들며 무언가 회상하는 것 같다.

두 달 전이었다. 그녀는 가족들에게 시크릿을 설명하면서 '원하는 건 뭐든지 이룰 수 있으니 그저 상상만 해보라'고 진지하게 권유했다가 박장대소하는 가족들 때문에 기분이 상했다. 특히나 그녀의 남동생은 냉철한 현실주의자로서, 그녀에게 이런 질문을 던졌다.

"상상하면 왜 이루어지는데? 누나 말이 진실이라고 해도 누가, 뭐 때문에 세상을 그런 식으로 돌아가게 만들었냐는 말이야. 근거가 있어야지."

그녀는 부끄럽게도 그의 질문에 답하지 못했었다. 스스로 실천하고 있고, 가족들에게 권유도 하고 있으면서 정작 그것의 원리는 진지하게 생각해보지 않은 탓이었다. 그녀는 남동생이 물은 것을 대충 얼버무리고 나서 말했다.

"다들 몇 달 있다가 나한테 용돈 달라고 하지나 마!"

그녀는 호언장담했지만, 마음 한편으로는 자신이 없었던 것이 사실이었다. 그리고 정말 그녀의 소원이 이루어지지 않는다면, 이런 말도 안 되는 것에 시간과 힘을 낭비한 것에 대해 스스로 한심하게 느껴질 것 같았다.

토요일 저녁, 그녀는 인터넷 검색창에 '로또 번호'를 검색한다. 당첨 번호를 맞춰보기 전에, 그녀는 눈을 감고 상상한다. 첫 번째 숫자가 맞았을 때의 기쁨, 두 번째 숫자도 역시 맞았을 때의 놀라움… 여섯 번째 번호까지 모두 맞았을 때 흘리는 감사의 눈물이 그녀의 볼을 간지럽히며 흘러내리는 느낌까지 생생하다. '또각또각' 그녀가 신은 구두가 차가운 대리석 바닥과 닿으며 경쾌한 리듬을 만든다. 그녀는 은행 안내 직원을 따라가는 중인데, 약간은 경직된 표정이다. 40대의 말끔한 인상의 여성이 그녀를 웃으며 맞이하고, 짙은 갈색 테이블에 마주 앉아서 이것저것 서류를 내민다. 그녀는 안내 직원이 가져다준 커피의 향기가 코로 들어오는 것을 느끼며….

"이제 이만하면 됐어. 확인해보자."

그녀는 떨리는 마음으로 종이에 적힌 숫자와 모니터의 숫자를 비교해본다. 결과는 어땠을까? 그녀는 지난 100일간 부단히도 노력했다. 원하는 것을 생생하게 상상하기 위한 노력은 노력도 아니었다. 그녀가 가장 노력한 것은 그녀 안에 있는 의심을 뿌리 뽑기 위한 노력이었다. 그녀가 처음 시크릿을 알게 된 뒤부터 '이 경험담들은 다 거짓말이 아닐까? 아니면, 그냥 우연의 일치가 아니었을까?' 하는 여러 가지 의심들은 그녀가 시크릿을 성공하는 데 있어서 최대의 적이었다. 시크릿은 합리적이고 과학적인 사고로 이루어지는 것이 아니라, 그저 원하는 것을 내 현실로 믿음으로써 이루어지는 것 아니던가? 적어도 그녀가 알기로는 그랬다. 그러니 불신과 의심은 그녀에게 가장 큰 적이었다. 하지만 그녀는 끝까지 의심을 버리지 못했나 보다. 아니면 뭐가 잘못됐을까? 상상을 덜 생생하게 하는 바람에 그녀의 잠재의식에 간절한 소망이 닿지 못한 것일까?

그녀는 지금 회색 운동복 차림에 멍한 눈빛으로 공원 벤치에 앉아 있다. 그녀 앞에 얼쩡거리는 비둘기들은 복잡한 그녀의 속을 모르겠다는 듯이 보도블록 사이에 고개를 연신 처박는다.

"도대체 무엇이 잘못된 걸까? 내가 읽은 그 경험담들은 전부 거짓말일까? 아니면, 내가 너무 큰 욕심을 부려서 그런 걸까? 내 주제도 모르고…."

그녀는 온갖 생각이 떠올라 괴롭기만 하다. '웅-웅-웅-웅' 휴대전화가 눈치 없이 성가시게도 울린다.

"도대체 누구야… 모르는 번호인데."

선천적으로 호기심이 많은 그녀는 누가 걸었는지 모를 전화를 받는다.

"어, 받았네? 모르는 번호라 전화 안 받을까 봐 걱정했어.

잘 지냈나, 릴리?"

누군지 전혀 추측할 수 없는 남자의 목소리가 그녀의 호기심을 더욱 자극한다. 자신의 이름은 어떻게 알았는지, 살짝 걱정되어 경계심 섞인 목소리로 대답한다.

"네, 그런데 누구시죠? 제 이름은 또 어떻게 아셨고요?"

"하하, 자네는 날 모를 걸세. 워낙 어렸을 때 봤으니 말이야. 나는 카밀로라고 하네. 릴리, 자네 아버지의 절친한 후배지."

카밀로라. 그녀가 기억을 되짚어보니 얼핏 들은 적이 있는 것 같다.

"아, 그러셨군요. 저는 뵌 기억이 전혀 없네요. 아버지와 친한 분이라는 얘기는 들었는데…."

"그래. 많이 친하지. 내가 수도원에 들어간 뒤로는 연락이 힘들어서 서로 어떻게 지내는지 잘 몰랐었지만 말이야."

"그러셨군요. 그런데 저에게는 어쩐 일로 연락 주셨나요?"

그녀가 상냥하지만 여전히 경계심 섞인 말투로 물었다.

"아, 내가 듣자 하니 자네가 시크릿에 관심이 있다고 하던데, 잘 안 됐다지? 낙심하지 말고 날 찾아오게."

그녀는 저절로 나오는 한숨을 애써 참으며 생각했다. '휴, 또 그 얘기구나. 아빠! 나는 누군가의 위로가 아니라, 시크릿을 가르쳐줄 사람이 필요한 거라고요!' 하지만 카밀로의 다음 말은 그녀의 귀를 번쩍 뜨이게 했다.

"이번에 나는 좀 새로운 시도를 해보고자 수도원에서 나왔다네. 바로 '제대로 된 시크릿'을 사람들에게 알리는 것이지. 자네 아버지는 시크릿의 '시' 자도 안 믿지만 절친한 후배인 내가 이런 얘기를 하니 릴리 자네에게 내가 필요할 것 같다고 하더군. 자네가 요즘 우울해 보인다면서 말이야. 다른 사람도 아니고 릴리 자네가 시크릿에 관심이 있다니 아주 기쁘고 반가웠지 뭔가!"

그녀는 웃는 것도 아니고, 그렇다고 놀란 것도 아닌 묘한 표정으로 입을 벌리며 한동안 말을 잇지 못했다. 몇 분 뒤, 그녀는 광대가 봉긋하게 솟을 정도로 싱글벙글 웃으며 전화를 끊을 수 있었다. 그렇게, 수도사 카밀로와 릴리의 '제대로 된 시크릿' 수업이 시작되었다.

세상을 존재하게 하는 두 가지 원리

릴리 안녕하세요. 오늘을 손꼽아 기다렸는데 드디어 뵙네요! 잘 부탁드려요. 저는 릴리라고 합니다.

카밀로 반갑네. 나는 카밀로라고 하네. 저번 통화에서 자네의 강한 열정과 호기심이 느껴지더군. 그래서 내가 오늘 아주 단단히 준비를 해왔지.

릴리 정말 제가 궁금했던 것들에 대한 답을 해주실 수 있나요?

카밀로 자네 정도의 열정이라면 내 힘이 닿는 데까지 도와줘야지. 안 그런가? 그래, 무엇이 그렇게 궁금했나?

릴리 저는 모든 것이 궁금했어요. 이 세상은 어떻게 생겨나고 존재하는 건지, 존재의 실상이란 게 도대체 무엇인지, 그리고 시크릿은 실제로 있는 것인지…. 그야말로 세상의 모든 것이 궁금해요. 이런 질문들에 대답해주실 수 있으세요?

카밀로 언어로 표현할 수 있는 것이라면 내 얼마든지 대답해주겠네.

릴리 저번 통화에서 세상에는 두 가지의 원리가 있다고 하셨었죠? 자세한 얘기는 오늘 해주신다면서 말씀을 아끼시던데, 얼른 듣고 싶어서 기다리느라 혼났어요! 도대체 그건 무슨 얘기인가요?

카밀로 사실 세상에는 한 가지의 원리만이 있을 뿐이네. 하지만 그것이 작용하는 모습이 두 가지 차원으로 인식되기에 그렇게 부르는 것뿐이지. 그 두 가지는 서로 다른 것이 아니야. 나는 그 두 가지 원리를 편의상 '존재의 대원리'와 '존재의 소원리'로 부르고 있다네.

릴리 대원리와 소원리라… 그것들은 어떤 차이가 있나요?

카밀로 대원리는 주로 구도자들이 구하는 것, 소위 '깨달음'이라네. 깨달음은 존재의 실상이 뭔지를 알게 되는 것이지. 다른 하나는 소원리, 즉 현실세계가 작동하는 원리를 말하네. 시크릿에서 말하는 '끌어당김의 법칙'과 같은 것이 이 소원리에 속하지. 쉽게 말해 대원리는 '존재의 실상'에 대한 것이고, 소원리는 '창조의 원리'에 대한 것이야.

릴리 아하. 마침 그 두 가지 모두 제가 관심이 있는 분야네요. 그런데 이 두 가지를 모두 추구하는 건 불가능한 것인가요? 깨달음을 추구하자니 굶어 죽겠고, 현실에만 집중하자니 진리에 대한 목마름은 더욱 심해져만 가고. 사실 죽을 맛이에요. 시크릿 하나만 추구하는 것도 벅차요. 지금껏 시크릿으로 이룬 게 하나도 없고요.

카밀로 자네 심정 나도 충분히 이해하네. 전통적으로 대원리와 소원리는 서로 선을 그어왔네. 인간의 이원적인 사고방식의 특성상 이 두 가지 원리는 서로 섞일 수 없는 것으로 여겨져왔지. 그래서 대원리를 추구하는 사람들은 수도원이나 깊은 산속으로 들어갔고 일체의 세속적인 것들을 포기한 채 오로지 진리에 대한 깨달음만을 추구하는 삶을 선택해왔지. 나 또한 수도원에서 죽을 고비를 넘기면서 수행에만 전념했었고. 하지만 어느 날 알게 되었네. 이 모든 것은 그저 하나의 고정관념이었다는 걸 말이지. 세상을 존재하게 하고 유지하는 원리가 두 가지 모습으로 드러나 작용한다면, 그 두 가지는 결국 하나의 동일한 진실이 드러난 것이지. 그러니 분리되려야 분리될 수가 없는 것 아니겠나? 아무리 깨달은 사람이라도 먹고살아야 하는 것은 마찬가지네. 또, 시크릿에 통달하여 부족함이 전혀 없는 사람이 진리에 대해서 알면 안 된다는 법 있는가?

릴리 동감이에요. 저는 진리와 시크릿의 완성, 두 가지를 모두 원해요. 또 스스로 해낼 수 있다고 믿고요. 하지만 진리에 대한 깨달음은 고사하고 시크릿조차 제대로 이루지 못하고 살고 있어요. 내가 한심한 짓을 하고 있었나 싶어서 자존감도 날로 떨어져 가고 있고요.

카밀로 자네의 시크릿이 이루어지지 않는 것은 당연한 일이야.

릴리 네? 그게 왜 당연하다는 거죠? 이해가 안 돼요.

카밀로 이유는 단순하네. 자네는 시크릿을 잘못하고 있네. 시크릿을 하는 모든 사람이 알아야 할 게 하나 있지. 그들은 이제까지 시크릿을 잘못하고 있었다는 것! 아니, 그보다 근본적으로 시크릿을 오해하고 있어.

릴리 제가 시크릿을 잘못하고 있었다니요? 아니 그보다, 그 오해라는 게 뭐죠?

카밀로 첫 출발부터 아주 대단한 오해를 하고 있지. 몇 년 전 시크릿이라고 불리는 '끌어당김의 법칙'이 공개되고 전 세계적인 신드롬을 일으켰지만, 그 정수가 전해지지 않았다는 것을 알아야 하네.

릴리 어쩐지! 저도 책이나 세미나로 시크릿을 배우는 사람들을 많이 봤지만, 원하는 현실을 끌어오는 데 성공한 사람은 거의 없더라고요. 제가 모르는, 암암리에 공유되는 핵심 비법이 따로 있는 거죠?!

카밀로 하하하! 그런 게 아니라네. 시크릿이 작동하지 않는 진짜 이유는 시크릿의 내부 원리인 '비이원성非二元性'에 대한 앎이 없기 때문이지. 이 비이원성은 존재의 실상이기도 하네. 한데 사람들은 시크릿을 마치 소원성취를 위한 마인드 스킬 정도로만 알고 있더군. 내 강조하는데, 시크릿은 결코 소원성취를 위한 도구 수준이 아니라네. 오히려 아주 깊은 영성에 속하는 것이며 가히 창조의 원리라 불러도 무방할 정도의 심오한 신비일세. 그러니 비이원성을 모르는 상태에서 하는 시크릿은 반쪽짜리 시크릿이 되는 것일세.

릴리 비이원성이 열쇠였군요!

- 세상에는 대원리와 소원리가 있다.
- 대원리는 비이원성이며, 시크릿의 내부 원리이자 존재의 실상이다.
- 소원리는 현실세계가 작동하는 원리이다. 시크릿이 이 소원리에 속한다.
- 대원리와 소원리는 하나이다. 따라서 비이원성을 깨닫는 '깨달음'과 그에 바탕을 둔 창조의 원리 '시크릿', 이 두 원리는 하나가 되어야 한다.

비이원성과 시크릿

릴리 그런데 깨달음과 시크릿을 어떻게 통합하죠?

카밀로 좋은 질문이네. 깨달음이든 시크릿이든 간에 이 두 가지의 공통적인 실상은 바로 '비이원성'일세. 이 공통점에 힌트가 있지!

릴리 아직도 비이원성이라는 게 이해가 잘 안 되네요. 휴, 더 쉽게는 알 수 없을까요?

카밀로 자자, 낙심하지 말고 들어보게. 친절히 설명해줄 테니. 비이원성이란 이원성二元性의 반대말이지. 이 비이원성은 '불이不二'라고도 부른다네. 말 그대로 '둘이 아니다'라는 말이야. 여기까지 이해가 됐나?

릴리 네. 비이원성은 둘이 아닌 것을 말한다! 이해됐어요.

카밀로 인간의식이 체험하는 세상은 이원성의 세상이야. 이원성이란 두 개의 근원을 지칭하는, 둘이 서로 다름을 뜻하는 말이네. 이 이원적 사고방식에 따르면 주체와 객체가 서로 다르며, 둘은 서로에게 의존하지 않고 존재한다네. 이러한 이분법은 서양의 철학과 신학의 기조가 되었지.

릴리 헉! 너무 어려운데요. 더 쉽게 이해하는 법은 없나요?

카밀로 예를 들어, 자네가 지금 나를 바라볼 때 '저것은 나다'라고 느끼진 않지? '나는 나고, 카밀로는 카밀로이다'라고만 느껴질 것일세. 또, 어떤 물건을 바라볼 때 '내가 나를 본다'라고 느끼진 않는단 말이지. 그게 바로 이원성이야. 그럼, 비이원성은 어떻겠나?

릴리 누굴 바라보든 '저것은 나다'라고 느껴지지 않을까요?

카밀로 잘 이해했네. 더 정확히 표현하면, 일체의 인식대상에서 나라는 존재의 느낌을 확인하는 걸세. 그리고 이때 느껴지는 '나'라는 느낌은 지금 나라고 느끼고 있는 '릴리'나 '카밀로'의 경계를 뛰어넘는 거야.

릴리 이렇게 놓고 보니 처음에 하신 말씀이 맞네요. 인간의식이 체험하는 세상은 이원성의 세상이다!

카밀로 이원론에 따르면 나와 너는 하나로 통합될 수 없는 다른 것이지. 나는 나고 너는 네가 되는 거야. 또, 나의 존재 여부와 상관없이 너는 존재하며, 나 또한 너의 존재 여부와 상관없이 존재하네. 이 같은 사고의 틀 안에서는 '인식'과 '존재'가 서로 분리될 수밖에 없어. 서양의 사고방식은 이를 충실히 따르고 있지. 한데 말이지, 동양으로 무대를 옮겨본다면 이와는 다른 사상이 있다네. 그것이 바로 동양의 비이원론일세. 불교에서는 비이원이란 용어 대신 불이라는 말로 대신하고 있지만 두 용어는 같은 것을 말하고 있으니 헷갈리지 말게. 비이원은 서로 다른 근원이 아니라는 뜻, 불이는 둘이 아니라는 뜻이야.

릴리 잠깐, 그럼 나와 너 말고도 음과 양, 긍정과 부정, 선과 악, 낮과 밤, 남성과 여성처럼 상대성으로 나타나는 다른 모든 것들도 근원적으로 같은 건가요?

카밀로 그렇지. 존재하는 모든 것들은 서로가 서로의 대상으로서만 존재할 수 있네. 예외는 단 하나도 없이 말이지. 이는 마치 동전의 양면과 같네. 한쪽 면이 나타나기 위해서는 반드시 다른 쪽 면이 존재할 수밖에 없는 거지. 동전의 앞면이든 뒷면이든, 그것은 근원적으로 다 같은 동전일 뿐이네. 또한 동전이 동전이기 위해서는 반드시 양쪽 면이 모두 존재해야 하네. 한쪽 면만 있는 동전이 있을 수 없는 것처럼 말이지.

릴리 이번엔 이해하기 쉽네요. 앞면이든 뒷면이든 다 같은 동전이다!

카밀로 그렇다면 수준을 좀더 높여보자고. 원인과 결과가 하나라면 믿을 수 있겠나?

릴리 선과 악, 낮과 밤이 근원적으로 하나라는 걸 이해했으니, 당연히 그것도… 엥, 잠시만요. 뭔가 이상한 것 같은데요. 원인과 결과가 어떻게 하나죠?

카밀로 방금 내가 동전의 앞뒷면이 모두 동전일 뿐이라고 했지? 원인과 결과도 서로 다른 면이긴 하지만 사실 같은 것이자, 하나일세. 나는 이것을 '인과관계의 동시성'이라고 부르네. 즉, 우리는 원인과 결과를 시간적 순차로 경험하지만, 그 둘은 결국 같은 것이라는 뜻일세.

릴리 아직도 잘 모르겠어요.

카밀로 존재가 나타나려면 그것의 존재성을 증명해줄 상대방이 있어야 하지 않겠나? 릴리 자네는 자기가 여자라는 것을 어떻게 알고 있지?

릴리 아하, 뭘 말씀하시는지 알겠어요. 남자라는 성별이 있으니까 반대로 제가 여자인 걸 알 수 있었군요! 세상에 여자만 존재한다면 여자라는 개념이 있을 수 없으니까요.

카밀로 기특하구먼. 아까 하던 얘기를 이어서 하지. 세상에 나를 증명해주는 상대방 없이 존재하는 것이 있을 것 같은가? 그러니까, 원인이라는 것은 결과가 있어야 인식될 수 있고 그 반대도 마찬가지라는 걸세. 그 둘은 떨어질 수 없는 하나라네.

릴리 이제야 좀 이해가 되네요. 원인과 결과는 서로 의존해야만 존재할 수 있다!

카밀로 비이원성의 궁극적인 비밀은 인식과 존재의 관계에 이르러서 그야말로 정점을 찍게 되네. 아까 설명했듯이, 이원론적 관점에서 보자면 존재는 인식과 별도의 것일세. 하지만 비이원성의 세계에서 인식과 존재는 서로 같은 것이지.

릴리 이원론적 관점에서 존재는 인식과 별도라… 아까 내가 타인을 인식하든 말든 나는 개인 그 자체로 존재한다고 하셨죠. 또, 타인이 나를 인식하든 말든 그는 그 자신으로서 존재하는 것이고요. 반면 비이원성의 세계에서는 인식과 존재가 같다니… 흠, 이건 쉽게 상상이 안 되는데요.

카밀로 비이원성의 세계에서 존재하는 모든 것은 '인식됨'이 전제되어 있네. 가난함이 존재한다는 것은 그 반대인 부유함이 이미 인식되어 있기에 가능한 것처럼 말이야. 그러니 인식되는 모든 것은 이미 존재하고 있는 것일세. 자네가 만약 가난하다면 그것은 부유한 상태가 인식되기에 가능한 일이지. 그렇다면 그 부유한 상태가 이미 존재한다는 말일세!

릴리 알 듯 말 듯 하네요. 인식과 존재에 대해서 이해가 잘 안 돼요. 예를 들어서 지금 제 눈앞의 돌멩이는 존재하고 있는 것이잖아요? 그럼 이 돌멩이가 존재한다는 것이 무리 없이 받아들여집니다. 그런데 꿈속에서 나타난 공룡은 존재하지 않는 것이잖아요? 꿈속의 공룡 또한 인식된 것이라면 존재해야 할 텐데 실제로는 공룡은 없잖아요?

카밀로 자네는 보이면 있는 것이니 존재하는 것이고, 안 보이면 없는 것이니 존재하지 않는 것으로 생각하는군. 그렇지?

릴리 그렇죠.

카밀로 그것이 바로 초장부터 오류에 빠지게 되는 생각일세. 인식에 대한 문제는 '있다'와 '없다'로 접근하게 되면 오류에 빠지게 되네. '있다'라는 개념은 별문제가 되지 않지만 '없다'를 따져보자면 문제가 커지지. 자네는 '없는 것', 그러니까 '진짜로 없는 것'이 있을 수 있다고 생각하나?

릴리 진짜로 없는 것이 왜 없어요? 당연히 있죠.

카밀로 '진짜로 없는 것'은 있을 수가 없네. '없다'라고 말을 할 때는 그 없다는 개념에 해당하는 마음의 상이 있는 것일세. '없다'는 말은 진짜로 없는 것을 지칭할 수 없다는 말일세.

릴리 아! 그렇군요. 진짜로 없는 것이라면 있다, 없다는 말을 할 수도 없겠네요.

카밀로 머리가 좋구먼. 이것이 무얼 뜻하는지 알겠는가? 결국, 존재라는 것은 개념에 의존한다는 말일세. 즉 존재라는 것은 어떻든 간에 이미 인식을 전제로 한다는 거야.

릴리 그렇군요. 존재의 대전제는 인식이다. 어떻게 인식하는지에 따라 나타나는 형태가 바뀔 뿐, 무엇을 말해도 그것은 이미 인식된 것이라는 사실이군요.

카밀로 그렇지. 그리고 이것을 진정으로 이해했다면 현실태와 가능태가 이미 존재하는 것임을 알 수 있지. 시크릿이라는 건 사실 가능태로 존재하는 존재성을 현실태의 트랙에서 실현하는 것 아니겠나? 이 이야기는 앞으로 천천히 하도록 하지. 하던 말을 좀 더 이어가자면, 인식과 존재 사이의 비이원성은 곧 인식의 주체인 '나'와 인식의 대상인 '너' 사이의 비밀을 밝혀준다네. 그 비밀이란, 서로 다른 것이라고 여겨지던 주체와 객체가 사실은 같은 것임을 말하는 거야. 이와 같은 깨달음은 존재에 대한 앎이라 대원리를 깨닫는 것이지. 이 존재의 대원리를 알아야 소원리인 시크릿을 온전히 사용할 수 있게 되네. 다시 말해 이제까지 세속을 등지고 온전히 진리 탐구에만 전념하는 구도자들의 영역으로 여겨지던 깨달음이 사실은 세상을 창조하는 법칙의 내부 원리였다는 말이야. 그러니 존재에 대한 앎 없이 주먹구구식으로 하는 시크릿이 제대로 작동할 리가 있겠나? 그것이 바로 자네가 실패한 시크리터인 이유일세.

릴리 그렇군요. 제 시크릿이 이루어지지 않았던 이유가 이해되네요. 그런데, 대원리를 알게 된다면 어떤 변화가 있을까요?

카밀로 시크릿, 호오포노포노, 티베트의 통렌 수행 등 생각과 감정의 정체를 파악해 정화하는 수많은 방편이 사실 모두 비이원성에 기초하고 있음을 안다면, 이것들을 수박 겉핥기가 아닌 온전한 방편과 영성으로 사용할 수 있게 되지. 자네 말대로 그것이 가능해지면 자네의 삶 자체가 송두리째 바뀐다네. 우주를 적극적으로 창조할 수 있는 비밀을 알게 되니 풍요로운 삶을 사는 것이 가능해지는 거야. 또한, 닥쳐오는 풍파에 흔들리지 않고 다시 일어나 새로운 창조를 할 수 있는 무한한 동력을 얻게 되지. 나는 이러한 새로운 방식의 시크릿, 깨달음에 기반한 시크릿을 '비이원 시크릿'이라고 하네. 깨달음 따로 세속적인 삶 따로라는 낡은 인식은 이제 버려야 해. 내가 지금부터 자네에게 해줄 말들은 기존의 익숙한 이원적 관점에서 비이원적 관점으로 깨어나는 데에 도움이 될 걸세. 앞으로 나눌 이야기를 충분히 곱씹어서 실천하다 보면 어느새 달라져 있는 자네의 삶을 발견하게 될 것이네. 자신의 참모습을 발견하게나! 자신의 참모습을 아는 것이야말로 세상에서 가장 가치 있는 일일 걸세.

- 비이원은 서로 다른 근원이 아니라는 의미이다.
- 인간의식이 체험하는 세상은 이원성의 세상이다. 우리에게 상대성으로 나타나는 모든 것들은 사실 근원적으로 같은 것이다.
- 원인과 결과 역시 하나이며, 같은 것이다. 이것을 인과관계의 동시성이라고 한다.
- 인식과 존재는 같은 것이다.

I am that I am

카밀로 자네 혹시 'I am that I am'이라는 표현 들어본 적 있나?

릴리 네, 이래 봬도 저도 시크리터인데요. 네빌 고다드가 사용해서 유명해진 표현이잖아요. 시크릿의 대전제라고도 알려진 문장이죠.

카밀로 그렇지, 그 양반 덕분에 유명해진 건 사실이지. 본래는 수행자들 사이에서나 들을 수 있던 문구였지만 네빌 고다드에 의해 일반인들도 접할 수 있게 됐네. 그런데 이 유명한 문구를 살펴보면 한 가지 재밌는 점이 있지 않나? 바로 '나(I)'라는 표현이네.

릴리 그렇네요. '나는 나다'라는 말이잖아요.

카밀로 그렇지, 이 말은 곧 시크릿이 '나'는 누구인지, 무엇인지 아는 앎으로부터 출발한다는 것일세. 이 탐구는 시크릿의 숨겨진 원리인 비이원성에 대한 탐구이기도 하네. 비이원성을 탐구하는 주체는 의심의 여지 없이 '나'가 아니겠나? 탐구 행위의 주체, 탐구의 전 과정과 결과를 인식하는 주체도 바로 '나'이고 말이지. 그렇기에 비이원성에 대한 탐구의 시작은 '나'가 무엇인지를 탐구하는 것으로 시작해서 그것에 대한 완전한 앎으로 끝나네.

릴리 아, 들어본 적이 있네요. 일명 자기탐구라고 하던데, 20세기 인도의 성자 '라마나 마하리쉬'에 의해 널리 퍼진 사유 수행법이죠.

카밀로 그렇네. 사유 수행은 사실 그보다 더 오랜 역사가 있는 비이원 영성의 수행법 중 하나지. 석가모니가 보리수나무 아래에서 깨달음을 얻어 관자재보살의 경지에서 붓다의 경지로 넘어갈 때 행했던 수행 또한 이와 같은 사유 수행이었다네.

릴리 아하! 석가모니는 모든 것을 있는 그대로 사유하는 방식을 통해서 마침내 존재의 실상을 완전히 깨닫고 붓다가 됐군요.

카밀로 그렇다네. 부처님뿐 아니라 모든 깨달은 자들의 깨달음인 'I am that I am'이 바로 시크릿의 대전제라네. 이와 같은 깨달음을 가능하게 해준 사유라는 것은 우리의 생각보다 훨씬 강력한 힘을 가졌다네. 진정한 사유는 의식의 자기탐구와 관점의 전환을 함께 일으켜 직관의 영역에서마저 깨달음에 이르게 하지. 또 진정한 사유는 합리적 의심이라는 장치를 통해 관점의 전환을 방해하는 마지막 장애물, 이성마저 온전히 납득시키는 힘을 가졌네. 사유 수행은 생각을 통해 마침내 생각 그 자체가 무엇인지에 대해 알게 하는 강력한 도구일세.

릴리 보다 본질적인 차원에서 보면 사유 수행 자체는 진리가 자기 자신을 알아보는 행위가 되는 거네요?

카밀로 그렇네. 비이원 시크릿을 깨닫기 위한 첫 번째 단계는 '나는 무엇인가?'라는 물음이며, 주체와 대상 간의 비이원성을 깨닫는 것으로 시작된다네. 이제부터 그 사유의 과정을 논리를 통해 보여주겠네. 논리를 사용하는 이유는 이성을 납득시키기 위함이니까 잘 들어보게나. 그리스도교 성경 출애굽기 3장을 보면 말이야, 모세라는 사람이 호렙산에서 불타는 떨기나무에 나타난 하느님과 대화를 하는 장면이 나온다네. 모세가 하느님을 향해 묻는다네. '당신은 누구십니까?' 이에 하느님이 대답하시네. 'I am that I am.' 하느님의 이 대답은 다음과 같이 여러 의미로 해석되어왔다네. '나다', '나는 나인 자 그로다', '나는 스스로 존재하는 자다', '나는 내가 나라고 인식한 그 모든 것이다.' 시크릿의 대가 네빌 고다드가 언급하여 유행시킨 'I am that I am'이 시크릿의 근본원리로 알려져 있다는 건 이미 알고 있지? 하지만 이 문구가 처음 언급된 곳은 그리스도교의 성경이라네. 비유와 상징으로 가득한 책인 성경은 문학적인 특징상 하느님과 모세의 대화처럼 연출되고 있다네. 그러나 의식을 수행하는 사람들에게 이 장면은 조금 다르게 보인다네.

릴리 아하! 그럼 이 장면은 모세와 신의 대화가 아니라, 내면을 탐구하다 깨달음을 얻는 장면을 표현한 것이네요. 모세가 하느님에게 '당신은 누구십니까?'라고 묻는 장면은 깊은 명상 속으로 들어가서 '나는 누구인가?'를 탐구하는 순간이겠고요.

카밀로 그렇지. 자신의 존재성에 대한 의문으로 불교에서 '이 뭣고!'를 탐구하는 것과 같은 것이라네. 모세는 스스로를 탐구하다 마침내 답을 구한 인간의식을 상징하네. 즉, '나는 누구인가?

= 당신은 누구십니까?'라는 의문에 답이 주어진다는 것이지. 모세와 신 사이의 대화라는 문학적 형식을 취한 성경은, 그 답을 불타는 떨기나무에서 들려오는 하느님의 대답으로 표현한다네. 그 하느님이 이렇게 대답하네. 'I am that I am.'

릴리 그런데 왜 성경에서는 모세와 하느님의 대화라는 형태를 취했을까요?

카밀로 그 이유는 우리가 신이라고 부르는 존재의 정체가 인간의 존재의식인 'I-am-ness'임을 말하기 위해서라네. 이러한 대화의 구도 자체가 신의 정체에 대한 일종의 메타포가 되는 거지. 성경 안에서 이미 신의 이름이 '나', 즉 I(am)라고 밝히고 있는 거야! 이 I am은 인간의 근원적인 존재감으로서 순수의식, 존재의식이라고 부른다네. 의식 수련(명상)을 깊이 해본 사람들은 어느 지점에서 순수한 존재감만 남게 되는 것을 체험한다네. '나는 ~이다'라는, 무언가와 동일시된 자신이 사라지는 것이지.

릴리 자아정체성이 순수한 존재의식 안에 녹아든 상태네요. 이러한 의식의 상태에서 자각되는 순수존재의식의 상태가 바로 I am인가요?

카밀로 그렇지. 성경은 인간이 경험하게 되는 순수한 존재의식의 상태, 이 상태를 하느님의 이름이라고 말을 하는 거고. 즉, 인간이 깊은 의식의 고양 안에서 경험하게 되는 본연의 의식 상태가 바로 하느님이라는 말일세. 결국 이 말은 창조주인 하느님과 피조물인 인간이 둘이 아니라는 거지.

릴리 맙소사! 우리가 신이라는 말인가요?

카밀로 그렇다네. 우리의 진정한 정체는 신일세. 한데 믿을 수가 없지 않은가? 이성이 납득하지 못하면 믿을 수 없지. 그러니 어째서 우리가 신인지를 증명해보자고. 이제 그 첫 번째 여정, '나는 누구인가?'에 대한 탐구를 시작하겠네.

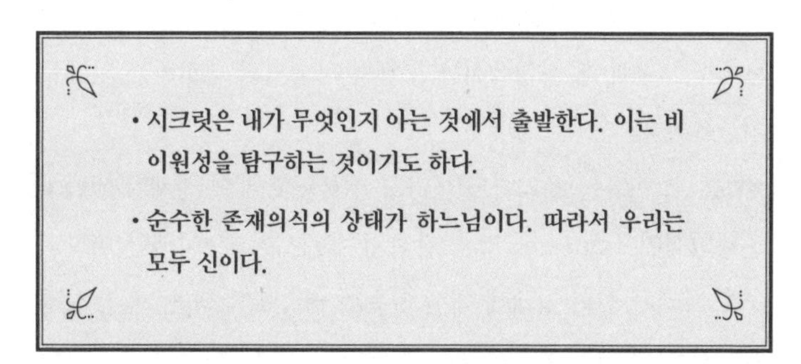

- 시크릿은 내가 무엇인지 아는 것에서 출발한다. 이는 비이원성을 탐구하는 것이기도 하다.
- 순수한 존재의식의 상태가 하느님이다. 따라서 우리는 모두 신이다.

나는 누구인가

카밀로 나를 찾기 위한 대전제로서, '나'를 인식의 주체로 정의하겠네.

나는 본다.
나는 생각한다.
나는 걷는다.
나는 기쁘다.
나는 못생겼다.

우리가 무엇을 하든, 어떻든 간에 그것은 인식 안에 들어올 때 비로소 존재하게 되네. 인식을 통해 그것이 존재한다는 것을 아는 거지. 그렇다면 '나'는 의심의 여지 없이 이러한 모든 인식 행위를 아는 자, 즉, 인식의 주체가 아니겠나? 따라서 나를 찾는 가장 쉬운 방법은 이 인식의 주체를 찾아보는 것일세. 나를 찾아보는 사유를 시작하기 전에, 이해를 돕는 몇 가지 예를 들어보겠네.

눈은 (모든 것을) 본다.
코는 (모든 것을) 냄새 맡는다.
입은 (모든 것을) 맛본다.
귀는 (모든 것을) 듣는다.
손은 (모든 것을) 만진다.

여기서 눈이 못 보는 것, 코가 못 맡는 것, 입이 맛보지 못하는 것, 귀가 들을 수 없는 것, 손이 잡을 수 없는 것이 한 가지 있다네, 그것이 무엇일까?

릴리 글쎄요. 잘 모르겠는데요?

카밀로 아주 간단하네! 바로 '자기 자신'일세. 눈은 보는 주체이므로 대상이 아닌 주체인 자신을 볼 수 없는 것이라네. 코는 냄새 맡는 주체이므로 대상이 아닌 주체인 자신을 냄새 맡지 못하고, 귀는 듣는 주체이므로 대상이 아닌 주체인 자신을 듣지 못하고, 입은 맛보는 주체이므로 대상이 아닌 주체인 자신을 맛보지 못하고, 손은 만지는 주체이므로 대상이 아닌 주체인 자신을 만질 수 없네. 이것이 눈이 눈을 볼 수 없는 실질적인 이유인 거지. 이 도식을 도입해서 인식의 주체인 '나'를 찾아보면 되는 거지.

> 육체는 내가 아니다. 인식되기 때문이다. 그래서 육체는 내가 아니다.
> 감정은 내가 아니다. 인식되기 때문이다. 그래서 감정은 내가 아니다.
> 생각은 내가 아니다. 인식되기 때문이다. 그래서 생각은 내가 아니다.
> 나에 대한 온갖 타이틀은 내가 아니다. 인식되기 때문이다. 그래서 온갖 타이틀은 내가 아니다.

이름이 부여된 것, 개념 지어진 것은 그 무엇이 되더라도 내가 아니라 인식의 대상이네. 만약 누군가가 그 무엇을 가지고 '나'라고 주장한다면, 그것은 이미 인식의 대상일 뿐이지. 인식의 주체라고 여겨지는 무엇이 있다 해도 그것이 인지되는 순간 대상이 되어버리니, 결국 모든 것이 인식의 대상이 된다네.

릴리 그럼, 인식의 주체인 '나'는 인식될 수 없으니 없는 걸까요?

카밀로 어허, 인식의 주체가 없다면 인식은 어떻게 일어나겠나? 결론부터 말하자면 인식의 주체는 인지될 수 없지만, 항상 있네. 다만 대상으로 포착할 수 없을 뿐이네.

릴리 흠… 대상으로 포착할 수 없다면 이 인식의 주체인 '나'는 어디에 있는 거죠?

카밀로 놀라지 말게나. 인식의 주체는 지각하는 대상에 항상 드러나 있다네!

릴리 헉…! 대상이 곧 인식 그 자체니까, 인식의 대상이 곧 인식의 주체라는 말씀이신가요? 주체와 대상이 둘이 아니었네요!

그럼 인식의 대상이 모두 '나'였군요. 카밀로 님이 비이원, 불이를 강조하신 이유를 이제 알겠어요. 이제야 이성적으로 납득이 되네요.

카밀로 그것이 논리를 통한 사유의 힘이라네. 합리적 의심이라는 기능을 가진 이성을 꼼짝 못하게 밀어붙이는 힘이지. 다시 이 논리를 정리해보자고. 내가 인식할 수 있는 모든 것들은 '나'가 아닌 인식의 대상에 불과하다고 했지? 예를 들어 타인들, 다른 사물들, 심지어 나라고 믿어 의심치 않던 본인의 신체, 생각, 감정, 느낌, 더 나아가 깊은 명상을 통해 경험되는 순수의식이나 절대배경까지도 말이야. 인식의 주체를 따로 찾아볼 수 없다는 것은 곧 주체인 '나'가 인식의 대상과 따로 있을 수 없다는 말이기에, 모든 인식의 대상이 인식의 주체인 '나'가 되는 것일세. 결국 '나'는 인식되는 온 세상 그 자체였다는 뜻이지.

릴리 그 말씀을 들으니 생각나네요. 예전에 라마나 마하리쉬의 자기탐구 기법을 접하면서 '나는 몸이 아니다', '나는 마음이 아니다' 등의 확언 수행을 한 적이 있었는데, 매번 앵무새처럼 읊다가 끝났거든요. 확실한 의식의 변화는 없었어요. 한데 그 이유가 이성의 진정한 납득 없이 마치 모범답안 읊듯이 중얼거렸기 때문이군요. 도대체 전 그동안 뭘 한 건지…. 진정한 사유 수행의 힘은 정말 대단한 것 같아요.

카밀로 자네는 방금 아주 중요한 것을 하나 깨우친 것이네. 왜 그동안의 자기탐구가 제대로 되지 않았는지를 말일세. 깨달음을 명상과 같은 의식 수행을 통해 직관적으로 얻는 것이라고만 알았다면 오산일세. 직관적인 앎은 논리를 통해서 이성을 납득시킬 때 완전해지네. 내가 이와 같은 주객 도식의 논리를 쓰는 이유는, 비이원성을 깨닫기 위한 여정의 시작이 인간의 이원적인 의식구조이기 때문이라네. 그래서 개념을 사용해 개념 너머를 표현하고, 논리를 사용해서 논리를 쳐내는 방식을 취할 수밖에 없는 거지. 즉 생각을 생각으로 잡아먹고 살에 박힌 가시를 다른 가시로 빼내는 것과 같은 이치라네.

릴리 한데 저는 예전에 라마나 마하리쉬나 니사르가닷따 마하라지의 저서에서 '마지막에 남는 것이 그것(진아 혹은 참나)이다'라는 문구를 본 적이 있어요. 그래서 그 마지막에 남는다는 참나를 찾아서 부단히 노력했죠. 물론, 결과는 힘 빠져서 녹다운이었지만… 그 마지막에 남는다는 참나는 무엇인가요?

카밀로 방금 답을 찾지 않았는가? 마지막에 남는 것이란 바로 '대상' 그 자체라네. 나를 찾는 여정에서 마지막에 남는 것은 어처구니없게도 인식의 대상 그 자체라는 거야. 그러니 대상 그 자체가 바로 우리가 찾아 헤매던 '나'라는 말일세. 인식의 주체가 바로 인식의 대상인 현실, 따라서 인식의 대상이 인식 그 자체인 현실, 즉 내가 인식하는 모든 것이 우리의 진정한 주체인 '나'라는 말일세. 여기서 아직 말하지 않은 비이원성의 최후의 깨달음인 'I am that I am'에 대한 해석, '나는 내가 나라고 인식하는 그것이다'마저 넘어선 앎인 '나는 인식되는 그 모든 것이다'라는 깨달음이 드러나는 것일세. 물론 석가모니가 말한 진정한 깨달음은 이마저도 넘어선 지점이지만, 어쨌든 자신의 정체성을 찾다가 도달하는 마지막 깨달음은 '나는 인식되는 그 모든 것이다'라는 앎일세. 그리고 성경은 이 '나(I am)'가 바로 하느님이라고 말을 해주고 있지.

그러니 우리는 우리가 생각하는 것처럼 작은 존재가 아니라네.

릴리 그 말씀인즉, 우리는 이 모든 것이고 우리가 바로 하느님이라는 말인가요?

카밀로 그렇지. 또한 우리는 서로가 서로의 대상으로서만 존재할 수 있기에 각각의 개체존재는 서로에게 '존재의 필요조건'이라네. '나'란 '나 아닌 것이 없는 나'일세. 그래서 나에게서 남이 태어남이 되는 거지. 이 존재 방법이 바로 하느님께서 스스로 존재하시는 방법이라네. 예수님께서 말씀하셨네. '아버지와 나는 하나다.' 인도의 아드바이타 영성은 말하고 있네! '아트만(순수존재의식)이 브라만(존재의 근원 그 자체)이다.' 그럼 이제 내 말을 끝까지 들은 자네에게 묻겠네. 당신은 누구입니까?

- **'나'는 인식의 주체다. 따라서 '나'를 찾으려면 인식의 주체를 찾으면 된다.**
- **주체는 대상을 인식할 수는 있지만, 주체인 그 자신을 인식할 수 없다.**
- **인식의 주체는 지각하는 대상에 항상 드러나 있다.**

인식과 시공간

카밀로 이번에는 '인식과 시공간'의 비밀을 얘기해보자고. 사실, 이 인식과 시공간에 대해서 아는 것이 깨달음과 시크릿 모두를 관통하는 근원적인 원리를 이해하는 것과 같다네. 일단 자네에게 질문 하나 해봄세. 자네 혹시 '형상'이란 글자에서 '상'이 무엇인지 알고 있는가?

릴리 상이요? 보이는 모습을 말하는 것 아닌가요? 우주 삼라만상이라는 말에서 사용되는 '상'이요.

카밀로 그렇지. 상이란 결국 인식되는 형태를 말하는 것이지. 한데 한글로는 모두 같은 상이라는 발음이지만, 이 '상'의 종류가 여러 가지라는 걸 알고 있는가?

릴리 아 그런가요? 평소 전혀 신경 쓰지 않던 부분이네요. 상의 종류가 여러 가지라니….

상像 vs 상想

카밀로 '상'은 간단하게 분류할 때 두 가지로 나누어진다네.

像 형상 상. 물상. 고정된 실체적 형태를 가진 사물. 오감을 통해 실체로서 특정한 시공간의 좌표 안에 존재한다고 믿어지는 대상물. 현실(외면)의 공간에 나타난 것으로 받아들여지는 형상.

1. 자연계의 사물 및 그 변화 현상
2. 고정된 실체로서 시공간 안에 좌표를 점하며 존재한다고 여겨지는 형상을 지닌 모든 것
3. 실재

想 생각할 상. 심상, 감정, 느낌, 생각, 꿈, 상상된 사물, 상황 등의 마음에서 창조된 상상력의 산물. 의식(내면)의 공간에 나타난 것으로 받아들여지는 형상.

1. image
2. 자연계에 고정된 실체로서 존재하는 것이 아닌 머리, 마음속에 나타난 형상이나 느낌, 관념, 기억, 인상
3. 비실재

릴리 이해가 되네요. 쉽게 말해서 물질과 생각 정도로 받아들이면 되는 것이군요. 현실과 환상, 생시와 꿈으로 표현을 해도 맞겠고요.

카밀로 간단하게 구분하면 그렇다네. 이 두 가지의 상에 대해서 이해하는 것이 시크릿을 이해하는 핵심이라네. 우리는 당연하고도 자연스럽게 이 두 가지의 상을 다른 것으로 받아들이지. '물상은 물상이고 심상은 심상이다' 하면서 말이야. 하지만 자네 그거 아는가? 사실 이 두 가지는 서로 같은 것이라네.

릴리 잠시만요! 이건 정말 말도 안 되는 얘기 아닌가요? 이번 얘기는 도저히 받아들이기 힘든데요.

카밀로 다시 한번 말하지만, 이 두 가지는 같은 것이네. 인식과 시공간의 실체를 모르니 이해하기 힘든 것이 당연하지. 자네를 위해 지금부터 시간과 공간의 실체를 밝혀줄 테니 잘 들어보게나. 인간이 인식하는 시간의 개념을 수평선 위에 나타내면 이런 식이지.

먼 과거 ——————— 과거, 현재, 미래 ——————— 먼 미래

한데, 시간은 공간과 동떨어진, 그러니까 독자적으로 존재하는 어떤 것일까?

릴리 시간이 흐르면 공간도 변하고, 공간이 변하면 시간도 흘러 있으니 결국 뗄 수 없죠.

카밀로 자네 말이 맞네. 그렇다면 시간과 공간은 한 세트여서 시공간이 되는 것이지. 시간이라는 개념은 공간이라는 개념과 서로 의존하여 있으며, 공간이라는 개념은 시간이라는 개념과 서로 의존하여 존재하고 있네. 이렇게 시간과 공간을 한 세트로 놓고서 생각해본다면 시간의 움직임은 곧 공간의 움직임이기도 하

다네. 아까 자네가 말한 것처럼 말이지. 시간의 세 가지 시제인 과거, 현재, 미래를 말하려면 어떤 기준점이 있어야 하네. 예컨대, 고정되어 불변하는, 콕 집어서 말할 수 있는 어떤 절대 기준인 '현재'가 있어야 현재 이전인 과거와 현재 이후인 미래가 있을 수 있네.

릴리 그건 당연한 거지요. 근데 그게 왜요?

카밀로 한데, 현재가 있을 수가 있을까? 사실 고정불변의 현재는 있을 수 없거든. 지금 당장 임의로 어떤 한 시점을 인식의 대상으로 집어보게. 그러면 그 집어진 순간은 이미 과거의 것이 되어버리지 않나? 즉, 현재라는 시공간을 인식하는 순간, 그 인식된 시공간은 이미 현재가 아니라 과거로 도망가버리네.

릴리 그럼, 미래랑 과거는요?

카밀로 그 또한 마찬가지라네. 미래를 인식하는 순간 그 미래는 현재에서 인식되는 '미래라는 하나의 상'이고, 그 미래를 인식하고 있는 현재는 이내 과거가 되어버리지. 과거도 마찬가지네. 과거라는 것도 '지금' 내 머릿속의 과거라는 '상' 아닌가? 그리고 그 '상'을 인식하는 시점은 이미 과거가 되어버린다네. 먼 과거, 먼 미래라는 시점도 마찬가지로 현재의 인식에 나타나는 개념적인 상이고, 그마저도 인식된 그 순간에 과거가 되어버리네. 인식 자체가 과거, 현재, 미래라는 개념의 구분 사이를 넘나들며 춤추고 있네. 과거든 현재든 미래든 어떤 절대불변의 기준점을 구분할 수 있는 수단이 없다는 말이야! 즉, 처음부터 끝까지 과거, 현재, 미래일 수 있는 것이 하나도 없다는 말일세. 과거, 현재, 미래는 개념일 뿐이야. 그러니까 이름만 과거, 현재, 미래일 뿐 그 실체는 지금 이 순간의 내 의식 안에 떠오르는 하나의 '상'이란 말일세. 이것을 유념하게.

릴리 정리하자면, 고정불변의 현재는 없다. 미래와 과거도 '현재' 내가 인식하는 미래와 과거이다. 그리고 그것이 인식되는 순간 이미 과거가 된다. 따라서 과거, 현재, 미래는 이름만 다를 뿐, 세 가지 모두 지금 내 의식 안에 떠오르는 하나의 '상'이다. 맞나요?

카밀로 훌륭하네. 이것을 완전히 이해한다면 머릿속에 나타나는 심상뿐 아니라 우리가 현실이라고 믿어 의심치 않는 물상마저도 의식 안에 나타나는 심상임을 알 수 있지.

릴리 흠, 아직 완벽히 이해가 힘든데요. 아까 과거, 현재, 미래가 모두 내 의식 안에 떠오르는 하나의 '상'이라고 하셨죠? 여기 뭔가 중요한 힌트가 있는 것 같은데….

카밀로 인간이 인식하는 모든 것은 개념적으로 과거의 것이라네. 다시 말해 우리는 과거의 것만을 인식할 수 있다는 말이지. 따라서 우리가 물상이라 여기는 것들은 실제로는 과거의 기억과 같은 것, 즉 심상이라는 말이네. 이 세상 자체가 의식 안에 비치는 꿈과 같은 하나의 인상, 이미지라는 말일세. 지금 현재를 다시 한 번 잘 살펴보면 인식되는 모든 것은 이미 현재완료된 상태로 나타나고 있다네.

릴리 아하! 그래서 불교에서 '세상은 꿈과 같고 환과 같다'고 했군요. 이제야 그 말씀이 이해가 돼요. 세상의 그 무엇도 불변하는 현실로서 존재할 수 없네요. 모든 게 이와 같은 의식의 바다 위에 상영되는 꿈같은 장면들에 지나지 않는 거였어요.

카밀로 그리고 정말 중요한 사실은, 이와 같은 시공간은 미래에서 펼쳐져 흩뿌려지고 있다는 사실일세. 이것이 미래를 사는 것이 가능한 이유라네.

릴리 미래를 산다는 건 또 뭔가요?

카밀로 인간은 과거의 인상만을 인식할 수 있네. 이것이 바로 '인식의 맹점'이지. 그렇기에 시간이 과거에서 미래로 흘러간다고 인식하는 것이야. 우리가 인식하는 모든 것은 의식 안에 상영되는 심상의 흐름이기 때문에 실제로 움직이는 것은 없네.

릴리 아하! 운동성을 표현하고자 만들어낸 장치 같은 거네요. 움직이는 것이라고 착각하게 만드는 장치요.

카밀로 그렇지, 운동성일세. 정신적인 영상, 기억과 같은 심상으로서만 존재할 수 있는 이 세상은, 인식되는 그 순간 이미 끝없는 과거시제의 반복인 것이야. 그런데 '이미 완료된 과거'라는 것이 있다면, 또 그것은 어디에서 펼쳐져야 하겠나?

릴리 음… 그 내용이 '완료된 것'이 되기 위해서는 미래에서 펼쳐졌겠군요.

카밀로 그렇지, 지금 이 순간을 만들어내는 것은 (개념적으로 구분할 때) 미래 혹은 결과라는 말이네. 이것이 바로 시크릿에서 말하는 미래(결과)를 살면 그 미래가 현현하여 이루어지는 원리일세. 물론 미래라는 것은 그 이름만 '미래'일 뿐이라고 방금 말했네. 이를 잘 고찰해보면 어처구니없는 사실과 만나네. 즉, 우리가 절대적이라고 인식하는 과거, 현재, 미래라는 것이 단단한 것이 아니라 말랑말랑한 것이라는 사실이지. 그러면 원인-결과에 대한 관점 또한 바뀌네. 시간이 미래(결과)에서 과거(원인)로 펼쳐진다면 우리가 원인이라고 믿어오던 것들이 사실은 결과로서 펼쳐지는 현상이며, 우리가 결과라고 믿어오던 것들이 실제로는 원인이라는 사실이 알려지는 거지.

릴리 저에겐 좀 어려운데, 예를 들어서 말씀해주신다면요?

카밀로 내가 지금 가난하다고 쳐보세. 이러한 현실을 경험한 나는 '나는 가난하다'라고 현실을 규정하네. 그러니까 원인에서 결과로 흘러가는 듯 느껴지는 현실에서는, 현실에서의 사건이 먼저 있고 그 뒤에 그 사건에 대해 자신만의 규정을 내리는 것이지. 쉽게 말하면 선 경험, 후 규정이야. 하지만 모든 것은 미래에서 과거로, 결과에서 원인으로, 그리고 현실 규정에서 현실에서의 사건으로 펼쳐지는 것이네. 인간은 과거만을 인식하네. 그렇기에 지금 이 순간 느껴지는 무언가는 (개념상의) 미래에서, 인과적으로는 결과에서 펼쳐지고 있는 거야. 이는 궁극실재가 가지는 '존재적 상대성', '인과의 동시성', '작용의 전체성'이라는 특성이 있기에 가능한 걸세. 그러니까 세상의 모든 사건, 주체와 대상, 원인과 결과, 부분과 전체 등의 개념적 대립을 이미 완료된 형태로 동시에 가지며 나타나고 있는 걸세. 그것들이 인식의 장에 들어와 펼쳐질 때는 원인에서 결과가 펼쳐지고 과거에서 미래가 펼쳐지는 것이 자연스러우니, 의식은 스스로 움직임을 표현할 수 있는 장치인 인식의 맹점을 만들어낸 것이지. 이 인식의 맹점 덕에 세상은 실제로는 움직인 적이 없지만 움직이는 것처럼 보이는 거야.

릴리 세상이 고정된 물리적 실체가 아니라, 말랑말랑한 의식의 '심상'이며 인상이라는 사실을 알게 되면 시크릿에서 말하는 '결과에서 생각하라'(think from)가 노력이나 억지 없이 가능해지겠네요! 세상은 꿈, 환상과 같은 의식의 그림자니까요.

카밀로 세상은 절대로 변할 수 없는 어떤 고정된 사실이 아니라 의식의 현현이기도 하다네. 그래서 시크릿의 포인트는 이름만 '미래에 이루어질 소망'인, 실제로는 '지금 이 순간의 상'인 자네의 소망을 하나의 진실로 받아들이는 데 있는 거야. 그것이 우리 안의 하느님 I am에게 받아들여져 'I am that ~'가 확고해질 때 그 소망은 곧 오감으로 체험되는 이 바깥세상으로 펼쳐지네. 나중에 나의 시크릿 경험담들을 들려줄 테니 참고하면 좋겠군. 자, 아까 물상이라고 여겨지는 것은 의식공간에 떠올려진 하나의 이미지라고 말했지? 그런데 그 의식공간 자체도 하나의 이미 인식된 이미지, 그림자, 기억, 인상이라면 어떤가? 그 의식공간 자체 또한 하나의 심상이 아니겠나? 이제 다시 한번 생각해보세. 우리에게 실체를 지닌 사물로 여겨지는 것과 실체가 없는 머릿속 상상이 다를 게 무엇이 있겠나? 그저 이것은 참이요 저것은 허상이라는 이름표가 매겨졌을 뿐, 본질적으로 아무런 차이가 없네. 모두 의식 안에 나타난 심상이니까. 분명히 말하지만, 인식되는 모든 것은 '순수의식공간에 떠올려진 심상'일 뿐이라네. 심지어는 인식대상이 나타나 걸리는 스크린인 순수의식마저도 말이지. 순수의식이라는 의식공간 자체도 인식의 대상이기에 그렇다네.

릴리 그렇다면 모든 것은 그저 의식의 드러남일 뿐이겠네요? 물상과 심상, 현실과 비현실, 실재와 비실재가 이름만 그러할 뿐, 본질적으로는 모두 같은 것이며 의식의 현현이고요.

카밀로 이를 깊이 고찰해보게나. 그러면 시공간의 비밀을 알 수 있네. 그리고 이것을 알면 심상을 다루어 현상을 바꾸는 시크릿을 부정하는 이성을 납득시킬 수 있다네. 그것이 시크릿이 작동하는 원리, 창조의 원리를 체득하는 숨겨진 열쇠가 되는 것일세. 자네의 이성을 납득시키게나.

릴리 일상생활에서 눈앞에 멀쩡히 실재하는 사물을 볼 때도 이러한 사고를 따라가며 고찰하는 훈련이 필요하겠네요. 저는 아직도 심상과 물상이 결국에는 같은 것이라는 사실이 와닿지 않거든요.

카밀로 그럼 이런 식으로 한번 사유를 해보자고. 일단 심상에 대한 정의가 필요하네. 심상에 대해 정의를 내리자면 '심상은 곧 생각이다'라는 고찰이 성립하네. 또한 심상은 나의 인식 안에서 생기지. 즉, 다른 사람에게 보여줄 수 없고 만질 수 없으며, 나만 인식하고 있는 어떤 것이라는 정의도 성립하지. 심상의 대표적인 것들이 무엇일까?

릴리 대표적인 심상이라면… 생각?

카밀로 그렇지, 생각이 바로 심상의 또 다른 이름일세. 생각의 특성은 눈에 보이지도, 손에 잡히지도 않는다는 것이네. 그렇다면 생각은 존재하지 않을까? 아니지. 생각은 확실히 있다네. 조금 전에 자네가 어떤 생각을 했다고 쳐보세. 방금 했던 생각이 보이지 않는다고 해서 없다고 할 수는 없지 않은가? 조금 전의 생각이 존재한다는 것을 무엇으로 증명할 수 있을까?

릴리 생각을 했다는 기억이 확실히 있으니 생각은 있는 것이죠.

카밀로 그렇다면 물상이라고 하는 것은 확실히 있는 것인가? 지금 자네의 눈에 보이는 이것은 '있다'라고 확실히 말할 수 있는가? 아닐세, 분명 보인다는 인식은 있네. 하지만 이것이 정말로 존재하는 것인지는 증명할 수 없지. 왜냐면 우리는 다섯 가지 감각기관을 통해 모든 것을 인식하기 때문이지. 우리의 현재의식은 이 오감에서 파생되는 감각식感覺識을 통해 존재의 유무를 규정하네.

릴리 어떤 것의 존재 여부는 감각식을 떠나서 증명될 수 없다는 말씀이군요.

카밀로 촉감의 인식은 있지만, 만져지는 것이 정말로 존재하는지는 증명될 수 없네. 소리가 들린다는 인식은 있지만, 소리 나는 것이 정말로 존재하는지는 증명될 수 없네. 냄새난다는 인식은 있지만 냄새나는 것이 정말로 존재하는지는 증명될 수 없네. 맛이 난다는 인식은 있지만 맛보여지는 것이 정말로 존재하는지는 증명될 수 없네. 오감 그 자체는 만질 수도, 다른 누구에게 보여줄 수도 없지만, 확실히 있다네. 그러나 그것들은 '인식'을 통해서만 알려지게 되네.

릴리 그렇군요. 인식이라는 작용을 통해서만 모든 것이 알려지는 것이고 그 인식의 도구는 오감과 그것을 인식하는 현재의식이니, 결국 '의식'을 통해서만 인식이 발동하는 것이군요.

카밀로 그렇지. 이제 꿈과 한번 비교를 해보겠네. 생생한 꿈을 꾸었다고 쳐보세. 그 꿈에서 현실의 오감과 전혀 다를 것이 없이 생생한 현실을 느꼈다고 가정해보겠네. 그럼 이제 꿈에서 깨어난 후에 오감을 통해 나타났던 그것은 '있다'고 할 수 있는가?

릴리 그 오감에 대한 기억은 확실히 있는 것이죠. 하지만 오감을 통해 느꼈던 그것이 존재한다고 말할 수는 없죠. 있다고 말할 수 있는 것은 '오감으로 느꼈던 것에 대한 기억'뿐이니까요.

카밀로 꿈속 오감의 인식 혹은 기억은 만질 수도, 다른 누구에게 보여줄 수도 없지만 확실히 있네. 그리고 지금 눈앞에 실재한다고 여겨지는 물상도 꿈과 다를 것이 없다네. 오감의 대상이 실제로 존재한다고 단정 지어 말할 수 없다는 말일세. 물상에 대한 오감만이 확실하게 '있다'라고 말할 수 있지.

릴리 이제 조금 더 쉽게 다가오네요. 우리가 보는 것은 인식대상에 대한 '기억'이군요. 그 기억이라는 것은 시제상 '과거'라는 개념이고요.

카밀로 생각, 오감, 기억은 만질 수도, 다른 누구에게 보여줄 수도 없지만 확실히 '있다'고 말할 수 있지. 정리해보자면 생각, 오감, 기억, 인식은 이름만 다를 뿐 결국 같은 것, 즉 심상이지. 이 심상은 확실히 '있는 것'이네. 이제 물상을 분석해보자고. 물상은 오감으로 인식되는 것이며, 그 오감에 대한 인식은 만질 수도, 다른 누구에게 보여줄 수도 없지만 확실히 '있다'고 말할 수 있지. 이것을 요약하면 '심상(생각)=물상(오감)=인식'이지. 물상이 생시 상태에서 실체로 느껴지는 것처럼 심상 역시 실체로 느껴지는 것은 똑같다네.

릴리 평소의 '손에 잡히고 눈에 보이는 것만이 실체'라는 생각과는 다르게 실제로는, 심상과 물상 모두 보이지 않고 잡히지 않는 생각, 오감, 기억과 같은 성질의 '인식'이었군요. 그 인식이 유일하게 '있다'라고 할 수 있는 실체고요. 맞나요?

카밀로 잘 이해했네. 결국, 세상 전체는 인식이며 유일한 '있음(존재)'이니 인식과 존재는 같다는 결론이 나오지. 심상과 물상은 부여된 이름이 다를 뿐, 본질적으로 같으며 결국 모든 것은 그저 '인식'이라네.

- '상'은 크게 형상 상像과 생각할 상想으로 나누어진다.
- 과거, 현재, 미래는 개념일 뿐이다. 즉, 하나의 상이다.
- 우리의 물상이라고 여기는 것은 사실 과거의 기억과 같은 것이므로 심상이다.
- 지금 이 순간을 만들어내는 것은 '결과' 혹은 '미래'이다.
- 물상이 있다고 생각하는 것은 우리의 오감 때문인데, 오감은 확실히 존재한다. 그러나 물상 그 자체가 존재하는지 오감으로는 알 수 없다.
- 심상은 생각이고, 물상은 오감이다. 이 두 상은 인식으로써 알 수 있다. 따라서 심상=물상=인식이다.
- 인식만이 유일하게 '있다'고 할 수 있다.
- 세상 전체는 인식이며, 인식은 유일한 '있음'이니, 인식과 존재는 같다.

현재는 미래가 회상하는 과거다

릴리 우리가 원인이라고 믿었던 것들이 사실은 결과적으로 펼쳐지는 현상이며, 우리가 결과라고 믿어오던 것들이 실제로는 원인이라고 하셨잖아요. 이것에 대해 더 자세히 알고 싶어요.

카밀로 원인과 결과는 같은 것이며, 동시성을 띠지만 인식의 맹점으로 인해 원인에서 결과로 펼쳐지는 것처럼 보일 뿐이네. 시간은 미래에서 펼쳐지고 있다는 말일세. 이것을 어떻게 설명하면 좋을까… 자네에게는 어떤 소망이 있나?

릴리 저는 10억을 가진 부자가 되고 싶어요.

카밀로 좋아. 그렇다면 두루마리를 하나 상상해보게. 이 두루마리는 한쪽을 쭉 당겼다가 놓으면 마치 줄자처럼 자동으로 말려 들어간다네. 이 두루마리에 '10억 부자'라는 이름을 붙여보게.

릴리 으흠, 자동식 두루마리네요. 상상이 돼요. 10억 부자 두루마리!

카밀로 그래, 그 두루마리가 10억 부자라는 하나의 '결과'일세. 그 결과는 현재 둘둘 말려 있는 상태 아닌가?

릴리 네, 이 기분 좋은 두루마리는 말려 있네요.

카밀로 그 두루마리는 10억 부자가 된다는 결과 자체이지만, 말려 있으니 그 안의 내용들을 전혀 모르지. 이제 그것을 잡고 쭉 펼쳐보게. 두루마리를 펼치면 그때야 비로소 그것들의 내용물이 드러나게 되네. 이제 맞춰보게나. 각각의 두루마리 축은 뭘 상징하겠나?

릴리 음… 아! 원인과 결과가 아닐까요? 말씀하신 대로라면, 두루마리의 시작 축은 결과를 상징하고, 끝부분의 축은 원인을 상징하겠네요. 원인에서 결과가 생기는 것이 아니라, 결과에서 원인이 생긴다고 하셨으니까요. 그리고 두루마리에 쓰여 있는 내용은 설마… 과정을 비유하신 건가요?

카밀로 그렇네! 두루마리를 채우는 내용들이 바로 과정일세. 그리고 우리는 이 과정을 현재로서 체험하게 되는 것이지. 이것은 인식의 맹점에서 기인하는 것이네. 매 순간 인식하는 모든 것들이 이미 '현재완료된 과거'가 되어버리기에 시간이 흘러가고 움직이는 것처럼 보이게 되는 거지. 그리고 여기에 시크릿의 핵심이 있다네. 결과를 먼저 절대적으로 확신하여 'I am that I am'이 의식의 심층에 각인되면, 현실은 그 결과에 맞는 원인과 과정이 도출될 수밖에 없다네. 자네의 이해를 도울 오래된 화두가 하나 있네. 닭이 먼저일까? 달걀이 먼저일까? 자네는 어떻게 생각하나?

릴리 음… 어렵네요. 달걀은 원인이고 닭이 결과이니 달걀이 먼저인 게 맞지만, 또 닭이 없으면 달걀이 나올 수가 없으니….

카밀로 사실 달걀과 닭은 본래 '동시에 존재'하네. 원인인 달걀과 결과인 닭은 한 쌍이기에 그렇지. 하지만 이 동시성이 인식 안으로 들어올 때 인식의 맹점으로 인한 시간적 선후가 생기게 되지. 아무튼, 실상은 결과라고 여겨지는 닭에서 원인이라고 여겨지는 달걀이 펼쳐지는 것이네. 우리의 삶이 죽음으로부터 펼쳐지는 것처럼 말이야.

릴리 인간의 인식은 과거만을 인식할 수 있어서 지금 펼쳐지는 순간이 미래, 즉 결과에서 흩뿌려지고 있는 것을 모르는 것 같아요.

카밀로 그렇지. 잊지 말게나. 개념의 구분은 시공간에 실체성을 부여해 마치 움직이고 흘러가는 것처럼 펼쳐지기 위한 장치라네. 세상을 움직이는 것으로 느끼게 만드는 건 '지금 여기'(now and here)라는 거대한 의식공간 속에 과거, 현재, 미래라는 개념이 출몰하기 때문이네. 과거만을 인식하는 인식의 맹점 때문에 그것이 펼쳐지는 지점이 미래임을 사람들은 모르지. 이것이 바로 시크릿에서 말하는 '소망이 실현된 모습에 서 있으라'는 말의 뜻이야. 요점은, 마음 안에서 원하는 소망이 이루어진 상태에 대한 확신을 가지는 것이라네. 세상 전체가 의식이 만들어낸 일종의 홀로그램이기에 원하는 미래가 이미 실현되어 존재한다는 앎이 생길 때 그 확신은 하나의 고정 못이 되어 신 의식인 I am을 움직여 I am that(나는 나라고 받아들인 그 모든 것이다)의 형태로 현실이 창조되어 적절한 시기에 오감으로 느끼는 세상에 출몰하게 되는 거네.

릴리 이미 실현된 상태가 존재한다는 말을 쉽게 받아들이기가 어렵네요.

카밀로 그것은 '상대성'을 깨닫게 되면 가능해진다네. 상대성이란 존재하는 모든 것이 상대적인 모습으로 출현한다는 말이야. 예를 들어서 내가 지금 궁핍한 삶의 모습을 영위하고 있다면 상대성 안에서 풍요로운 삶의 모습 또한 존재한다는 거지. 이 부분은 앞으로 천천히 다룰 거네.

릴리 그럼 현재라는 건, '찰나생刹那生'하고 '찰나멸刹那滅'하니 어떤 의미에서는 현재라는 건 아예 없는 건가요? 너무도 짧게 존재하고 너무도 순식간에 사라져서, 존재하긴 하지만 없는 것에 가깝지 않을까요? 현재에 살라, 순간에 살라는 말은 0.00000001초 전의 것도 이미 과거이니 그 어떤 것도 붙잡지 말라는 의미일까요?

카밀로 과거, 현재, 미래는 허상으로 존재한다네. 한데 이 모든 허상의 순간에도 변하지 않는 허상이 있다네. 그것이 '지금 여기'이지. 그것은 의식공간, 바탕의식, 순수의식, 내가 있음, I am

등으로 표현되는 존재의 감각이며, 인식의 절대배경, 스크린 같은 것이라네. 사실상 이것이 의식의 실체이며 그 자체가 살아 있는 생명이야. 현재에 살라는 말은 사실 그것을 자각하며 존재하라는 말일세. 물론 이 스크린마저도 신의 마음속의 일일 뿐일세. 그래서 깊은 잠을 잘 때는 일원성 안으로 거두어져 사라지게 되는 것이지.

- 시간은 미래에서 펼쳐지고 있지만, 인식의 맹점 때문에 원인에서 결과로 펼쳐지는 것처럼 보인다.
- 먼저 결과를 절대적으로 확신하여 'I am that I am'이 의식의 심층에 각인되면, 현실은 그 결과에 맞는 원인과 과정이 도출될 수밖에 없다.
- '지금 여기'는 변치 않는 것이며, 순수의식이다. 현재에 살라는 말은 이를 자각하여 존재하라는 의미다.

인식의 비밀

카밀로 그런데 자네, 내 생각보다 많은 것을 알고 있는 것 같구먼. 찰나생멸이라는 말은 어디서 들어본 건가?

릴리 이 정도는 기본이죠. 예전에 불교 공부를 조금 하면서 접해봤어요.

카밀로 찰나생멸을 아는 것은 중요한 일일세. 인식의 대상이 되는 '지금 여기'가 끊임없이 찰나생멸하며 매번 새롭게 현재완료된 장면들을 비추어내기 때문이지. 온통 결핍으로 채워진 나의 현실이 되든, 아직 이루어지지 않은 나의 소망이 되든 간에 그것들을 오감으로 인식하거나 생각으로 떠올리는 순간 그것들이 나타나는 공통된 배경이 '지금 여기'이네.

릴리 아하, '지금 여기'라는 것은 모든 것이 나타나 상영되는 변함없는 브라운관이로군요.

카밀로 그렇지, 그런데 사실 변함없는 건 아닐세. 이 브라운관은 상주불변(항상 같은 모양)이지만 상주불멸(항상 있음)은 아니거든. '지금 여기'라는 배경의식마저 인식의 대상이므로 찰나에 생멸하기 때문이지. 그렇지만 상주불변하여 항상 같은 모양(배경의식)으로 생멸하기에 없어지지 않고 항상 있는 것처럼 보이긴 하네. 깊은 잠 속에서는 이 배경의식마저 사라지네. 하지만 생시로 돌아오면 이 배경도 다시 생겨나지. 이 배경의식 자체가 바로 '나(I)'일세. 성경에서는 '나(I/I am)는 알파(찰나생)요, 오메가(찰나멸)로다'라고 표현하기도 했는데, 기가 막힌 표현이지. 이 '나'인 존재의식이 시작이며 끝이라는 말이네. 또 동시에 그것의 속성 또한 공空해서 인식되는 순간(찰나생) 이미 과거의 것이 되는(찰나멸) 다른 모든 것과 마찬가지임을 뜻하기도 한다네.

릴리 찰나생, 찰나멸…. 저는 '찰나'라는 것이 시간을 나타내는 최소단위라고 알고 있어요. 즉, 시간이 바로 찰나라는 건데, 지금 이 순간의 찰나를 알면 시간에 대해서 보다 잘 알 수 있지 않을까요?

카밀로 이제 근원적인 의문을 한번 가져보자고. 찰나라는 것이 과연 존재할 수 있을까? 자세히 생각해보게. 찰나가 시간의 최소단위를 뜻한다면 그것은 어떤 고정된 실체로 존재할 수가 없다네. 예를 들어 0.1초가 찰나라고 쳐보자고. 아, 그런데 0.01초가 더 짧은 시간이군? 그러면 0.01초를 찰나로 정해보세. 잠깐, 0.001초는 그것보다 더 짧지 않나? 그럼 0.001초가 찰나인가? 아니라네! 0.0001초가 존재하지 않나! 이런 식으로 생각해보면 시간의 최소단위인 찰나는 존재할 수 없지 않겠나?

릴리 그게 '개념'의 실체로군요.

카밀로 그렇지, 하지만 이 찰나라는 개념을 통해서 시간의 실체를 엿볼 수는 있네. 일단, '찰나가 있다'는 가정하에 살펴보도록 하지. 시간時間이라는 단어는 시제를 뜻하는 시時 뒤에 간격을 뜻하는 글자 간間이 붙네. 다시 말해 특정 시점과 시점의 사이를 말하지.

릴리 아, 그럼 시간이라는 개념을 인지하기 위해서는 두 개의 서로 다른 시점이 필수네요. '전前과 후後', before와 after라는 개념이요.

카밀로 영리하군, 릴리 양. 이제 10분 전을 기억해보자고. 10분 전은 당연히 자네 머릿속의 심상想, 즉 기억과 인상으로 떠올려지지. 한데 이 10분 전의 기억을 자세히 살펴보면 두 개의 시점이 존재하네. 첫 번째 시점은 그 기억이 촬영된 시점일세. 그리고 자네는 그 기억이 촬영된 시점을 10분 전이라고 철석같이 믿고 있지. 그렇지 않나?

릴리 당연하죠.

카밀로 두 번째 시점은 그 기억이 방영되는 시점이네. 이건 아주 쉽지. 10분 전의 기억을 인식하고 있는 현재, 즉 '지금'을 뜻하네. 그러나 사실 우리는 절대로 10분 전의 기억이 촬영된 시점에 있을 수 없다네. 단지 내가 그 시점, 그 사건을 겪었다고 믿을 수 있을 뿐이지. 우리는 오직 10분 전에 촬영되었다고 여겨지는 장면이 방영되는 시점에만 있을 수 있을 뿐이네. 이 사실에는 그 어떤 예외도 없네. 오직 방영되는 시점에서 촬영된 영상이 나타날 뿐이네. 말 그대로 철저하게 '지금'만이 있을 뿐이라고. 이렇게 인식이 가능한 자리를 시간적 요소인 '지금'이라는 단어와 공간적 요소인 '여기'라는 단어를 혼합해 '지금 여기'라고 부른다네. 이 '지금 여기의 자리'에서 눈앞의 모든 것들, 인식되는 모든 것들을 바라볼 수 있다면 아주 재미있는 사실을 알게 된다네. 지금 한번 그렇게 해보게!

릴리 아…! 이제야 알겠어요! 눈앞에 나타나는 모든 것, 인식되는 모든 것은 과거에서부터 계속 이어져오는 것이 아닌, 매 순간, 찰나에 나타나고 사라지는 것의 연속이었어요! 흐르는 시간이란 것은 없었네요. '개념'으로만 존재하는 거였어요.

카밀로 지금 이 순간 나타나는 모든 것은 인식되기에 존재하는 것이니, 인식되어 나타나는 그 순간이 찰나생이며, 인식되는 그 순간 그 장면 전체가 이미 과거가 되니 찰나멸일세. 다시 말해 매 순간 새로운 것의 등장이라고 할 수 있지. 마치 동영상 장면들처럼 말일세. 세상은 같은 사물이 계속해서 보이는 것처럼 보일 뿐, 사실은 그렇지 않다네. 천 년 된 고목도 실은 찰나마다 새로운 것이야. 나이라는 숫자를 달고 있는 이 몸도 찰나마다 새로운 것이고. 그 이유는, 1초 전의 것이 지금 이 순간까지 연속되고 있다는 생각이 사실이 아니기 때문일세. 뭐, 이 부분은 차차 다루기로 하고. 만약 이렇게 '지금 여기'의 자리에서 굳건히 볼 수만 있다면 세상 모든 것이 아주 얇은 막에 나타나는 환영처럼 보이기 시작할 걸세. 그것이 물상이든 심상이든, 혹은 개념이든, 관념체이든 말일세. 이때부터는 지금껏 당연히 여기던 것들이 점점 허물어지기 시작한다네. 웅장한 위용을 뽐내고 있는 눈앞의 고목이 천 년 전부터 계속해서 이어져 오는 그런 것이 아니라 매 순간순간 새로운 것으로 나타나는 것이라면 과연 이 '천 년 된 고목'의 정체는 무엇이겠나? 한번 깊이 생각해보게.

릴리 매 순간 새로운 것으로 나타났다 사라지는 것이라… 그렇다면 눈앞의 그 천 년 된 고목은 환영에 불과한 것인가요? 말씀을 듣고 보니 마치 잔상처럼 느껴지거든요.

카밀로 그렇지. 그것은 잔상이자 환영일세. 한데 잔상이라는 말을 쓰면 그 실루엣을 남기는 어떤 것이 실제로 있는 것이라는 생각을 전제로 하고 있는 것 아닌가?

릴리 네, 그림자를 만들어내는 것이니 당연히 실제로 있는 것 아닐까요?

카밀로 하하하! 여기서 다들 속는 것이네. 잔상을 만들어내는 주체가 진짜로 있다고 믿는 것은 고정불변의 어떤 '자성自性'이 실제로 있다고 믿는 것과 같은 걸세. 하지만 사실 그런 것은 없네. 잔상을 만들어내는 주체라고 믿어지는 것 또한 하나의 환영일 뿐이네.

릴리 도무지 이해가 되지 않네요. 그림자의 연속성이 생기려면 어떤 주체가 반드시 있어야 하잖아요.

카밀로 그렇지. 맞는 말이지.

릴리 한데 카밀로 님은 그것 또한 없다고 하시니 당최 모르겠어요.

- '지금 여기'라는 배경의식마저도 인식의 대상으로서 찰나생멸한다.
- 배경의식 자체가 바로 '나'다.
- 시간은 개념으로만 존재하는 것이다.
- 인식되어 나타나는 그 순간이 찰나생이며, 인식되는 그 순간 그 장면 전체가 이미 과거가 되니 찰나멸이다.
- 잔상을 만들어내는 주체 역시 환영이다.

물질은 의식으로부터 온다

카밀로 좋아, 물상과 심상에 대한 심화 학습에 들어갈 차례군. 어쩔 수 없이 한자를 조금 써야겠네, 하지만 친절하게 설명해줄 테니 투덜대지 말게.

> 想 생각할 상 - 심상. 감정, 느낌, 생각, 꿈, 상상된 사물, 상황 등의 마음에서 창조된 상상력의 산물. 의식(내면)의 공간에 나타난 것으로 받아들여지는 형상.

像 형상 상 - 물상. 고정된 형태를 가진 사물. 오감을 통해 특정한 시공간의 좌표 안에 존재한다고 믿어지는 대상물. 현실(외면)의 공간에 나타난 것으로 받아들여지는 형상.

相 서로 상 - 상대성을 뜻하는 용어로 주체와 대상의 관계에서 '대상'을 지칭할 때 쓰임. 인식의 대상을 나타내는 단어가 상대성을 뜻하고 있다는 사실에 주목해야 함.

자, 위의 세 가지 '상' 자는 동음이의어일세. 첫 번째는 심상을 뜻하는 단어로 쓰이는 想이네. 흔히, 머릿속에서 떠오른 것들을 총칭하여 想이라고 일컫지. 즉 想이라는 것은 '기억, 꿈, 생각, 감정, 상상, 아이디어, 지식'과 같은 것들일세. 어릴 적 뛰어놀던 동네 놀이터를 떠올려보게.

릴리 아! 그곳에 있던 미끄럼틀, 철봉, 구름다리, 그네, 근처의 건물 등등이 모두 想이라 할 수 있겠네요. 머릿속에서 나타난 모든 것들이 想 맞죠?

카밀로 그렇네. 한편, 눈을 떠야만 보이는 것들이 있다네. 그것이 바로 두 번째와 세 번째의 '상'일세. 단지 머릿속이 아니라 나의 외부에 진짜로 존재한다고 믿고 있는 것들이지. 이런 것들은 像/相이라고 한다네.

릴리 그것이 무엇인지 생각해보면… 나의 몸, 책상, 하늘, 신선한 공기, 시간, 공간 등이 있겠네요. 즉, 진짜로 있는 것, 나와는 별개로 존재하고 있는 것을 像/相이라고 하는 것 같아요. 그러니까, 머리 안에서 나타난 것들은 想, 머리 바깥에서 나타난 것들은

像/相이라고 할 수 있는 거네요?

카밀로 그렇다네. 그런데 想은 머릿속에서, 그러니까 의식에 의해 만들어진 것이므로 실제로 존재하는 것이 아닌 허구라고 여겨지네. 여기에 동의하나?

릴리 네. 예를 들어 머릿속에 어떤 산이 떠올랐을 때 그 산은 실재하는 것이 아니죠. 그건 단지 의식이 만들어낸 환영일 뿐, 결코 실재가 될 수 없어요. 마치 컴퓨터 모니터에 산이 나타난 것처럼요. 즉 모니터에 영상이 나타나듯, 꿈속에 장면들이 나타나듯 나타난 것이 想 아니에요?

카밀로 자네는 그렇게 생각하는군. 반면 像/相은 나의 의식과는 별개로 독립적으로 존재하는 것으로 여겨지네. 像/相은 나와는 전혀 상관없이 진짜로 실재하고 있으며, 나는 독립적으로 있는 그것들에 영향력을 끼치지 못하기에 내가 죽고 나서도 이러한 것들은 나와 아무 상관 없이 계속 존재할 것이라고 여겨지지. 그런데 과연 想과 像/相은 서로가 전혀 다른 별개의 것일까? 자네가 이 생각에 동의한다면 한 가지 재미있는 테스트를 해보도록 하겠네.

릴리 좋아요. 해보죠.

카밀로 이 테스트는 '나는 누구인가'를 탐구하는 데 활용할 수 있도록 '나'를 대상으로 하겠네. 즉 '내 몸'을 대상으로 하자고. 실제로 자기탐구에서 '나는 몸이 아니다'라는 사유를 가장 어려워들 하니까. 자, 지금의 내 몸뚱이는 실재하는 것으로 생각되지? 그러니 그것은 像/相이라고 할 수 있겠네. 한데 '지금의 내 몸'이 있기 위해서 많은 요소가 필요했다네. 그때 그 부모님 想, 그분들이 드신 음식 想, 그분들의 시절 인연 想, 내가 먹었던 음식 想, 내가 들이마셨던 공기 想, 내가 태어났던 병원 想… 기타 등등.

릴리 잠깐만요. 그때 그 부모님, 그분들이 드신 음식, 그분들의 시절 인연, 내가 먹었던 음식 등은 모두 실제 있었던 사건인데 그것들이 어떻게 想이 되는 거죠?

카밀로 좋은 질문이네. 자네가 그렇게 생각하는 것도 무리는 아니지. 하지만 위의 것들은 모두 想일세. 자네가 지금 이 순간 인식되는 것들의 함정을 알지 못했기에 그런 생각을 하는 거지. 위에 내가 열거한 것들은 모두 무엇인가?

릴리 기억이죠. 하지만 실제로 있었던 사건과 존재들에 대한 회상 아닌가요?

카밀로 실제로 있었던 사건이라는 것을 어떻게 증명할 수 있는가? 우리의 기억, 인상, 이미지로 존재하는 것들은 결코 실재가 아니네. 우리는 기억 속 사건을 거의 자동으로 '실제로 있었던 사건'이라고 개념화하지. 따지고 보면 인식되는 모든 것은 애당초 인식된 것, 즉 과거시제의 의식 속 이미지가 아니겠나? 자네의 인식이 시작된 이래, 보이고 느껴지는 모든 것이 이미 과거시제를 지니는 기억 속의 심상이란 말일세.

릴리 기억 속, 머릿속 심상은 결코 실재가 될 수 없다…. 그것들이 실재처럼 느껴지는 이유는 '실제로 있는 것'이라는 개념 딱지가 붙기 때문이다…. 어렵네요.

카밀로 그 개념 딱지는 오감의 기억을 동반하는 것뿐, 그 이상도 이하도 아니지. 자네는 결코 심상으로 존재하는 것이 실재임을 증명할 수 없네. 즉, 자네는 아까 말한 방영 시점에만 있을 수 있으니 '실제로 촬영된 시점'을 절대로 증명할 수 없다는 거야. 있는 것은 오직 '실제로 촬영된 것'이라는 개념뿐인 걸세.

릴리 아직도 이해가 안 돼요.

카밀로 존재의 대전제는 '인식됨'일세. 이러한 인식의 차원에서 바라볼 때 '지금의 나와 내 몸'이라는 물상은 여러 가지의 심상에 영향을 받아 형성된 거지. 위의 경우를 잘 살펴보게. 그때의 부모님, 음식, 공기 등은 모두 심상에 지나지 않네. 쉽게 예를 들어 볼까? 과거의 자네 몸뚱이가 계속 변해 지금의 몸뚱이가 됐다고 믿는다면, 자네의 몸뚱이는 결국 '기억'의 형태로 있는 '심상'으로부터 온 것이란 말일세.

릴리 아, 이제야 좀 감이 잡혀요. 像/相은 물질이라고 할 수 있고, 想은 의식 또는 생각으로 볼 수 있죠. 카밀로 님께서 말씀하신 대로면, 결국 물질은 의식으로 만들어진 건가요?

카밀로 그렇네. 이것에 대한 앎이 시크릿을 작동시키는 힘이야. 이 세상은 의식이 만들어낸 일종의 생각이네. 꿈이 가상의 세계이듯이 이 세상 모든 것도 일종의 영상화된 생각, 환영이야. 다시 말해, 모든 물상(像/相, 물질)이 사실은 심상(想, 의식)이 드러난 것이지.

릴리 그렇다면 '像/相=想', '물질=의식'이라는 거네요. 갑자기 생각나는 말이 있어요. 색불이공色不異空 공불이색空不異色, 색즉시공色卽是空 공즉시색空卽是色!

- '상'에는 생각할 상想, 형상 상像, 서로 상相이 있다.
- 과거는 심상이므로 실재가 아니다.
- 물질은 의식으로 만들어진 것이다.
- 이 세상 모든 것은 일종의 영상화된 생각, 환영이다.

지금 여기

카밀로 이제 '지금 여기'의 심화 학습을 해보자고. 의식은 기억이라는 기능이 있지? 그 기억 속에 나타나는 모든 것은 실재가 아니네. 그것은 의식이 지어낸 '환영'일세.

릴리 네. 저번에 배운 내용이라 쉽게 이해가 되네요.

카밀로 마음속으로 물잔을 하나 떠올려보게나. 그럼 물잔이라는 상想이 떠오를 걸세. 이 물잔의 상은 가짜이네. 이것이 환幻이라는 것이 이제는 이해가 되겠지? 이제 눈을 들어 자네의 주변을 둘러보게. 그럼 눈앞에 수많은 사물이 있지. 자네는 이것들이 현실세계에서 실체를 가지고 존재하는 것들이라고 생각하지?

릴리 네. 사실 그렇게 느껴져요.

카밀로 그럼 이것들은 대체 어디에서 온 것일까? 이 질문은 아주 중요한 질문일세. 자네는 자네의 현실이 어느 특정한 과거로부터 계속 이어져온 것으로 느끼고 있지?

릴리 맞아요.

카밀로 자네가 말하는 어느 특정한 과거라는 것은 결국 하나의 정신적 영상이 아니겠나? 그러니까 어제 있었던 것들이 계속해서 지금까지 이어지고 있는 것으로 느끼는 것이지. 내 말이 맞나?

릴리 네. 아직도 전 어제의 내가 지금 이 순간의 나로 느껴지는 걸요….

카밀로 그런데 '어제의 나'라는 것은 결국 과거가 아니겠나? 내가 지금 지겹도록 '과거=기억=심상=환'이라고 말하고 있는데, 자네는 지금 현실이 어떻게 존재한다고 생각하나?

릴리 지금의 현실이 과거로부터 왔다고 믿는다면… 헉! 제가 현실이라고 믿는 지금(물질)은 마음의 영상(의식)에서 온 것이라는 결론이 나왔어요!

카밀로 자네 앞에 물잔(세상)이 있네. 이 물잔은 1초 전의 물잔이 그대로 이어져왔다고 여겨지네. 그렇지? 그런데 1초 전의 물잔은 오직 마음의 영상, 즉 심상으로서만 존재할 수 있네. 그렇다면 '마음의 영상이 지금의 물잔이 되었다'라는 말이 어떻게 느껴지나? 그리고 자네가 지금의 물잔을 인식하는 지금은 과연 지금일 수 있을까? 인식의 맹점을 잊지 말게.

릴리 대상으로 인식되는 모든 것이 진정한 현재일 수가 없는 거네요. 모두 기억과 같은 마음속의 심상이었어요.

카밀로 그래. 모든 것이 찰나에 피고 지는 마음속의 심상이지. 하지만 모든 허상이 천변만화하는 가운데에서도 형태가 변하지 않는 '거울 바탕' 같은 허상이 있네. 거울에 비치는 상은 끊임없이 변하지만, 거울이라는 물건 자체는 변하지 않는 것과 같지. 그것이 '지금 여기'라네. 모든 것이 환임을 알게 되면 한 가지 깨달음이 생기지. 바로 환을 환으로 볼 수 있는 눈이라네. 자네가 지금 이런저런 고통에 힘들어하고 있다면 그 '고통받는 나'는 어떻게 존재하고 있나? '고통받는 나'는 실체가 될 수 있겠나? 그 '고통받는 나'가 과거로부터 이어져오는 거라면 이제 안심하게. 과거에서 이어지는 모든 것은 실재가 될 수 없기 때문이라네. 그 대상이 단지 자네의 몸만이 아니라 경제적 결핍, 건강의 결핍이 되더라도, 연인의 유무가 되더라도 예외가 될 수 있는 건 없네. 일체의 것이 환이니, 마음을 가다듬어 새로운 꿈을 꾸면 된다네.

릴리 방금 하신 말씀을 체득하는 건 고사하고, 머리로 이해하기조차 힘드네요. 인식과 시크릿은 어떻게 연결될 수 있을까요?

카밀로 인식을 알면 시크릿에 대해서도 알게 되지. 반대로, 인식이 무엇인지 모르면 시크릿에 대해서도 결코 알 수가 없다네.

릴리 그렇다면 인식에 대해서 더욱더 깊게 파고들어 보는 수밖에 없겠군요.

카밀로 불교의 가르침 중에 '삼계유심三界唯心 만법유식萬法唯識'이라는 표현이 있지. 자네 원효대사와 해골 물 이야기는 알고 있지?

릴리 그럼요, 원효대사의 일화가 말씀하시려는 주제와 관련이 있나요?

카밀로 그렇다네. 해골 물을 마시고 깨달음을 얻은 원효대사는 아래와 같은 게송을 읊게 되네.

心生則種種法生 (심생칙종종법생)

心滅則髑髏不二 (심멸칙촉루불이)

三界唯心萬法唯識 (삼계유심만법유식)

心外無法胡用別求 (심외무법호용별구)

마음이 일어나면 갖가지 법이 생겨나고

마음이 사라지면 해골의 물과 깨끗한 물이 둘이 아닌 법.

삼계가 오직 마음이요 만법이 오직 인식일 뿐이네.

마음 밖에 따로 법이 없으니 어찌 따로 진리를 구하리오.

이 게송에서 등장하는 '삼계유심 만법유식'이란 능가경, 화엄경, 대승기신론 등의 불교 경전에 등장하는 말인데, 모든 것은 오직 인식일 뿐이라는 말이네. 우리는 보이고 느껴지는 모든 것들이 실제로 있다고 여기네. 하지만 불교에서는 그것이 실재가 아니고 그저 인연의 화합으로 잠시 생겨난 일종의 환영이라고 말하네. 의식의 장난, 즉 마음에서 만들어낸 것이라는 말일세. 자네는 이 탁자 위의 연필이 보이나?

릴리 네. 똑똑히 보이네요.

카밀로 자네는 지금 '생각'을 보고 있는 것일세. 그러나 내 말은 자네가 자신의 몸이 '나'라고 믿고 있는 한, 받아들여지지 않을 걸세.

릴리 아니, 생각은 머릿속에서 나오잖아요. 그럼 이 연필이 제 머릿속에서 나온 건가요?

카밀로 생각이 머릿속에서 나온다는 말은 틀렸다네. 생각은 내가 하는 것도 아니며, 머릿속에서 나오는 것도 아니거든. 머릿속은 생각을 받아들이는 통로 같은 것이지, 생각을 만들어내는 곳은 아니라네. 마치 이 연필을 보고 있는 눈알처럼 말일세. 눈은 연필을 보고 있지만, 이 눈알이 연필을 만들지는 않았지.

릴리 어… 그러네요. 하지만 저는 이런저런 생각을 하고 싶으면 하고, 하기 싫으면 안 할 수 있어요. 근데 저 연필을 제 마음대로 생겨나고 사라지게 할 수는 없잖아요. 저 연필이 정말 머릿속의 것과 같은 생각이라면 생각을 제 마음대로 움직일 수 있듯이 저 연필도 제 마음대로 다룰 수 있어야 하지 않나요?

카밀로 좋은 질문일세. 생각은 자네 마음대로 다룰 수 있지만, 저 연필은 그럴 수 없으니 연필은 생각이 아니라는 말이지? 자네는 생각을 자네 맘대로 다룰 수 있다고 했는데, 생각은 과연 내가 만들어낸 것일까?

릴리 제가 만드는 거죠.

카밀로 자네 말처럼 우리가 생각을 만들어낼 수 있다면 얼마나 좋겠나. 자네가 연필이나 자동차를 볼 수는 있지만, 그것을 만들어낸 것은 아니듯이 생각 또한 자네가 볼 수 있을 뿐 만들어낸 것은 아니라네. 인간의식의 가장 큰 착각은, 생각을 자신이 한다는 착각이야. 생각은 복잡하기 이를 데 없는 인드라망의 연동을 따라 상황마다 적절하게 나타나는 것일 뿐, 우리가 하는 게 아니네.

릴리 아니, 상황마다 생각이 적절하게 나타나는 거라니요…. 지금까지 큰 착각에 빠져 살았네요. 그런데 인드라망은 뭐죠?

카밀로 인드라망은 불교에서 세상을 보는 관점인데, 세상의 모든 것은 서로가 서로의 대상으로서만 존재할 수 있다는 관점이네. 각 대상 간의 연관성을 표현하는 하나의 설명방식이지. 이것은 일종의 네트워크이자 프로그램이네. 인드라의 그물은 한없이 넓지. 그물의 이음새마다 달려 있는 구슬들이 서로를 비추고 또 비추는 걸 생각하면 되네. 인드라의 그물은 겉으로 드러난 형상뿐 아니라, 각 형상을 도출해내는 내부원리마저도 서로가 서로를 세우며 참여하고 있음을 알려주고 있지. 인드라망에 대한 설명은 뒤에서 더 자세하게 하자고. 아무튼 우리는 나타나는 생각을 단지 인식할 뿐이지. 지금 이 순간 생각이 나타나는 자리를 잘 관찰해보게. 매 순간 적절하게 생각이 나타났다 사라졌다를 반복하고 있지 않나?

릴리 네. 머릿속에 나타나는 생각들은 정말 별 의도 없이도 나타났다 사라졌다를 반복하고 있어요. 하지만 저기 저 연필은요? 저 연필은 사라지지 않고 있는데요? 지금도 계속 있잖아요?

카밀로 '지금'이라고 했나? 자네가 보고 있는 것은 머릿속에 떠오른 과거의 이미지라네. 자꾸 잊는 것 같은데, 지금을 인식한다 해도 그 지금은 이미 지금이 아니야! 그 무엇을 보더라도 그것은 마음속 형상과 같은 것이지. 다시 한번 말하지만, 그 무엇을 보더라도 같은 것이네.

릴리 머릿속의 생각과 물질들이 다 같은 것이라….

카밀로 자네는 연필도 보고 바위도 보지만 매 순간 인식되는 대상 자체가 이미 심상이 돼버리며 변하지. 머릿속의 생각이라는 '상想'이건, 몸 밖의 물질이라는 '상像'이건 간에 그것은 과거시제로 나타나는 하나의 이미지 아닌가? 한데 그 와중에 변하지 않는 바탕 같은 게 있다고 했지?

릴리 '지금 여기'요. 아까 말씀하셨죠.

카밀로 그렇다네, now and here. 자네가 보는 것은 결국 '지금 여기'에 비치는 영상이네. 그것 이상도 이하도 아니야.

릴리 아무리 그래도 이해가 잘 안 됩니다. 알 것 같긴 한데 뭔가 모자라요…. 예전에 인식이 되면 있는 것이요, 안 되면 없는 것이란 말을 들은 적이 있는데, 그건 또 무슨 말인가요?

카밀로 눈을 한번 감아보게. 그럼 연필이 어떻게 되나?

릴리 눈을 감으니 연필이 사라지네요. 한데 이건 안 보이는 거지 연필이 사라지는 것은 아니지 않습니까?

카밀로 그렇지, 지금처럼 눈에 보이는 것의 경우에는 있다, 없다의 구분이 쉽지. 자네 예전에 꿈에서 용을 본 적이 있다고 했지. 그 용은 있는 것인가? 아니면 없는 것인가?

릴리 꿈에서는 있지만, 현실에서는 없죠.

카밀로 자네는 '있다'와 '없다'를 불분명하게 규정하고 있네. 때로는 있는 것이 때로는 없는 것이 되고 있어. 그럼 그것은 도대체 있는 것인가, 없는 것인가? 있다면 어떻게 있는 것이며, 없다면 어째서 없는 것인가?

릴리 하… 정말 어려워요.

카밀로 자네는 꿈에서 용을 인식했네. 그래서 그 용은 '있는 것'이 됐고. 그러나 잠에서 깬 후에는 용을 '없는 것'으로 인식했지. 인식의 형태가 어찌 됐든, 자네는 용을 '인식'하지 않았나? 자네는 눈을 떴을 때 연필이 보임을 인식하듯이 눈을 감았을 때 연필이 보이지 않음도 인식하고 있네. 또한 생각이 있을 때에는 생각이 있음을 인식하고 생각이 없을 때에는 생각이 없음을 인식하고 있고.

릴리 아! 존재가 있다, 없다로 말을 하려면 먼저 '인식이 전제된다'는 말씀인 거죠?

카밀로 알아냈군. 존재는 결국 인식이 전제되네. 있든 없든 간에 모든 것이 이미 인식된 것이네.

릴리 아, 진짜로 없는 것은 없다고 하셨었죠! 없는 것이라는 개념도 이미 인식되어 존재하는 것이라고요. 또, 인식만이 유일하게 '있다'고 할 수 있는 실체라고 하셨고요. 모든 게 이미 인식된 것이라면 그 인식의 주체가 진정한 나 아닐까요? 몸, 생각, 영혼 같은 것이 아니라요.

카밀로 예전에 말했지? 인식의 주체는 따로 있을 수가 없네. 인식된 것만 있지. 그러니까 '보는 놈(나)이 연필을 보는 게 아니라 보는 놈이 연필 그 자체'라는 걸세.

릴리 무슨 말씀인지 머리로는 이해가 되지만, 제가 연필이라는 건 좀….

카밀로 자네는 보는 놈(나)을 흉내 내고 있는 것이네. 실은 그 또한 대상일 뿐이야. 몸, 생각, 감정, 연필, 영혼, 하느님 등도 주객으로 분리된 듯 보이지만 실은 대상일 뿐이라네. 인식의 주체가 없으므로 우리의 '나'는 하나의 환일세. 더 나아가 주체가 따로 없기에 인식의 대상이 곧 인식의 주체인 걸세. 이 몸을 나라고 생각하는 한 이 사실을 받아들이기는 절대 쉽지 않을 걸세. 그러면 어떻게 해야 할까? 자, 몸을 벗어나서 세상을 한번 관찰해보게나….

릴리 그런데 이게 시크릿과 무슨 관계가 있는 거죠?

카밀로 가장 밀접한 관계가 있네. 시크릿의 마스터키를 깨닫는 가장 확실한 방법이 이 앎이라네. '나는 소망한다, 심상화한다'에서 벗어나 '지금 소망하는 것 자체가 바로 나'임을 아는 것이 핵심이지. 이는 '나'가 따로 없기에 가능한 앎이라네. 그것(나의 소망)이 되는 법은 내가 그것(나의 소망)임을 아는 것이라네. 만법유식이지. 이것이 사실상 시크릿의 시작이자 끝이야.

릴리 일체가 이미 인식된 것이라는 말은 창조는 이미 끝났다는 말로 이해하면 될까요?

카밀로 틀린 말은 아니지만, 트랙은 점멸點滅하기에 시작 혹은 끝으로 구분할 수 없다네. 과거, 현재, 미래가 모두 한 점이기에 그렇지. 트랙 이야기는 뒤에서 찬찬히 해보자고.

릴리 그렇군요. 궁금한 게 또 있어요. 몸을 저라고 여기지 않으면 제 몸을 3인칭 시점에서 인식하게 될까요?

카밀로 쉽게 말하면 그렇지, 물론 나중엔 그마저도 넘어가게 되네. '몸이 곧 나'라는 생각에서 벗어나면 몸 또한 사물 같은 인식의 대상으로 느껴지지. 그렇기에 주의가 몸에서 의식공간으로 한 발짝 물러나게 되네. 쉽게 말하면 자아의 확장이지. 이렇게 되면 이제 '보는 놈(주시자)'이 느껴지는데, 이 주시자도 '나'는 아닐세. 주시자를 인식하는 순간 '몸을 보는 놈'이라고 느꼈던 주시자가 '동일한 인식의 대상'이 되는 현상을 무한 반복하게 되거든. 그러다 인식의 주체를 찾는 노력이 멈춰지고 비이원의 앎이 깨달아지는 지점이 있다네. 물론 사람마다 다르지. 어쨌든 몸을 벗어나 주시자의 상태에만 안착해도 삶이 훨씬 편안해진다네. 사고에 크게 휘둘리지 않기 때문이지.

• 지금(물질)은 마음의 영상(의식)에서 온 것이다.

• 생각은 인드라망의 연동을 따라 상황마다 적절하게 나타나는 것이다.

• 우리가 보는 것은 결국 '지금 여기'에 비치는 영상이다.

• 존재에는 인식이 전제되어 있다.

• 인식의 대상이 곧 인식의 주체다. 이처럼 '지금 소망하는 것 자체가 바로 나'임을 아는 것이 시크릿의 마스터키다.

의식공간의 자각

카밀로 주시자, 의식공간… 아마 자네에게는 어려운 얘기였을 것이네. 좀더 쉽게 설명해주지. 내가 지금 말하려는 주제와 밀접한 관련이 있는 성경 구절 하나가 있는데, 들어보게.

> 참빛 곧 세상에 와서 각 사람에게 비치는 빛이 있었나니 그가 세상에 계셨으며 세상은 그로 말미암아 지은 바 되었으되 세상이 그를 알지 못하였고
>
> — 요한복음 1:9-10

인간은 모두 꿈을 꾼다네. 그 꿈속에 '나'가 등장하지. 현실에서의 '나'가 인식의 주체이듯이 꿈속 '나' 또한 꿈에 나타난 모습들을

인지하는 존재라네. 그 '나'는 꿈이라는 단편영화 속의 주인공이 되기도 하고, 조연이 되기도 하지만 꿈이라는 영화 장면들을 '인지하는 존재'라는 위치는 변하지 않지. 안 그런가?

릴리 그렇죠. 인식의 주체로서의 '나'는 현실이나 꿈이나 마찬가지죠.

카밀로 우리의 꿈에 나타난 모든 것은 허상이지. 그것은 꿈에서 깨어보면 알 수 있네. 나도, 하느님도, 감정도, 느낌도, 슬픈 사건도, 부귀영화도… 꿈속에서는 현실이던 것이 깨어보니 '꿈속의 것'이 되었지. 즉 실재하지 않는 식識, 대상을 인식하는 마음의 작용이자 인간의 인식작용에 불과한 것이야. 그러니 꿈에 나타난 '나' 역시 허상이라네. 꿈에 나타난 모든 것을 바라보는 자 역시 허상이고. 그러므로 꿈에 나타난 모든 것이 허상이면서 '식'인 거지. 그런데 사실 꿈속의 나와 현실 속의 나는 같은 존재라네.

릴리 꿈속의 나와 현실 속의 내가 같은 존재인 이유가 뭐죠?

카밀로 세상 자체가 '이미 인식된 것'이기 때문이지. 즉 인식이라는 전제조건 앞에서는 그것이 꿈으로 나타나건, 현실로 나타나건 아무런 차이가 없기 때문이라네.

릴리 아하! 인식이라는 존재의 대전제 앞에서는 모든 존재가 똑같이 '이미 인식된 것'이란 말씀이죠?

카밀로 그렇네. 잘 생각해보게. 모든 것이 차이가 없이 이미 인식된 것이라는 말은 즉 '현실 속의 나' 역시 '꿈속의 나'와 같이 '식'이며, 허상이라는 말이네. 일체가 모양은 다르나 그 본질은 같은 것이네. 개념이라는 옷을 입고 실체화된 '현실 속의 나', '꿈속의 나', '기억 속의 나'는 상想일 뿐이지. 즉, 우주 삼라만상이 모두 마음의 빛으로 드러난 모습이라네. 말하자면 하느님의 꿈속의 일이라고! 그래서 하느님의 꿈에 등장하는 모든 존재는 동일한 방식으로 작동하고 있는 거야. 따라서 시크릿, 호오포노포노, 리얼리티 트랜서핑 등이 가능한 걸세. 또, 신의 꿈속 세상이 이 세상이기 때문에 다중우주, 평행우주가 존재할 수 있는 것이야. 이 모든 것이 '가능태'로서 존재하는 자리가 어디겠나? 바로 현존 그 자체라네. 지금 이 순간의 현존인 '지금 여기'라네. 그래서 많은 현인이 말하네. '지금 여기' 이 현존의 자리는 완전하다고 말이야. 우리는 보통 '작은 나' 혹은 독립된 개별존재인 '개아個我'로서 살아가고 있지. 이 개아가 내 세상의 주체라고 생각하며 살아간다네. 하지만 개아는 '나'조차 '이미 인식된 것'이라는 사실을 잊고 있다네. 아니 사실은 우주 전체마저도 '이미 인식된 것'이지.

릴리 저는 제가 우주에 속한 티끌 같은 존재라고 생각해왔어요. 우주라는 것이 모든 것의 배경이라고 생각하며 말이지요. 그런데 카밀로 님은 먹다 버린 껌과 광활한 우주를 똑같은 것으로 취급하시네요.

카밀로 의식이라는 거대한 스크린에 나타난 한 장면이 바로 우주 삼라만상이라네. 분리된 정체성으로 사는 '개아'가 이 절대배경과 하나가 될 때 현존을 자각할 수 있다네. 그러나 그런다고 모든 것을 이루고, 깨닫는 것은 아니네. 말 그대로 자각할 뿐. 사실은 우리는 단 한 번도 현존에서 벗어난 적이 없으니까. 아무튼 내가 말한 스크린, 즉 절대배경을 찾아보게. 이 배경은 마치 '의식공간'처럼 느껴진다네. 제아무리 우주라도 이것을 벗어날 수 없으며, 이것을 벗어난 어떤 상태를 체험한다 해도 그것을 체험한 상태 또한 의식공간에 상영된 또 다른 장면, 이를테면 '그마저도 이미 인식된 것'이 되는 거지.

릴리 의식공간 자체가 물리적인 실체처럼 느껴지기도 하나요?

카밀로 이 의식공간은 3차원의 형상들이 등장하는 2차원 평면의 TV 화면처럼 느껴지기도 한다네. 그리고 이 2차원의 TV 화면은 0차원의 점으로, 그러니까 어떤 이데아, 개념으로서 다가오기도 한다네. 바로 '모든 것이 비추어지는 것을 알고 있는 절대적인 앎'으로서 말이지. 이 앎을 일컬어 '현존의 자리'라고 부르기도 하네. 이 앎의 자리는 I am의 자리이며, '순수존재의식'이라고 불린다네.

릴리 그럼 그 의식공간은 어떻게 자각할 수 있죠?

카밀로 대상의 중계카메라를 뒤로 물림으로써 가능하다네. 먼저 우리의 일상의식 상태를 한번 잘 바라보게. 그러면 '나(개아)'의 인식작용의 초점이 육체로서의 개별존재에 맞추어져 있다는 것을 알 수 있지 않나. 마치 육신의 눈이 유일한 중계카메라인 것처럼 말일세. 이를 충분히 자각한 후에 중계카메라를 뒤로 한 발짝 물러보게나. 이는 마치 '나의 뒤통수를 비추어보는 느낌'과 비슷하네. 그럼 생소한 느낌과 앎이 찾아오지.

릴리 앗… 마치 이제까지 인식의 주체 역할을 하던 존재가 어이없게도 인식의 대상이 되어버리는 느낌이에요. 이런 게 의식의 확장이군요.

카밀로 그런 느낌이 확연히 느껴질 때 뒤로 물러났던 중계카메라(전면의 것을 비추어 아는 앎)를 한번 따라잡아보게. 그것을 따라잡는 순간 그 중계카메라가 앎의 주체에서 대상으로 바뀌네. 그리고 동시에 그것을 아는 배후의 앎이 하나 새로 생겨나지.

릴리 정말이네요. 계속 새로 생겨나요. 한데 아무리 잡으려고 해도 잡히질 않네요, 이 앎은 '인식(의식공간, 앎) 그 자체'이니 결국 따라잡을 수 없겠죠…? 잡으려고 하는 자가 사실은 잡으려는 대상 그 자체인 것을 깨닫게 되는 것처럼요.

카밀로 그렇지. 그렇게 주객이 비이원성 안으로 사라지고 나면 세상을 바라보는 관점은 크게 바뀌네. 이른바 관점의 변환, '메타노이아Metanoia'가 일어나는 것이지. 메타노이아는 예수가 공생활 때 구호로 내세웠던 표현이네. 성경에서는 '회개하여라'로 번역되어 있지만, 사실 그 뜻은 관점의 전환을 뜻하는 말이지. 불교의 '고개를 돌리면 피안이다'라는 말과 같네. 진정으로 붓다, 그리스도, 연금술사, 마법사, 시크리터로 살아갈 수 있는 무대가 마련되는 것이야.

릴리 의식공간을 쉽게 자각할 방법이 있을까요?

카밀로 조용한 곳에 앉은 다음 온몸의 이완을 풀고 지금의 모든 것을 있는 그대로 느껴보게. 이 순간 나타나는 모든 느낌, 감정, 생각들을 있는 그대로 허용하며 그것들을 알아보게. 그것들이 명료하게 인식된다는 느낌이 들 때 그것들을 아는 앎, 전면에 나타난 삼라만상을 보고 아는 앎을 한번 자각해보게나. 중계카메라의 초점을 개아의 눈이 아닌 그것을 아는 앎 쪽으로 한번 옮겨가보게. 그러면 이제까지 인식의 주체라고 여겨졌던 나라는 존재가 인식의 대상이 되면서 '나'에 대한 정의가 넓어지게 되네. 외연의 확장이 일어나는 것이지. 나에 대한 정의가 확장됨에 따라 인식(의식공간)과 심연의 확장도 같이 일어나서 의식이 깊어지기 시작하네. 의식이 깊어지고 순수해지면 현존의 자각은 더 명료해지지. 이 현존의 느낌이 명료해질수록 삶에 나타나는 온갖 풍파에도 그 존재의 느낌이 바래지 않는 거야.

- 꿈속의 나와 같이, 현실의 나도 허상이다.
- 모든 존재가 하느님의 꿈속에 있으므로 동일한 방식으로 작동한다.
- 모든 것이 가능태로 존재하는 자리는 현존, 즉 지금 여기이다.
- 개아가 절대배경과 하나 될 때 현존을 자각할 수 있다.
- 의식공간은 중계카메라를 뒤로 물림으로써 자각할 수 있다.
- 주객이 비이원성 안으로 사라지면 관점의 변환이 일어난다.

현존, 나, 상대성

릴리 휴, 카밀로 님! 현존상태가 되려고 노력해봤는데요… 그게 잘 안됩니다. 어떻게 하는 게 좋을지 모르겠어요.

카밀로 항상 현존의 느낌에 머무르고 싶다는 말인가? 자네는 한 번도 현존에서 벗어나 본 적이 없어.

릴리 그럴 리가요. 전 한 번도 신비가들이 말하는 현존의 의식

상태를 느껴본 적이 없는걸요.

카밀로 자네는 현존이란 게 어떤 변성의식의 상태를 말한다고 믿고 있군.

릴리 현존의 상태가 특정한 의식의 상태가 아닌가요? 저는 이제까지 그런 줄 알고 있었는데요. 그럼 현존의 상태란 무엇인가요?

카밀로 현존이라는 단어는 다음과 같은 글자로 구성되어 있네. 나타날 현現, 있을 존存. 현존에 대해서는 많은 논의가 있지. 하지만 현존이란 것은 절대로 어떤 특정한 의식의 상태나 관점을 말하는 것이 아니라네. 현존, 쉽게 말하면 '존재가 나타나 있음'을 뜻하는 말이지. 이는 많은 사람이 현존이라는 말을 접할 때 가지게 되는 '현재에 머무른다'는 뜻을 내포하며 그것을 뛰어넘는 포괄적인 의미라네. 현존은 우리의 인식, 즉 '존재'와 같네.

릴리 제가 알기로 현존은 생각이 끊어진 어떤 상태, 날뛰던 마음이 잔잔해진 은은한 지복감, 진정한 나로서 존재하는 순간, 어떤 행위나 느낌에 순수하게 몰입한 상태, 나타난 모든 것들을 주시하는 주시자 등 수많은 정의가 있던데요? 이것들은 뭐죠?

카밀로 진정한 현존은 그것들을 모두 포함하고 있으며 또한 넘어서 있다네. 그러한 정의들은 현존의 자리를 찾아가는 과정에서 변성의식으로 일어나는 체험의 결과들일 뿐 진정한 현존의 모든 것을 대변하기에는 미흡한 것들이라네. 아까 현존이 '존재가 나타나 있음'을 뜻한다고 했지? 현존은 '내가 지금 어떠한 상태로 존재함'을 뜻하고 있지 않다네. 진정한 현존은 바로 비이원의 존재상태 그 자체를 말하기 때문일세. 그래서 어떤 '나'를 따로 상정해 등장시키지 않는 것이지. 왜냐면 비이원의 존재 상태에서는 모든 존재가 바로 나이기 때문이라네.

릴리 지금 저의 이 미숙한 의식상태가 현존이라고요? 이게 현존이라면 저는 세상에서 가장 크게 깨달은 사람일걸요. 그럼 수행을 왜 하는 거죠?

카밀로 수많은 영성전통에서는 이 '비이원의 존재상태'로서의 현존의 자리와 그 현존의 주체로서의 '나'를 찾으려 많은 수행법을 발전시켜왔네. 소위 말하는 명상, 관상 등의 수련법들이지. 그리고 대부분의 수행법이 지성의 사용에 거리를 두어왔지. 하지만 오늘은 지적인 사고와 직관을 함께 사용해 현존을 체험할 수 있도록 해보자고. '나는 밥을 먹는다.' 이 짧은 문장은 우리의 일상 표현이라네. 안 그런가? 더 정확히는 일상적인 순간에서의 '의식상태'에 대한 표현이네.

릴리 그렇죠. 의식의 주의가 '몸'에 쏠려서 몸이 나라고 철석같이 믿고 있는 상태요.

카밀로 이 문장에는 감추어진 두 가지의 사실이 있네. 그것을 표현해본다면 이렇게 되지. '(나는) 밥을 먹는다(는 것을 알고 있다).' 이 문장을 분석해보면 '밥을 먹는다'라는 문장 부분은 행위인 동시에, 그것을 아는 앎(의식의 비춤작용)이네. 또, 뒤의 '알고 있다'는 전면으로 드러나지 않는 앎으로서의 의식을 말하고 있네. 이 배면의 앎을 많은 의식수행 전통에서는 '주시자'라고 부르지. 이것이 전면에서 지각되지 않는 이유는 이 앎이 현상 이전에 있기 때문일세.

릴리 현상 이전의 앎이란 건 어떤 것이죠? 좀 어렵네요.

카밀로 어떤 현상이 있다면 그 현상 이전에 그것을 비추어 아는 앎이 있다는 것일세. 예를 들어보면 훨씬 편하게 이해할 수 있을 걸세. 우리가 밥을 먹을 때 '나는 밥을 먹는다'라고만 생각하지 '나는 내가 밥을 먹는다는 것을 알고 있다'고는 잘 생각하지 않지? 그것은 밥을 먹는 행위만이 인식의 중앙무대에 고정됐기 때문이네.

릴리 세상에 안 그런 사람이 있나요?

카밀로 그런 신기한 사람들이 세상엔 존재하네! 아무튼, 밥을 먹는 행위를 인식하고 있는 인식의 중계카메라를 조금 더 멀리 후진시켜보면 내가 밥을 먹고 있는 것을 아는 앎을 볼 수 있지. 그럼 그전까지는 배면의 앎이었던 것이 인식의 대상으로 변환되며 그것을 아는 또 다른 앎이 배면에 나타나지. 이런 식으로 카메라를 물리면 물릴수록 그것이 끝없이 계속 나타나네. 주시자의 무한분열이지.

릴리 정말 그렇네요. 전 방금 네 번째 주시자를 따라잡았는데 지금 다섯 번째 주시자를 만났어요. 아! 말하는 순간 여섯 번째 주시자 등장이네요.

카밀로 그렇다면 왜 이런 현상이 나타나는 것일까? 그 이유는 끝까지 드러나지 않는 숨겨진 어떤 것 때문이라네. 그것이 바로 '나'일세.

릴리 끝없이 대상이 되어버리는 주체들 말고, 인식의 대상이 될 수 없는 인식의 진정한 주체인 '나'는 끝까지 나타나지 않네요. 도대체 어디에 숨은 거죠?

카밀로 그것은 '나는 밥을 먹는다는 것을 알고 있다'의 '나'이네. 이것은 개별육체를 말하는 것이 아니라네. 인식의 진정한 주체로서의 참나를 말하는 것이야. 이 참나는 결코 인식의 대상이 아니지.

릴리 그럼 이 참나는 도대체 뭐냐고요….

카밀로 '인식' 안에서는 세 가지의 위격位格이 탄생하네. 그것은 바로 '인식의 주체-인식작용-인식의 대상'이지. 이 세 가지의 위격은 삼위일체로 작용하네. 이것들은 인식 안에서 세 가지의 요소로 나타나지만 사실 하나가 아니겠는가?

릴리 주체-작용-대상의 삼위일체. 이제 무언가 좀 틀이 잡히는군요.

카밀로 그렇지. 따라서 끝까지 나타나지 않는 나, 즉 '참나'는 인식 그 자체라네. 그래서 인식의 주체와 인식의 대상이라는 관계에선 포착될 수 없는 거지. 관찰되는 무언가를 인식의 주체라고 개념 짓는 순간 그 또한 인식의 대상으로 변해버리기 때문인 걸세. 전에도 말했지만, 존재에는 대전제가 있다네.

릴리 인식되어야 한다는 것! 맞죠? 사실 세상 자체, 존재 자체가 '이미 인식된 것'이잖아요. 이원적인 인간의식은 존재와 인식을 별개로 생각하지만 사실 존재와 인식은 하나다! 인식이 되어야만 존재하는 것이죠.

카밀로 복습을 아주 잘 해왔군. 정리하자면 진정한 현존이란 의식이 맑아지고 깊어진 변성의식 상태에 한정된 것이 아니라네. 우리의 존재상태 그 자체를 말하는 것일세. 우리는 단 한 번도 현존의 자리에서 벗어난 적이 없지.

릴리 그럼 현존의 자리는 어떤 자리죠?

카밀로 우울하고 슬픈 상태, 화나 있는 상태, 기분 좋고 즐거운 상태, 지복을 체험하고 있는 상태. 이 모든 상태가 우리의 현존이라는 것을 깊이 깨닫게 될 때 '지금 여기'를 있는 그대로 포용할 수 있는 능력이 생기네. 그리고 현존이란 하느님의 창조력의 장인 '지금 여기'가 스스로를 드러낸 모습이자, 그것을 사용할 수 있게 하는 원인이라네. 이것은 '상대성'에 대한 깨달음과 동시에 오게 되지.

릴리 상대성에 대한 깨달음이 신의 창조력을 이해하고 사용하게 하는 열쇠란 말이군요.

카밀로 그렇지, 상대성과 동시성은 비이원의 핵심적인 요소이지. 동시에 시크릿, 기도 등을 비롯한 창조영성이 작동하는 원리이기도 하네. '지금 여기' 안에 내가 원하지 않는 것이 존재한다면 동시에 내가 원하는 것 또한 이미 존재한다는 사실을 알게 되는 걸세.

릴리 내가 원하지 않는 것이 있다는 것은 알겠어요. 지금 내 눈앞에 있으니까요. 그런데 내가 원하는 소망이 이루어진 상태가 있다는 것은 어떻게 확신을 할 수 있는 걸까요?

카밀로 전에 말했지 않나. 존재가 바로 인식이기 때문이라고. 그 어떤 것이 되더라도 인식된 것은 바로 존재하는 것이라는 말일세.

릴리 그럼 잠깐 생각한 것도 존재하는 것인가요?

카밀로 그렇지, 그것도 존재하는 것이라네. 내 누누이 말하지 않았는가? 이 세상 자체가 이미 인식된 것이라고 말일세. 자네 몸뚱이는 어디에 속해 있나?

릴리 이 세상이죠.

카밀로 그럼 자네의 소망이라는 환상은 어디에 속해 있는 것인가? 그러니까 그 환상은 누가 만들어내고 있냔 말일세.

릴리 그야 저죠.

카밀로 좋아. 정리해보면 '이미 인식된 세상', '나라는 몸뚱이', '아직 이루어지지 않은 소망'의 순서가 되는군. 그렇지?

릴리 네. 그런데요?

카밀로 자네의 소망은 자네라는 개체에 의해 나타난 것이고, 자네라는 개체는 세상 안에 나타난 것이고, 그 세상은 '인식'에 의해 나타난 것이지. 이제 '존재하는 모든 것은 이미 인식된 것'이라는 말이 이해되는가?

릴리 네. 거기까진 이해가 되네요.

카밀로 또한 전에 말해준 '의식공간'의 자리에서 생각해보게. 의식공간 혹은 순수의식의 자리에서는 현실이든 비현실이든 아무런 상관없이 모든 것은 자신 안에서 이미 인식되어 존재하는 것이랬지? 즉 의식 안에서 일어난 것들이니 결국 무엇이겠나? 결국 똑같은 의식인 것이지.

릴리 모든 것을 인식하는 배경인 순수의식의 입장에서는 모든 것이 차별 없이 같은 것이군요. 현실이란 것은 현실이란 개념으로서 존재하는 것이고 비현실이란 것은 비현실이란 개념으로 존재하는 것이고요.

카밀로 그렇네. 게다가 존재하는 것들의 전제조건은 '인식됨'이기 때문에 우리가 상상하는 모든 것들은 없는 것을 억지로 상상해서 만들어낸 것이 아닌 '이미 있는 것을 재인식'하는 것뿐이네. 이것을 철저하게 아는 것은 시크릿의 비밀을 아는 것이지. 이 부분은 앞으로 더 세세하게 다루자고. 그리고 또, 잊은 것 없나? 존재하는 모든 것들은 상대성을 통해서만 존재할 수 있다는 것!

릴리 아! 맞아요. 실현되지 않은 어떤 것이 있으려면 반드시 그 것이 실현된 상태가 존재해야만 한댔죠. 꿈과 생시를 나눌 때 꿈을 말하자면 반드시 생시라는 상태가 있어야만 하는 것처럼요. 하지만… 그런 것은 개념에 불과하지 않나요?

카밀로 개념에 불과하다라… 하지만 그 개념이 존재의 실체이네. 세상은 개념에 불과한 것이지. 그렇기에 존재마저도 개념이네. 개념이 없이 알려지는 것, 인식되는 것이 있을 것 같나?

릴리 그러네요. '개념에 의존하지 않고 존재하는 것'이라고 표현해도 이미 개념이군요.

카밀로 불교에서는 세상을 '희론戱論'이라고 표현하네. 여기서 희戱라는 글자는 연극을 뜻한다네. 이 용어는 용수가 쓴 《중론》에 나타나는 개념이지. 희론은 대상을 분별해서 거기에 언어와 의미를 부여하는 지적 작용을 말한다네. 세상은 한 편의 연극이기에 '개념을 통해서 펼쳐지게' 된다네. 그래서 개념은 존재를 세우는 필수적인 요소라네. 달리 말하면 세상은 온통 개념의 물결이란 말이지. 시크릿에 대입해보면 심층 무의식 안에 흐르는 관념의 물결이 현실의 씨앗인 거지. 즉 우리의 현실은 잠재의식으로 존재하는 관념의 씨앗들이 현재의식이 체험할 수 있는 오감의 영역으로 투영되는 영상에 불과한 것이라네. 그리고 이러한 개념은 '상대성'을 통해서만 존재할 수 있지.

릴리 결국 개념에 불과한 것이 세상을 결정하는 요소이기에 개념이 붙은 모든 것은 이미 존재하는 것이네요. 제가 지금 10억이 없는 상황이라면, 반대로 제가 10억을 가진 상황도 존재한다는 거죠? 그런데 그 상황은 어디에 존재하는 거죠?

카밀로 가능태의 영역이네. 그것이 어디 있겠는가? 현존(비이원의 존재 방식)을 통해 느끼는 '지금 여기' 안에 가능태의 개념으로 있는 걸세. 이제 그것을 끌어당기면 되는 것이지. 이미 있는 것을 재인식함으로써 현실의 트랙으로 끌어내는 것! 그것이 결국 시크릿이라고 부르는 창조원리의 실체라네.

릴리 이미 있는 것을 끌어내는 것… 확실히 이런 사실을 알고 시크릿을 대하면 예전과는 완전히 다를 것 같아요.

카밀로 시크릿을 하는 수많은 사람이 이런저런 기법에 의존해 현실을 끌어당기려 하지. 그런데 그들은 '앎'이 없이 어떤 마인드 스킬에만 의존해서 시크릿을 하고 있네. 하지만 현존의 진짜 의미를 아는 사람은 예전처럼 결핍 상태에서 끌어당기지 않게 되네.

릴리 결핍마저도 풍요를 존재하게 하는 상대성이니, 필수 불가결의 존재라는 것을 알고 결핍을 승화하게 되는 거네요. 상대성 안에서 짝으로 나타나는 대상을 예전처럼 단순히 대립 안에서 바라보지 않는 거고요. 위기가 곧 기회임을 알게 되는 것! 그러면 상대성으로 나타나는 존재들에게는 절대적인 가치 구분이 없겠네요. 선과 악, 밝음과 어두움, 긍정과 부정, 나와 너. 사실은 모두가 같은 것이고 모두가 하나니까요.

카밀로 나에게 닥쳐오는 불행도 절대적 불행이 아님을 알게 되지. 불행이 없으면 행복도 없으니까 말이야. 모든 것은 서로를 존재하게 하는 필수요소로 존재한다네. 이 사실을 깨닫게 된다면 부정적인 것들에 대한 정화 또한 그 의미가 달라진다네. 어떤 더러운 것을 깨끗하게 만드는 것이 아니라, 그것이 있기에 깨끗한 것이 있을 수 있음을 먼저 감사하게 되는 거지. 그리고 은은한 지복감 안에서 그 비참한 상황을 바라볼 수 있게 되네.

릴리 지복 안에서 부정적인 것을 바라보게 되면 어떤 일이 일어나나요?

카밀로 변화된 관점으로 문제를 바라보게 되면 그때 기적이 일어나게 되네. 결핍이 풍요로 바뀌게 되지. 불행으로 여겨졌던 것들이 이제는 풍요로운 행복이 있음을 증명해주는 증거로 느껴지는 거야. 억지로 그렇게 바라보려 해서 바라보는 것이 아닌 자연스럽게 그렇게 될 수밖에 없다네. 그러면 나의 비참함이 사랑스럽게 변하네. 그들이 있기에 풍요로움과 행복이 있을 수 있다는 것을 아니까. 비참을 승화시키면 풍요로움은 자동으로 끌어당겨진다네. 비참을 바라보는 나의 인식이 이미 그 안에서 풍요를 보고 있으니 풍요가 올 수밖에 없는 거라네. 나는 이미 풍요를 '인식'하네. 인식되는 것은 이미 비이원의 '나' 안에 있는 것임을 알게. '지금 여기' 안에서 현존이라는 방식을 통해 있는 거야. 지금 설명한 것이 어렵다면, 역시 나중에 소개할 나의 경험담을 참고하게나.

릴리 존재가 드러나는 비이원의 방식 자체가 현존이라…. 현존은 분별하지 않는 건가요?

카밀로 현존 자체에는 아무런 판단도 없다네. 선과 악이 없는 거지. 그저 존재하는 것이네. 그 안에서 원하는 것을 끌어당기는 것은 우리들의 선택일세.

릴리 그러나 부정적인 감정이 나타나는 건 '참나'가 가려진 상태 아닌가요? 그럼 현존의 상태가 아닌 거 같은 느낌이 자꾸 들어요. 아니면, 그런 상태 또한 인식하고 있는 주체가 있기에 현존의 상태가 되는 건가요?

카밀로 현존은 모든 존재성이 드러나 있는 상태를 총칭하는 표현일세. 긍정적인 것만이 현존인 것이 아니야. 사실 따지고 보면 상대적인 긍정과 부정이 있을 뿐이지 절대적인 것은 없거든. 부정 없이 홀로 존재할 수 있는 긍정이 있을 수가 없지 않은가? 모든 상대적인 것은 서로를 위해서 존재하는 것이라네. 만약, 선이 존재하기 위해 악이 존재한다면 그 악은 과연 절대적인 악이 될 수 있겠는가? 반대로 악이 악일 수 있는 역할을 담당하는 선이라면 그 선은 절대적 선이 될 수 있을까? 모든 존재가 이렇다네. 존재가 나타나 있음 자체가 현존이네. 부정적인 존재성에서도 그 본질을 보는 것이 앎이라네. 상대성을 알면 정화를 따로 할 것도 없네. 그저 그것을 인식하고 있는 그대로 받아들인 다음 새로운 옷을 입혀 재인식하면 되네. 정리하고 다음으로 넘어가자고.

- **우리는 항상 현존의 상태에 있다.**
- **인식에는 주체, 작용, 대상의 세 가지 요소가 있다.**
- **현존을 깨달을 때, '지금 여기'를 포용할 수 있는 능력이 생긴다.**
- **소망은 나에 의해 나타났고, 나는 세상 안에 나타났으며, 세상은 인식에 의해 나타난 것이므로 존재하는 것은 이미 인식된 것이다. 따라서 이미 소망이 이루어진 상태가 존재한다.**
- **변화된 관점으로 문제를 바라보면 기적이 일어난다.**

세상은 무한한 네트워크

릴리 그런데 저번에 말씀하신 인드라망이란 게 정확히 뭔가요? 저번에 생각은 인드라망의 연동을 따라 상황마다 적절하게 나타나는 것일 뿐, 우리가 하는 게 아니라고 하셨잖아요.

카밀로 인드라망은 저번에 말했다시피 존재의 네트워크라네.

릴리 거대한 매트릭스 같은 건가요?

카밀로 인드라망은 본래 불교에서 세상을 바라보는 방식을 설명하기 위해 만들어낸 비유라네. 불교의 근본적인 관점인 상대성과 연기성을 표현하는 장치이지. 사실 간단한 비유이지만 거기에 담겨 있는 진리는 절대 간단하지 않아. 인드라망이란 간단히 말해서 일종의 그물이지. 이 거대한 그물의 그물코마다 각각 투명한 구슬들이 한 개씩 달려 있네. 이 투명한 구슬들은 각각의 개체존재가 관찰하는 고유우주의 상징이라고 보면 되네. 그물코마다 달려 있는 투명한 구슬들 안에는 각각의 고유한 우주(세계)가 소용돌이치고 있으며, 동시에 각각의 구슬들은 서로서로 다른 구슬들을 투영한다네. 이 구슬이 저 구슬에 투영되고 저 구슬은 이 구슬에 투영되지. 이와 같은 방식을 상즉상입相卽相入, 상대투영이라고 부르네. 즉 상대성, 전체성, 동시성이 인드라망의 연동을 통해서 작용하고 있는 거지. 인드라망의 비유는 이 세계가 어떤 식으로 형성되는지를 보여주는 아주 중요한 비유야. 바로 세상이 성립하는 방식인 '상대성'과 서로가 서로의 대상으로서만 존재할 수 있는 '연기緣起성'을 말해주는 비유라네.

릴리 상대성과 연기… 그거면 불교 영성의 모든 것 아닌가요?

카밀로 그렇지. 존재가 드러나는 원리인 상대성과 석가모니의 상대성 이론인 연기법이 인드라망의 비유에 모두 드러나 있다네. 그리고 이 안에 시크릿의 비법 또한 들어 있지. 서로가 서로를 중중무진重重無盡으로 투영시키는 장엄한 광경을 두고 '무한중첩투영'이라고 부를 수 있네. 말 그대로 무한에 가까운 상대투영이 중첩되는 것이지. 하나 안에는 모든 것이 투영되어 들어 있고 모든 것 안에는 동일한 하나가 투영되어 들어 있지. '나'가 있어 '너'가 있으며 '너'가 없으면 '나'가 없네. 인식이 존재를 결정하며, 존재는 이미 인식된 것이라는 형태로 전체성 안에서 존재하게 되네. 아주 장엄한 상대성이지. '나'는 고유한 나만의 세상을 가지기에 '너'가 나의 세상에 침범할 수 없고, 나 또한 '너'의 세상을 침범할 수 없지만 '나'는 '너'를 투영함으로써 '너'의 세상에 참여하고 있는 거지. 이 투영이란 것은 내가 상대방(대상)을 어떤 식으로 인식하는가를 말하는 걸세. 예를 들어서, 길거리에서 거리공연을 하는 예술가를 봤다고 치지. 그 거리의 예술가는 혼자서는 성립할 수 없네. 반드시 그를 목격하는(인식하는) 다른 사람들이 있어야지만 그 존재가 성립되지 않는가? 그때 나는 그의 우주에서 그를 목격하는 자로 참여함으로써 그의 존재성의 일부분이 되는 것이네. 반대로 그 또한 나의 우주에서 거리의 예술가로 나타남으로써 '거리의 공연을 보고 있는 나'라는 존재성을 완성하게 해주고 있지 않나. 내가 있어서 그가 있고 그가 있어서 내가 있는 것이지. 그리고 이 둘의 관계 안에는 하나의 동일한 요소, 바로 각자의 세상을 관찰하고 성립하게 하는 '나'라는 근원적인 존재의 느낌이 작용하고 있네. 동일한 '나'라는 존재감이지만 개체를 통해서 고유한 세계를 지니게 되는 걸세.

릴리 서로가 서로에 의존하며 참여하되 각 존재는 그만의 고유성을 침범당하지 않는 거군요. 그렇다면 내가 상대의 속을 알 수 없고 상대가 내 속을 알 수 없는 이유도 그것 때문인가요?

카밀로 그렇다네. 이렇게 우리는 모두 고유한 우주를 가지며 그 우주 하나하나에는 다른 모든 존재가 투영되기에 '일중일체다중일一中一切 多中一', 즉 하나 안에 모든 것이 있고 모든 것 안에 하나가 있다고 하지. 무한중첩투영, 일중일체다중일은 단지 비유가 아닐세. 우리가 인식하는 모든 세상의 구조가 실제로 이렇다네. 현대과학은 이와 같은 사실들을 일부 눈치채고 평행우주, 다중우주 등의 이름을 붙였네. 홀로그램 기술이나 프랙탈 구조의 발견 등도 모두 무한중첩투영이라는 세상의 구조적 특성으로부터 나온 것이라네. 그리고 영성가들은 중요한 것을 깨우치게 되지. 세상을 움직이는 소원리를 발견한 것일세. 많은 신비가들은 최종적으로 이러한 법칙들을 넘어서는 큰 깨달음에 도달하네. 이 세상이 고정된 실체가 아닌 요동치는 의식의 심상이라는 사실에 말일세. 말 그대로 존재의 실상을 본 것일세. 그 내용은 만법유식萬法唯識, 일체유심一切唯心, 여몽환포영如夢幻泡影이며 '하느님의 마음 속 사건들'로서 신이 꾸는 꿈이자 신이 추는 춤이 바로 이 세상이라는 사실을 안 것이지.

릴리 그럼 거기서 왔음을 깨닫는 우리는 무엇인가요? 우리가 바로 신인가요?

카밀로 그렇지! 나라는 정체성을 깨닫고 나면 자네가 지금 한 말이 뼛속 깊이 이해가 될 걸세. 많은 사람들이 시크릿을 소원성취를 위한 방편 정도로만 알고 있네. 하지만 사실 시크릿은 그렇게 작은 것이 아닐세. 오히려 세상이 돌아가는 원리에 대해 정통해야만 발휘할 수 있는 큰 힘이네. 이 점을 잊지 말게. 또, 세상이 돌아가는 원리를 알려면 인드라망을 깨닫는 게 중요하네. 인드라망을 깨달으면 석가모니께서 전해주신 연기법의 진실 또한 깨닫게 되기 때문이지.

릴리 그렇다면 인드라망이라는 것은 결국 연기의 진실을 말해주는 것이군요.

카밀로 그렇지, 연기는 인연생기因緣生起, 즉 인(직접적 원인)과 연(간접적 원인)에 의지하여 생겨남 또는 인연(원인)따라 생겨남의 준말로서 불교에서 바라보는 인과법이네. 하지만 우리가 통상적으로 생각하는 인과법이라기보다 석가모니의 독특한 상대성 이론이지. 이를 알려면 이원론적 존재론과 연기론의 차이에 대해서 알아야 하네. 그럼 대부분의 사람이 진실이라고 여기고 있는 실체론적 존재론이 가지는 오류에 대해서 알 수 있네. 사전상에 나와 있는 존재의 정의는 '현실에 실재하고 있는 것을 가리키는 말'이네. 그렇다면, 실재하고 있는 것에 대한 사전상의 정의는 뭘까? '인식주체로부터 독립해 객관적으로 존재하고 있는 것'이네. 정리하자면, 존재는 '인식주체의 관찰과는 상관없이 독립되어 객관적으로 있는 실재하는 것'이지. 뭔가 이상하지 않나? 인식에 의해서 존재를 알아보는 인간은 존재가 인식주체로부터 독립적으로 존재함을 어떻게 알 수 있을까? 알 수가 없지. 그러니 존재가 인식의 주체로부터 독립되어 객관적으로 존재한다고 여기는 것은 사실이 아닐세. 이것은 있는 그대로의 사실을 본 것이 아닌, 추론에 불과할 뿐이네. 예를 들어서, 자네는 지금 내가 존재한다는 사실을 어떻게 알 수 있나?

릴리 그야 제가 선생님을 보고 있으니까 알 수 있죠.

카밀로 바로 그것일세. 너무나 당연해서 평소에는 절대로 자각되지 않는 것. 인간은 인식으로부터 비로소 앎을 생성하네. 그렇기에 존재가 인식주체로부터 독립되어 있음을 절대로 알 수 없지. 있다, 없다를 비롯해서 인식을 벗어난 것이 없기 때문이네. 따라서 인간이 존재를 추론하는 방법은 현상을 보고서 존재가 있다고 추론하는 것에 불과하다는 말이야. 여기서 깨달음으로 가는 사유의 길이 열리게 되네. 여러 경전에서 말하는 '있는 그대로 여실히 사유하라'라는 말은 실체론적 존재론에 기반한 추론이 아닌, 존재가 인식을 통해 나타나는 것을 그대로 관찰하여 앎으로 삼으라는 뜻일세. 인간은 현상을 인식하여 비로소 자신이 인식하고 있음을 알 수 있네. 이때 인식되는 현상은 갖가지 정보들을 담고 있지. 형, 색, 의미, 인과, 이미지… 이와 같이 현상에 담겨 있는 정보들을 인식값, 혹은 존재값이라고 불러보세. 그러니까 현상의 값이며 동시에 인식의 값이 되는 거지. 그럼 이 인식의 값은 어디에서 생겨나는 것일까?

릴리 기존의 실체론적 존재론에 따르면 인식값은 각 존재의 독립된 값이겠지만, 말씀을 듣고 보니 그게 불가능하다는 생각이 들어요. 그렇다면 주객 도식 안에서 인식의 주체와 대상의 합작으로 만들어지는 걸까요?

카밀로 좋은 대답일세. 대부분의 사람은 이와 같은 현상의 값(인식의 값)이 인식의 주체로부터 독립되어 객관적으로 존재하는 값이며 사람은 이를 단지 인식할 뿐이라고 생각하고 있지. 그렇기에 모든 인식의 대상은 실체로서의 객관적인 현상값을 지니고 있다고 여기게 되고 말이야. 이에 기반한 존재론이 실체론적 관점이 되는 거지. 이 경우에 현상하는 값의 원인을 현상의 배후에 있는 실재로서의 존재에게 두는 것일세. 그러나 절대 그렇게 될 수가 없지. 인간은 인식을 통해서 비로소 앎을 생성하기 때문이야. 인식을 떠나 있는 독립된 실체로서의 존재값은 존재하지 않는다는 거지. 여기서 인식이 있다, 없다로 단순하게 접근하면 오류에 빠지네. 없는 것 또한 인식된 것이기 때문일세. 아무튼, 존재는 인식을 전제로 하네. 인식작용은 인식의 주체와 대상의 합작이네. 즉, 인식의 주체로부터 독립된 존재는 있을 수 없는 것일세.

릴리 그럼 이것이 비이원적인 관점인가요?

카밀로 여기까지는 아직 이원론적인 시각일세. 주체와 대상을 분리된 실체로 여전히 인정하고 있기 때문이지. 비이원의 시각은 인식의 주체인 '나'가 따로 성립할 수 없음을 말해주네. 그렇기에 인식대상인 존재값, 인식값이 바로 인식의 대상인 동시에 주체인 '나'로 확장된다네. 인식작용은 스스로를 상대성 안에서 대상화하고 세상을 일으켜 인식하고 있음을 말해주는 거라네. 하나의 커다란 착각이 있었던 거지. 그럼 이러한 착각의 원인은 어디서 오는 것일까? 그것이 바로 원죄라고 불리는 '내가 분리되어 독립적으로 존재한다'라고 느끼는 착각, 이원성에서 오는 것일세.

릴리 존재하는 모든 것은 주객도식의 관계에서 분리되어 독립된 주체로 있을 수 없군요. 그럼 연기법과 인드라망의 비유는 이러한 주객 비이원의 상태를 말하는 것인가요?

카밀로 나는 방금 연기법과 인드라망의 정수인 인식과 존재 사이의 상대성을 말한 걸세. 전체적으로 살펴보면 인드라망은 훨씬 더 많은 것을 말해주고 있지. 드러난 인식대상들이 모두 원인과 조건이라는 인과관계로 연결되어 있다는 사실 말이네.

릴리 인드라망에 대해서 예를 들어주시면 더 이해가 쉬울 것 같아요.

카밀로 좋네, 그러기 위해서 연기맵을 그려보자고. 연기맵이란 어떤 하나의 대상(존재)을 나타나게 하는 모든 조건을 찾아보는 걸세. 먼저 '나'를 살펴보지. 이 몸뚱이로서의 '나' 말일세. 종이 가운데에 '나'라고 쓰고 동그라미를 하나 그리게나. 그러면 그 '나'로서 있기 위해서 꼭 필요한 것을 살펴보자고. 지금의 나를 이루는 모든 것들을 말일세.

릴리 내가 있으려면 오늘 아침에 먹은 밥이 있어야겠네요. 입고 있는 옷, 신발도 있어야 하고요. 아! 부모님도 있어야겠어요.

카밀로 그럼 그것들을 '나' 옆에 적어보게. 이제 다음 질문이네. 아침에 자네가 먹은 밥이 있으려면 무엇이 필요한가? 또 옷과 신발이 있으려면? 부모님이 있으려면? 그것을 추적해보게.

릴리 밥이 있으려면 쌀이 있어야 하고, 옷이 있으려면 옷감이 있어야 하죠. 신발 또한 그 원자재가 있어야 하겠고요. 예를 들어서 소나 합성 피혁 같은 거요. 부모님이 있으려면 부모님의 부모님, 부모님이 먹은 밥, 부모님이 들이쉬고 내쉬었던 공기 등이 있어야겠네요.

카밀로 그럼 그 쌀이 있으려면? 옷이나 신발의 원재료가 있으려면? 부모님이 있으려면 그 두 분의 만남이라는 관계성도 포함되니 그것도 넣어보게. 또한 부모님은 인간이 아니겠나? 그럼 인간이라는 개념 또한 필요하지. 그런데 인간이라는 개념이 필요하기 위해서는 인간이 아닌 것이라는 개념 또한 필요하네. 그렇게 온갖 동물, 식물, 광물 등이 등장한 것일세. 그러니까 인간이 있기 위해 인간 아닌 모든 것들이 등장한 것이고 그 반대도 마찬가지일세. 이렇게 하나의 대상이 있기 위해 작용하는 원인과 조건의 관계를 계속 추적해 나아가는 것이지. 상대성, 동시성, 전체성의 입장에서 관하면서 말이야.

릴리 쉬운 주제부터 살펴본다면, 쌀이 있으려면 논이 필요하고, 논에 댈 물과 논농사를 책임질 농부가 필요하네요. 논은 땅이니까 땅도 필요하군요. 땅이 있으려면 지구가 있어야 하네요. 지구가 있으려면 우주가 필요하고요. 다른 옷이나 신발 등을 대상으로 추적해봐도 마찬가지군요. 결국 모든 것이 우주까지 확장돼요.

카밀로 좋네, 이제 조금 더 형이상학적인 부분을 따져보자고. 우주가 있으려면 무엇이 필요한가? 그러니까 우주가 담길 무엇인가가 필요하겠지? 그럼 그것은 무엇일까?

릴리 공간이 아닐까요?

카밀로 아주 좋네. 그렇다면 공간은 무엇을 통해서 나타나게 될까? 한 찰나라도 공간이 인식되려면 결국 시간이 필요하네. 그렇기에 시공간이 한 세트가 되는 거지. 그렇다면 이 시공간이 있으려면 무엇이 있어야 할까?

릴리 이 부분은 좀 어려운데요? 시공간이 있으려면 필요한 것이라….

카밀로 시공간이 있으려면 의식이 필요하다네. 이 의식은 무한한 크기의 우주 공간을 통째로 담고도 무한의 여백을 지니는 광대한 배경일세. 그럼, 이제 이 의식이 있으려면 무엇이 있어야 할까?

릴리 이래서 형이상학적 차원이라고 말씀하셨군요. 의식이 있으려면… 의식 또한 인식의 대상이니 인식이 있어야 하지 않을까요?

카밀로 그렇네! 인식은 곧 앎이고 이 앎이 있어야만 우주 시공간과 그 안에 담기는 삼라만상이 있을 수 있네. 그럼, 이 앎은 무엇을 통해 나타나 알려지게 되는 걸까? 그러니까 그 앎을 누가 알고 있는 건가?

릴리 맙소사! 나였군요!

카밀로 결국 내가 있어야만 이 모든 것들이 인식대상으로 나타날 수 있는 걸세. 하지만 이 나라는 것은 일종의 허수일세. 즉, 독립된 실체로서 존재할 수 없네. 그렇지만 이 허수로서의 내가 없으면 세상이 인식될 수 없지. 그래서 나라는 허수는 하나의 개체존재 안에 자기 자신을 동일시함으로써 '나는 이 몸이다'(I am that I am this body)라는 착각을 하는 걸세. 그렇게 하나의 고유우주를 관찰하는 렌즈이자 채널이 탄생한 것이지. 그게 자네일세. 지금까지의 관찰을 종합해보면 밥 한 그릇 안에 형이하의 물질적 차원부터 형이상의 관념적 차원에 이르기까지 온 우주의 존재와 역사가 연결되어 있음을 알게 되네. 이것이 인드라망일세. 그리고 인드라망은 단순히 인식되어 나타난 외적 형상 안에서만 작용하는 것이 아닐세.

릴리 외적 형상에만 작용하는 게 아니라고요? 그럼 무엇이 더 있습니까?

카밀로 현실에서 체험하는 현상들은 심층의식 안에 있는 관념의 표현일세. 그러니까 현상이 나타나기 위해서는 먼저 관념적 차원에서의 인드라망의 연동이 있어야 한다는 말일세. 이 말을 명심해야 하네. 생각, 느낌, 감정, 의도… 그 어느 것도 홀로 존재할 수 없네. 이 모든 내적 움직임마저도 대상을 동반하면서 나타난다는 말일세. 생각과 생각이 대상을 동반하면서 모이고 모여서 하나의 흐름인 관념을 만들고, 그 관념은 또 다른 관념의 흐름을 만들고, 관념의 흐름은 그것을 형상으로 표현해내는데, 그것이 바로 현실에서 일어나는 다양한 사건들일세. 그야말로 끝없는 가능태로 서로가 서로의 존재에 참여하며 일어나고 있는 거지.

릴리 믿기 어려울 정도로 장엄한 광경이군요. 저 길거리의 먼지 하나가 존재하기 위해서 모든 것들이 연동하고 있다니요. 이렇게 생각하면 나는 나 아닌 다른 모든 것들로 이루어져 있는 존재군요.

카밀로 좋은 깨달음일세. 자네는 자네 아닌 다른 모든 것들로 이루어져 있네. 하지만 내가 나 아닌 다른 모든 것들로 이루어져 '만들어진' 혹은 '생산된' 것은 아닐세.

릴리 그럼 나는 어떻게 있는 거죠?

카밀로 연기緣起의 뜻은 '인연으로부터 일어나다'라는 뜻일세. 여기서 일어난다는 말은 '인식으로 드러나다'라는 뜻이네. 공장에서 만들어지는 물건처럼 존재라는 것이 실체를 가지고 창조되어 나타나는 것이라면 연조緣造나 연작緣作이라는 말을 써야 마땅하네. 하지만 석가모니는 연기라고 분명히 표현했지. 왜냐면 존재는 인식이기 때문일세. 그러니까 TV 화면의 영상처럼 나타난 것이란 뜻이지. 이 부분을 잊어서는 안 되니 명심하게나.

릴리 은연중에 실체론적 사유를 하고 있었군요. 아! 그런데 궁금한 게 또 있어요. 제가 듣기로는 성경 또한 시크릿의 교과서라는데, 정말 그런가요?

카밀로 그렇다네. 성경에는 비이원론과 시크릿의 원리가 숨겨져 있지. 비유와 상징으로 말일세. 성경에 세상이 드러나 존재하는 과정을 아주 멋지게 표현해놓은 이야기가 있는데 잠시 쉬어가는 의미에서 들어보게.

- 인드라망은 상대성과 연기성을 나타내는 비유다.
- 우리는 모두 고유한 우주를 가지며 그 우주 하나하나에는 다른 모든 존재가 투영된다.
- 우리는 신이다.
- 인식을 벗어난 것은 없다.
- 인식값은 인식의 대상인 동시에 인식의 주체인 '나'이다.
- 인식이 있어야, 즉 허수로서의 내가 있어야 우주의 삼라만상이 존재할 수 있다.

성경과 시크릿

천지창조의 완성

카밀로 전 세계에서 가장 많이 팔리고 읽힌 책, 바로 성경일세. 성경을 알고 시크릿을 접한 사람들이 느끼는 것이 있네. 성경의 영성, 특히 신약 성서의 주인공 예수 그리스도의 영성이 바로 시크릿과 다르지 않다는 것이지. 맞는 말이네. 서구권에서 비밀리에 전승되어왔으며 현대에 이르러서야 대중 앞에 등장한 시크릿은, 예수가 가르친 '기도하는 법'에 대한 실전훈련이라 해도 과언이 아니시.

릴리 왜 교회에서는 이러한 사실을 전혀 가르치지 않죠? 오히려 시크릿을 배척하는 것 같아요.

카밀로 성경을 기존의 고착된 종교적 관점에서 읽는다면 그럴 수 있지만, 전환된 관점으로 바라보면 완전히 다른 세계가 펼쳐지네. 성경은 사실 비유와 상징으로 가득 찬 '마음 나라에서 일어나는 드라마'이지. 또, 동시에 '마음 나라를 움직여 현실을 창조하는 법'인 존재의 소원리에 대해서 말하고 있다네. 같은 글이지만 어떤 관점에서 보느냐에 따라 달라지는 것이 경전이 가지는 특징이라네. 또, 성경이 비유와 상징으로 쓰여진 이유는 모든 수준의 의식층을 대상으로 하기 때문이지. 근현대 들어서 성경 안의 창조영성을 가장 잘 이해하고 전파했던 사람은 단연 '네빌 고다드'일 거야.

릴리 저도 한때 네빌의 책을 많이 읽었어요. 네빌의 스승 압둘라는 히브리 신비주의의 마스터로, 성경에 대한 기존의 패러다임을 바꾸는 가르침을 네빌 고다드에게 전했다죠. 그리고 네빌은 이 숨은 진주를 세상 위로 끌어올려 사람들에게 전한 사람이고요. 어찌 보면 네빌이야말로 진정으로 예수의 영성을 계승한 사람이 아닐까요?

카밀로 그렇다고 볼 수 있지. 그의 형이상학은 개개인의 창조원리를 다루면서도 동양의 영성과 한치의 다름도 없는 '비이원 영성'에 뿌리내리고 있네. 그리스도의 영성이 바로 '비이원 영성'이기 때문이라네.

릴리 그리스도의 영성이 비이원 영성이라고요? 간단하게나마 알 수 있을까요?

카밀로 그걸 모두 설명하자면 너무 길어지니, 후에 공부하기로 하고 일단 천지창조 편부터 살펴보세. 천지창조를 통해서 시크릿의 마스터키인 느낌, 감정, 안식일(놓아버림)을 설명해보겠네. 모든 부분을 상세하게 다루자면 책 몇 권을 써야 하기에, 자네의 편의를 위해서 최대한 압축했으니 편한 마음으로 들어보게. 천지창조는 성경의 첫 권인 창세기의 제일 앞부분에 나오지. 하느님께서 천지를 창조하시는 장면으로 성경이 시작되는 거라네. 성경에 따르면 하느님은 6일 동안 천지를 창조하시고 7일째 되는 날 고된 몸 누이고 편히 쉬시지. 성경이 가지는 문학적인 특성상 이야기의 서술구조 자체가 시간의 흐름을 따라 일어난 신적인 사건처럼 묘사하고 있네. 하지만 창세기의 천지창조 이야기는 수십억, 혹은 수천억 년 전에 일어났던 신의 창조라는 어떤 사건을 기술하는 것이 아니라네.

릴리 천지창조 이야기가 비유라는 말씀이군요.

카밀로 천지창조는 '지금 여기'에서 매 순간 새롭게, 여전히, 항상 일어나고 있는 사건이라네. 전지전능한 하느님이 자신을 스스로 드러낸 모습이 '지금 여기'이네. 이 '지금 여기'가 매 순간 이미 스스로 안에 현재완료된 모습으로 세상을 투영하는 장엄한 사건이 천지창조이며, 이 천지창조의 한 속성을 시크릿이라고 부르는 거지. 그럼 이제부터는 성경에 기술된 천지창조 이야기를 조목조목 살펴보겠네.

> 한처음에 하느님께서 하늘과 땅을 창조하셨다.
>
> —창세기 1:1

카밀로 동양 영성에서 말하는 태극, 상대성의 탄생일세. 우주의 삼라만상은 상대성을 통해서 서로의 존재를 세우게 되네. 이 상대성을 두고 석가모니는 '이것이 있어 저것이 있다. 저것이 없어 이것이 없다'고 표현했지. 그 유명한 연기법이라네. 불교에서는 12연기설을 발전시켜 모든 것이 상호의존관계에 있음을 좀 더 세밀하게 표현하는데 이르지만, 사실 석가가 말했던 연기법은 상대성을 말하는 것이네. 이러한 상대성의 정수는 '인식과 존재'의 관계에 있다네. 가장 처음의 이 사건은 자기 자신조차 의식하지 않는 상태인 '일원성'이 스스로를 인식하기 위해 '의식'을 일으킨 것이네. 일원성은 의식 너머, 존재할 수 없는 것, 개념으로 표현할 수 없는 것, 궁극실재 등으로 표현되곤 하지. 그것이 바로 태초의 환상인 (I) am의식의 탄생이네. 흔히 말하는 순수존재의식, I-am-ness 등은 이 첫 번째의 의식에 '나'라는 존재감이 생겨난 상태이네. 이 상태는 수행을 통해 다다를 수 있는 인간의식의 가장 심연을 말하며, 그 특징은 한없이 '모름'에 가깝다네. 다르게 표현하자면 신 의식인 I am의 가장 심연으로, 주어 'I'와의 결합보다도 이전인 순수한 동사 am의 상태가 되는 거네. 이렇게 의식이 태어나 인식을 통해서 비로소 자신을 증명하게 되는 존재의 패러다임이 펼쳐지고, 삼라만상은 존재의 토대를 가지게 되지.

> 땅은 아직 꼴을 갖추지 못하고 비어 있었는데, 어둠이 심연을 덮고 하느님의 영이 그 물 위를 감돌고 있었다.
>
> —1:2

카밀로 심리학적으로 말하자면 '집단 무의식', 불교용으로 말하하자면 '제8 아뢰야식'의 바다에 하느님의 영이 감돌고 있다네. 성경에서 하느님의 영은 바람이나 숨결로 표현되기도 하는데, 잔잔한 바다 위에 바람이 불면 파도가 일어나지 않겠나? 따라서 이 구절은 하느님의 창조 의지라는 바람이 일어날 순간을 말하는 것이네. 땅이 비어 있었다는 말은 인식(하늘)이 생기며 존재(땅)를 표현하기 시작했지만, 존재는 아직 그 형상을 드러내지 않는 혼돈(카오스)의 상태에 있었다는 말이네. 심연을 덮은 어둠 또한 마찬가지의 뜻이며 물 위를 감돌고 있는 하느님의 영은 스스로가 바람이 되어 파도를 일으킬 준비가 되어 있었네.

> 하느님께서 말씀하시기를 '빛이 생겨라' 하시자 빛이 생겼다.
>
> —1:3

카밀로 말씀(의도, 상상력)을 통한 창조의 시작이네. 또한 동시에 I am의 신 의식이 스스로를 '개념'이라는 도구를 통하여 변모시키네. 바로 I am that의 탄생을 표현하는 문장이네.

릴리 '빛이 생겨라'라는 명령이 개념화를 뜻하는 것이군요. 개념을 통해서 I am that을 완성할 수 있는 토대를 만드는 것이고요.

> 하느님께서 보시니 그 빛이 좋았다. 하느님께서는 빛과 어둠을 가르시어,
>
> —1:4

카밀로 자, 여기에서 첫 번째 지복감의 표현이 나오지. 바로 '보시니 좋았다'일세. 성경에서 말하는 천지창조의 장면을 간단히 표현하자면 '하느님께서 말씀을 통해서 세상을 창조하시고 보시니 좋았다'로 압축이 되는데, 이 표현은 힌두 문화권에서 말하는 신의 세 가지 현존양태인 '존재(Sat), 의식(Chit), 지복(Ananda)'과 같은 것이네. 표현 방식이 조금 더 서사적이고 문학적인 차이가 있을 뿐, 핵심은 같은 것이지. 즉 '존재 그 자체인 하느님(sat)께서 말씀을 통해(chit, 의식) 세상을 창조하시고 보시니 좋았다(ananda, 지복, 느낌, 감정, 안식일, 내려놓음)'가 되는 것일세.

> 빛을 낮이라 부르시고 어둠을 밤이라 부르셨다. 저녁이 되고 아침이 되니 첫날이 지났다.
>
> —1:5

릴리 빛과 어둠에 이름을 붙이는 것도 역시 개념화네요.

카밀로 그렇지. 존재하는 모든 것은 개념을 통해서 비로소 알려지네. 개념이 없이 존재할 수 있는 것은 하나도 없지. 개념을 통해야만 비로소 인식의 중앙무대로 현현할 수 있다네. 이제 삼라만상은 인식의 중앙무대인 현재의식으로 떠오를 수 있는 조건을 갖추게 되었네. 첫날이 지났다는 시간의 흐름을 묘사한 것은 찰나생, 찰나멸을 말하고자 함이네. 즉, 시간이라는 개념의 탄생일세. 시간이 등장해야만 '지금 여기' 안에 나타나는 모든 것들이 운동성을 갖추네. 시간은 본래 없는 것이지만 마치 흘러가는 것처럼 보이게 되는 거지.

릴리 개념화를 통해서 존재가 나타나며, 시간이라는 개념을 통해서 세상이 움직이는 것처럼 인식된다는 거네요.

> 하느님께서 말씀하셨다. '물 한가운데에 궁창이 생겨, 물과 물 사이를 갈라놓아라.'
>
> —1:6

카밀로 궁창, 즉 공간의 탄생일세. 인식된 현재(시간의 개념 안으로 들어온 지금 여기의 장면)가 움직임을 가지기 위해선 공간의 개념 또한 함께 있어야 하네. 시간과 따로 떨어진 공간은 존재할 수 없네, 그 둘은 한 세트이지. 이렇게 시공간이 탄생하게 되네. 서술구조 자체는 시간의 다음에 공간이 생긴 것으로 묘사를 하지만 사실 시간과 공간은 분리될 수 없는 한 세트라네.

> 하느님께서 이렇게 궁창을 만들어 궁창 아래에 있는 물과 궁창 위에 있는 물을 가르시자, 그대로 되었다.
>
> —1:7

카밀로 궁창 아래의 물과 위의 물이 서로 갈라지네. 의식층의 분열이 시작되는 것일세. 가장 밑바닥의 의식영역과 위의 의식영역이 나뉘네. 현재의식과 무의식이 나뉘는 것일세. 이 표현은 또한 '인식'이 가지는 비밀이 상대성임을 말해주고 있다네. 단순히 '있다(궁창 위에 있는 물)'와 '없다(궁창 아래에 있는 물)'로 나누어서 오감으로 느껴지는 것은 있는 것이요 오감으로 느껴지지 않는 것은 없는 것이라는 식으로 구분해서는 오류에 빠지게 된다네.

릴리 맞아요. 있든 없든 간에 그 있다, 없다의 대상이 되는 존재는 인식 안으로 이미 들어온 것이죠. 현실과 시크릿의 관계에 접목해본다면 오감으로 느껴지는 나의 현실(있음, 현실태)과 오감으로 생생히 느껴지지 않고 상상으로 남아 있는 나의 소망(없음, 가능태)이 모두 인식 안에 이미 존재한다고 말하는 것이네요.

카밀로 그래서 있음과 없음의 실체에 대한 이해가 중요한 거야. 있음이라는 개념은 설명할 것도 없지만 '없음'일 때는 이야기가 달라지네. 결론부터 말하자면 '없음'은 진짜로 없는 것이 아님을 기억하게.

릴리 '없음'이라는 개념이 있음으로써 있는 것이죠. 진짜로 없는 것은 인식할 수 없어요. '있음'이든 '없음'이든 두 가지는 모두 '인식'을 전제하고 있는 거죠.

카밀로 이젠 제법이구먼.

> 하느님께서는 궁창을 하늘이라 부르셨다. 저녁이 되고 아침이 되니 이튿날이 지났다.
>
> —1:8

카밀로 하늘이라 이름 부름을 받은 곳, 그곳이 바로 '의식'일세. 궁창이라는 공간적인 의미가 의식을 상징하는 이유는 바로 '지금 여기'라는 배경의식을 표현하기 위해서네. 하늘에서는 햇빛을 땅으로 비추지. 즉, 의식으로부터 마음의 빛이 나와 의식의 스크린에 현상세계를 비추어내네. 고대 경전에서 쓰이던 하늘이라는 단어는 '의식'을 말하는 숨겨진 비유야.

> 하느님께서 말씀하시기를 '하늘 아래에 있는 물은 한 곳으로 모여, 뭍이 드러나라.' 하시자, 그대로 되었다.
>
> —1:9

카밀로 하느님(I am)의 말씀(의도)에 따라 유동성 있는 존재상태였던 물이 물러나고 단단한 존재상태인 뭍이 드러나는 장면일세. 즉 '물질'이 '의식'으로부터 나타나게 됨을 말하고 있는 걸세. 생각이 물질이 되는 원리, 의식이 물질이 되는 원리에 대해서는 천천히 설명하겠네.

> 하느님께서는 뭍을 땅이라, 물이 모인 곳을 바다라 부르셨다. 하느님께서 보시니 좋았다.
>
> —1:10

카밀로 단단한 존재상태의 상으로서 땅이 창조되었네. 그러나 그것을 단박에 지워버릴 수 있는 힘이 바로 유동성 있는 존재상태, 곧 물이라네. 우리가 체험하고 있는 세상은 단단한 현실인 것 같지만 우리 안의 능력인 하느님의 말씀(상상력, 의도)은 땅을 덮쳐버리는 힘을 가지지. 사실 땅은 물이 잠깐 물러나서 그 형태를 단단하게 하여 드러낸 상에 지나지 않네. 현실창조가 가능한 이유도 이 유동성 때문이라네. 유동성 있는 존재 상태(가능태)를 마음의 힘으로 모아 땅을 덮어버리면 되네. 이 구절까지 잘 살펴보면 모든 표현이 상대성 안에서 표현되고 있네. 즉 천지창조 안에서의 보다 상위원리를 표현하기 위함이지. 그리고 이제 하위원리가 시작된다네.

> 하느님께서 말씀하시기를 '땅은 푸른 싹을 돋게 하여라. 씨를 맺는 풀과 씨 있는 과일나무를 제 종류대로 땅 위에 돋게 하여라.' 하시자, 그대로 되었다.
>
> —1:11

카밀로 잠재의식의 밭에 심상의 씨앗을 뿌리는 장면일세. 하느님의 말씀에 따라 잠재의식은 자신 안에 뿌려진 씨앗을 반드시 싹틔우게 되네. 실제로 우리가 체험하는 현실은 잠재의식의 현현인 걸세. 이 부분은 시크릿을 비롯한 모든 창조영성에서 한목소리로 말하는 부분일세.

> 땅은 푸른 싹을 돋아나게 하였다. 씨를 맺는 풀과 씨 있는 과일나무를 제 종류대로 돋아나게 하였다. 하느님께서 보시니 좋았다.
>
> —1:12

카밀로 역시 잠재의식은 하느님 말씀의 씨앗(의도, 상상력, 심상화)을 어김없이 이루어냈다네. 그리고 하느님께서 말씀하신다네. '보시니 좋았다.' 이것은 느낌일세. 또한 감정이고, 지복감이라네. 모든 현상창조의 끝에는 바로 이것이 있네. 좋다는 느낌, 완벽한 확신 안에서 이루어진 것을 순수히 즐기는 담담한 기쁨, 지복. 하느님은 자신의 일이 실현될 것임을 의심하지 않지. 그저 명하고 즐길 뿐이라네. 이것은 시크릿의 핵심이기도 하네. 밑에 오는 구절들에선 한처음 스스로를 인식하며 시작된 의식이 찰나에 우주 삼라만상의 내용물들을 만들어 채워가는 모습들이 그려지고 있네.

> 저녁이 되고 아침이 되니 사흗날이 지났다. 하느님께서 말씀하시기를 '하늘의 궁창에 빛 물체들이 생겨, 낮과 밤을 가르고, 표징과 절기, 날과 해를 나타내어라. 그리고 하늘의 궁창에서 땅을 비추는 빛 물체들이 되어라.' 하시자, 그대로 되었다. 하느님께서는 큰 빛 물체 두 개를 만드시어, 그 가운데에서 큰 빛 물체는 낮을 다스리고 작은 빛 물체는 밤을 다스리게 하셨다. 그리고 별들도 만드셨다. 하느님께서 이것들을 하늘 궁창에 두시어 땅을 비추게 하시고, 낮과 밤을 다스리며 빛과 어둠을 가르게 하셨다. 하느님께서 보시니 좋았다. 저녁이 되고 아침이 되니 나흗날이 지났다. 하느님께서 말씀하셨다. '물에는 생물이 우글거리고, 새들은 땅 위 하늘 궁창 아래를 날아다녀라.' 이렇게 하느님께서는 큰 용들과 물에서 우글거리며 움직이는 온갖 생물들을 제 종류대로, 또 날아다니는 온갖 새들을 제 종류대로 창조하셨다. 하느님께서 보시니 좋았다. 하느님께서 이들에게 복을 내리며 말씀하셨다. '번식하고 번성하여 바닷물을 가득 채워라.

> 새들도 땅 위에서 번성하여라.' 저녁이 되고 아침이 되니 닷샛날이 지났다. 하느님께서 말씀하시기를 '땅은 생물을 제 종류대로, 곧 집짐승과 기어 다니는 것과 들짐승을 제 종류대로 내어라.' 하시자, 그대로 되었다. 하느님께서는 이렇게 들짐승을 제 종류대로, 집짐승을 제 종류대로, 땅바닥을 기어 다니는 온갖 것을 제 종류대로 만드셨다. 하느님께서 보시니 좋았다.
>
> —1:13－25

카밀로 이렇게 같은 카르마를 공유하는 존재들이 탄생하네. 이른바 '종'의 탄생이며, 인드라망 우주의 탄생이며, 다중우주, 평행우주의 탄생일세. 수많은 다차원의 탄생이지.

> 하느님께서 말씀하셨다. '우리와 비슷하게 우리 모습으로 사람을 만들자. 그래서 그가 바다의 물고기와 하늘의 새와 집짐승과 온갖 들짐승과 땅을 기어 다니는 온갖 것을 다스리게 하자.'
>
> —1:26

카밀로 신학계에서 엄청난 혼란을 유발했으며 지금까지도 그리스도교의 '유일한 인격신' 개념으로는 풀 수 없는 미스터리한 표현, 수많은 신학자를 괴롭히고 있는 난제 중의 난제가 드디어 등장하네. '우리와 비슷한 모습'에서 흔히 유일한 인격신으로 여겨졌던 '야훼', 하느님이 어째서 이런 말씀을 하셨을까? 실제로 원어에서 하느님은 당신 자신을 복수 Elohim으로 묘사했네. 즉, 하느님들, 신들이라는 뜻이지. 인격적인 유일신이라면 단수인 Eloi를 썼어야만 하네. 한데 그러지 않았네. 무슨 이유였을까? 이 복수 표현 때문에 후세의 무수한 신학자들은 골머리를 썩이고 있네. 하지만 유일신 신앙을 고수하는 종교의 경전에서 신의 이름을 버젓이 복수로 쓰고 있는 데는 나름대로 이유가 있을 거란 말이지. 결론을 말하자면, 이 복수표현이 문제가 되는 것은, 현대의 유일신 사상이 인격신의 모습을 고수하고 있기 때문일세.

릴리 신의 모습을 표현하는 기준이 인간이라는 건가요?

카밀로 사실상 그런 셈이지. 경전의 저자들은 비이원 영성을 수련한 자들이었을 걸세. 그런데 이 저자들과 후세의 사람들이 서로 다른 인간론을 지니고 있다면? 사실, 저 복수표현이 문제가 되는 것은 후세의 사람들 아닌가?

릴리 유일한 인격신을 어떤 식으로 정의하고 있느냐의 문제가 되는 거군요? 인격신이기에 그것의 기준은 인간론이 되는 거고요. 확실한 것은 성경의 저자들이 세상과 신, 인간을 바라보는 관점이 지금과는 사뭇 달랐다는 거네요.

카밀로 이제부터 그것을 설명하겠네. 히브리인들이 하느님을 부르는 이름은 YHWH(욧헤바헤)라네. 이 이름이 지니는 뜻은 탈출기에 나오는 모세의 신 체험 이야기에서, 당신은 누구냐는 모세의 물음에 대한 하느님의 대답 'I am that I am'으로 해석될 수 있네. 고대 히브리어에는 모음이 없었기 때문에 저 표기는 발음 그대로의 표기는 아닐세. 또한 그때는 하느님의 이름을 발음하는 것 자체를 불경으로 여겼기에, 하느님의 이름을 말해야 할 때는

'아도나이'라는 대체단어를 사용해왔지. 그래서 그 정확한 발음은 오늘날에는 알 수 없네. 우리에게는 가톨릭식 발음인 '야훼'와 개신교식 발음인 '여호와' 정도의 형태로 알려진 이 단어는 창조자를 뜻하는 상징적인 이름일세. 히브리어로 '욧헤바헤' — JOD HE VAU HE라는 네 개의 알파벳으로 이루어진 이 이름은 각각의 문자에 고유한 뜻이 있다네. 히브리 신비주의에서는 단어마다 그것이 상징하는 의미를 부여했고, 하느님의 이름인 '욧헤바헤'는 이러한 상징의 조합으로 창조주에 대한 그들의 사상을 투영한 것일세. 첫 번째 문자 '욧'은 본래 모든 것을 그려내는 하느님의 창조의 손을 뜻하는데, 이는 조건 지어지지 않은 의식을 상징하네. 그 안에 경계를 가지지 않는 의식의 지각으로서 '(I) am', 즉 '(나) 있음'을 말하네. 두 번째 문자 '헤'는 성 삼위일체의 두 번째 위격인 성자를 상징하네. 성자는 하나의 뚜렷한 내적 상태를 상징하는 단어로서 명확한 정신적인 그림을 말한다네. 세 번째 문자 '바'는 소망하고 있는 의식이자 생각하는 자인 '욧'을, 소망하는 상태인 규정된 관념 '헤'와 하나로 통합하는 일종의 고정 못을 상징하네. 즉, 하나의 정신적인 상태를 단단히 고정해 원하는 모습으로 자신을 선언하는 것을 말하는 것이네. 다른 말로 하면 자기규정이지. 네 번째 문자인 '헤'는 의식작용의 삼위일체가 이루어진 내부의 상태가 외부의 형체로 드러남을 의미하네. 이때 다시 성자(독생자)의 의미가 쓰인 이유는 뭘까? 의식의 내부원리가 하나로 작용한 결과, 그것이 외부로 드러났기 때문이네. 즉, 창조자를 뜻하는 '욧헤바헤'는 모세가 체험한 하느님의 이름 'I am that I am'이 가지는 모든 가능태를 지칭하는 것이네. 'I am that

I am'은 관점의 변화에 따라 그 의미가 변하게 되지. 첫 번째 해석은 일반적인 형태인 '나는 나 자신이다'라는 뜻이네. 두 번째는 '나는 내가 나라고 규정하는 그것이다'라는 뜻이지. 마지막 세 번째의 해석은 비이원성의 정수인 '나는 내가 인식하는 그 모든 것이다'라는 뜻일세. 궁극적인 신의 이름 '욧헤바헤'는 이러한 가능태를 모두 포용하는 '나는 내가 인식하는 그 모든 것이다'라는 뜻이 되는 걸세. 본론으로 들어가서, 우리를 닮은 모습으로 사람을 만들자는 말의 뜻은 인간존재, 엄밀히 말하면 인간의식이 바로 세상을 창조하는 인식자(I am)임을 말하는 것이지. 다시 말해 스스로를 보여지는 세상으로 규정하여 유지시키는 관찰자(I am that), 신의 자기규정을 통해 창조된 세상 그 자체(that I am ~)의 형태로 기능하고 있음을 말하는 것일세. 인간의식을 단순히 하나의 개체존재 안에 깃들어 있는 어떤 정신이나 뇌 속의 전기신호 정도로 바라보는 인간론이 아니었던 걸세. 힌두문화권에도 신의 속성에 대한 표현이 있지. 존재(sat), 의식(chit), 지복(ananda)와 비교해본다면 이해가 빠를 걸세. 존재, 의식, 지복이 되든 I, I am that, that I am ~이 되든 간에 모두 삼위일체의 형식을 취하고 있지 않은가? 이제 각 요소를 의인화해서 느껴보길 바라네. 이와 같은 눈으로 바라보면 우리(인간의식)는 바다의 물고기와 하늘의 새와 집짐승과 온갖 들짐승과 땅을 기어 다니는 온갖 것으로 표현되는 '우주 삼라만상'을 인식함으로써 그것들이 존재하게 하지. 또 그렇게 인식된(존재하는) 것들을 관찰함으로써 유지되게 하고 말이야. 간단히 말해서 우리는 마음의 스크린이라는 의식활동을 통해서 창조하는 창조자라는 사실을 표현하고 있는 것이라

네. 신을 단수의 인격신으로서 이해하려 하는 고정관념을 끊어 낸다면 성경의 이 표현은 아름다운 문학으로 느껴지지.

> 하느님께서는 이렇게 당신의 모습으로 사람을 창조하셨다. 하느님의 모습으로 사람을 창조하시되 남자와 여자로 그들을 창조하셨다.
>
> —1:27

카밀로 성경이 이미 증명하고 있네. 우리가 신의 아들, 딸이라고 말이지. 우리가 창조자라는 말일세. 하지만 이 문장은 그보다 더 심오한 뜻을 내포하고 있네. 바로 일원성이 이원성의 자리로 이동해 '나와 너', '남과 여', '주와 객'의 도식을 통해서 세상을 인식하는 창조의 모습을 표현하고 있는 것이지. 하느님의 모습으로 창조하시되(일원성, 비이원성) 남과 여(상대성, 이원성)로 창조하셨다는 문구를 깊이 사유해봐야 하네. 아래의 문구들은 세상을 관찰하여 존재하게 하는 인간의식이 인식을 통해 세상을 지배하는 모습을 표현하는 문장들일세.

> 하느님께서 그들에게 복을 내리며 말씀하셨다. '자식을 많이 낳고 번성하여 땅을 가득 채우고 지배하여라. 그리고 바다의 물고기와 하늘의 새와 땅을 기어다니는 온갖 생물을 다스려라.' 하느님께서 말씀하시기를 '이제 내가 온 땅 위에서 씨를 맺는 모든 풀과 씨 있는 모든 과일나무를 너희에게 준다. 이것이 너

희의 양식이 될 것이다. 땅의 모든 짐승과 하늘의 모든 새와 땅을 기어 다니는 모든 생물에게는 온갖 푸른 풀을 양식으로 준다.' 하시자, 그대로 되었다. 하느님께서 보시니 손수 만드신 모든 것이 참 좋았다. 저녁이 되고 아침이 되니 엿샛날이 지났다. 이렇게 하늘과 땅과 그 안의 모든 것이 이루어졌다. 하느님께서는 하시던 일을 엿샛날에 다 이루셨다. 그분께서는 하시던 일을 모두 마치시고 이렛날에 쉬셨다.

— 1:28–2:2

카밀로 히브리 문화에서 7은 거룩한 숫자라네. 그리고 안식일의 숫자이기도 하지. 이 안식일은 지복의 순간을 뜻하기도 하네. 그리고 그 지복의 순간엔 온전한 휴식, 즉 내려놓음이 있네. 창조의 마지막은, 즉 시크릿의 마지막은 바로 이 안식일에 있다네. 모든 것이 이루어짐에 대한 완전한 확신은 비할 수 없는 지복감을 가져온다네. 완전히 흡족해서 스스로에게(하느님에게) 감사한 마음이 일어나고 세상에 대한 사랑이 일어나지.

하느님께서 이렛날에 복을 내리시고 그날을 거룩하게 하셨다. 하느님께서 창조하여 만드시던 일을 모두 마치시고 그날에 쉬셨기 때문이다.

— 2:3

카밀로 안식일(내려놓음)은 복된 날일세. 이것은 창조의 종착이자 창조의 시작이지. 왜냐면 하느님의 창조경험은 자기 자신을 스스로 체험하기 위한 것이고 이 체험은 결국 안식일이라는 궁극적인 '느낌'으로 향하기 때문일세. 신(우리)은 왜 창조를 하는 걸까? 느끼기 위해 하는 것이지.

릴리 무엇을 느끼기 위한 거죠?

카밀로 자신의 존재 그 자체를, 신의 지복(보시니 좋더라)을 느끼기 위해서네. 신약으로 넘어가면 예수로 상징되는 그리스도 의식(상상의 힘, 하느님의 말씀, 로고스)이 죽은 지 사흘 된 라자로를 살리는 장면이 나오지. 이 장면이 시크릿의 정수라네.

릴리 아, 알아요. 예수가 돌무덤을 열게 하죠. 그 앞에 서서 예수는 하늘을 우러러보며 이렇게 기도했어요. '아버지 제 기도를 들어주셔서 감사합니다.'

카밀로 자, 보게나. 무언가를 청하기 전에 그것이 이루어진 느낌에 푹 젖어 저절로 감사부터 나오는 모습일세. 그 감사의 상태에서 모든 의심을 내려놓고 지복감에 젖어 있네. 그의 마음은 끊임없이 날뛰는 말과 같은 '의심'이라는 멍에를 완전히 내려놓지. 예수는 시체를 향해 명령하네. '라자로야 일어나라' 그리고 시체는 되살아난다네. 무엇이 죽은 라자로이며 누가 부활시키는 자 예수이겠나? 현실을 창조하자면 느낌과 감정에 의심 없이 머물러야 하네. 그렇게 내려놓고 은은한 지복 안에 머무르게. 감사와 사랑은 저절로 뿜어져 나올 것이네. 그때 자네 안의 신성이 저절로 말할 것이네. '하느님께서 말씀으로 세상을 창조하시고 보시니 좋더라.'

릴리 말 나온 김에 성경의 비이원론 이야기 더 해주세요.

성서의 비이원론

카밀로 구약의 시대가 가고, 예수라는 인물이 혜성처럼 등장하네. 그의 가르침은 놀라울 정도로 동양의 비이원론과 비슷하지. 우리가 흔히 말하는 세계 3대 유일신교(유대교, 그리스도교, 이슬람)의 모태가 되는 절대적인 유일신 신앙을 발전시켜왔던 것이 히브리인들인데, 이들의 세계관, 종교관 안에서 예수는 획기적인 사상을 가지고 등장한 뉴-타입이었다네.

릴리 그렇죠. 2,000년~3,000년 전에는 전 세계 각지에서 성자들이 등장하고, 여러 대사건들이 일어났잖아요. 석가, 노자, 공자, 예수, 《베다》의 확립 등 다양하게 말이죠. 제 생각에 이런 대스승들의 영성은 문화적 영향에 따라 표현양식에서 차이를 보일 뿐, 근본적으로 비이원을 추구하고 있는 것 같아요.

카밀로 그렇다네. 대스승 중 하나이자 서양 전체에 영향력을 끼치고 있는 예수 그리스도. 이 글은 그의 진정한 영성을 찾기 위한 것일세. 영지주의 문헌들까지 파고 들어가면 책을 수십 권 써야 하기에 현 그리스도교의 정경으로 인정받는 4대 복음서(마태오, 마르코, 루가, 요한)에 한정해서 그 안에 숨어 있는 예수의 비이원 영성을 조망해보자고. 4대 복음서는 이미 한 종교의 신앙적, 교리적 지향점이 있는 상태에서 편집된 경전이기에 문자 그대로의 비이원 영성의 흔적을 경전 전체에서 찾아내기는 힘들다네. 하지만 그것은 경전 해석의 문제이고 직접적으로 예수의 가르침이라고 여겨지는 가르침들에서는 절묘하게도 비이원 영성의 흔적을 만나지. 신약에서는 구약의 텍스트들과는 다르게 직접적으로 예수의 가르침이 비이원성이라는 것을 알아볼 수가 있다네. 그리스도교에서는 이원론에 근거하여 성서를 해석하지만, 비이원의 눈으로 보면 같은 말이 전혀 다르게 보이네.

예수께서 말씀하신다. '나'는 아브라함 이전부터 있었다.

— 요한복음 8:58

릴리 나는 아브라함 이전부터 있었다는 게 무슨 말이죠?

카밀로 이 구절은 예수 자신의 정체성에 대한 앎을 보여주는 가장 중요한 구절이네. 또, 복음서 안에서 예수가 설한 비이원론의 흔적을 더듬어나갈 때 가장 기초가 되는 문장이지. 예수가 말하는 '나'는 그 유명한 '부모미생전(부모가 태어나기 전의)의 나'와 동일하다네. 말을 그대로 해석하면 '내 부모님이 태어나기 전 나는 누구인가?'라는 화두일세. 기독교와 불교는 겉보기로 한국과 스페인의 거리처럼 멀어 보이지. 그런데 그런 두 종교의 두 구절이 어찌 이리도 아귀가 맞아들어갈 수 있을까? 당신이 누구인지를 묻는 사람들에게 예수가 말한 '아브라함 이전의 존재'는 '부모미생전, 생각 이전, 현상 이전'을 상징하네. 이 앎을 성서적으로 표현하면 불타는 떨기나무 이야기에서 표현된 그 궁극적인 앎인 'I am that I am'이 되는 것이지. 개체의 예수, 즉 개아를 실체시하며 '당신(개아)이 누구요?'라고 묻는 이들에게 예수는 '나'가 무엇인지에 대해서 답해주는 것일세. 복음서 전체를 관통하는 예수의 '나'는 바로 I-am-ness라네. 즉 순수존재의식으로서의 '나(라는 생각)'를 말하며 이는 마하리쉬, 마하라지 등이 말하는 나라는 생각, 느낌과 동일한 것일세.

릴리 그럼 예수가 말하는 '나'는 순수존재의식으로서의 나, 비이원의 나라고 생각해야겠네요.

카밀로 그렇네. 하지만 이를 모르는 복음서에 나타난 다른 이들과 예수의 우문현답의 관계는 참으로 끈질기네. 묻는 이들(에고, 개아)은 끈질기게 예수의 '나'를 예수라는 개체존재의 '나'로 이해하네. 이는 인간의식이 자신에 대한 정체성을 육체 존재에 한정해서 '나는 이 몸이다'라고 생각하는 것과 같은 것일세. 이에 반해 예수는 끈질기게 의식 그 자체로서의 '나'에 대해 말해주고 있지. 영지주의 문헌이라면 이 우문현답의 언어유희가 상당부분 생략되겠지만 정경 안에서는 끈질기게 나타나고 있네. 이미 신앙적 구조를 갖춘 '그리스도교'라는 표층적 종교를 위해 채택된 경전의 한계를 보여주는 것일세.

> 나(순수존재의식)와 아버지(절대진아, 진짜로 없는 것, 인식의 대상이 아닌 것)는 하나다.
>
> —요한복음 10:30

카밀로 예수의 비이원론을 표현하는 최고의 구절일세. 인간의식의 '나'라는 느낌의 정체는 '순수존재의식'이며 이 순수의식의 바탕 위에 꿈처럼 세계가 일어나네.

릴리 전 왠지 '나'와 '아버지'가 분리된 각각의 것처럼 생각되는데… 아닌가요?

카밀로 표현상 순수의식과 그것이 나온 궁극실재를 구분하는 것처럼 보이지만 사실은 그렇지 않다네. 그렇기에 예수는 '나'와 '인식의 대상이 아닌 궁극실재'가 하나라는 말을 덧붙인 거지. 즉, 따로 존재하는 것이 아님을 말하기 위한 첫 번째 장치야.

릴리 드러난 현상과 그것을 드러나게 한 근원 사이의 이원성을 깨부수는 거군요.

카밀로 이와 동일한 표현이 베단타 아드바이타에 나와 있다네. 바로 '아트만(존재의식)이 곧 브라만(궁극실재)이다'라는 표현일세. 이와 같은 비이원성은 시크릿의 작동원리이기도 하지.

릴리 '생각, 의도, 상상력'이 '현실, 드러난 것'과 같다는 말씀이죠?

카밀로 그렇지. 더 확장해본다면 우리의 현실이란 잠재의식 안의 현실의 씨앗들이 오감의 영역으로 투영된 것임을 말해주는 걸세.

> 나(관자재, I-am-ness)를 보는 이는 곧 아버지(존재 너머, 궁극실재)를 보는 것이다.
>
> —요한복음 12:45

카밀로 궁극의 실재는 인식의 대상이 아닐세. 그래서 드러난 대상과 따로 떨어져 어딘가의 다른 차원에 존재하는 것이 아니라네. 오히려 환으로서 드러난 이 세상은 궁극실재가 의식이라는 도구로 자신을 펼쳐 보인 것이지. 예수는 존재의식으로서의 '나'를 보는 이는 곧 아버지를 보는 것이라고 말하고 있네. 시크릿의 핵심이 되는 원리 또한 'I am that I am'이었지. 즉, 인식되는 모든 것을 '나'로 삼으며 나타나는 것은 신이 세상을 드러내는 원리이네. 나의 소망이 아니라 '나=소망'이 되는 것이지. 이것을 깨우치면 진정한 think from이 가능해진다네. 즉 '현재란 미래(이루어진 결과)에서 회상하는 과거'임을 깨닫는 걸세.

릴리 무언가 중요한 포인트 같은데요?

카밀로 그렇지, 비이원 심상화의 요체라네. 앞으로 차차 다룰 테니 조금만 기다려보게.

> 아무도 나(순수존재의식의 뿌리, 한없이 모름에 가까운 앎, 아뢰야식의 가장 밑부분)를 통하지 않고서는 아버지께 갈 수 없다.
>
> — 요한복음 14:6

카밀로 위의 구절은 반야심경의 사리자가 처해 있는 상태, 부처로 들어가기 직전의 상태와 연관되어 있네. '나'가 무엇인지 아는 것은 궁극실재를 깨닫는 것과 동일한 것일세. 성경에서 예수의 가르침은 진아眞我적 측면을 부각해서 '진짜 나는 무엇인가'를 묻고 있네. 당시의 시대적, 문화적 배경에 맞추어 이런 식의 설명방식을 택한 것일세. 석가모니가 위대한 이유는 이러한 진아가 곧 무아無我, 환으로서 있는 것임을 가르쳤기 때문이지. 예수는 세상이 환이라는 것을 직접적으로 언급하지는 않았네. 하지만 이에 대한 힌트는 다음 표현에서 얻을 수 있지.

> 나(존재)는 아무것도 내 마음대로 하지 않는다. 오직 아버지께로부터 오는 것만을 할 뿐이다.
>
> — 요한복음 5:30

카밀로 무아적 관점보다 진아적 관점이 통용되는 사회에서 예수는 이와 같은 가르침을 통해 존재가 공하다는 것을 에둘러 표현하고 있네. 존재는 공하다네. 공하다는 말은 '이마저도 환'이라는 뜻일세. 이와 같은 깨달음은 결국 반야바라밀般若波羅蜜을 통해 여환삼매如幻三昧(세상이 꿈과 같음을 아는 앎)에 들 때 알 수 있는 것일세.

릴리 통용되는 표현의 한계, 문화적 배경의 한계로 인해 어떤 대상처럼 보이는 진아적 측면을 부각하고 있는 거네요. 그렇지만 이 진아가 아버지께로부터 오는 것만을 표현한다는 말은 그 스스로가 비어 있으며 꿈과 같은 것임을 말하는 것이고요.

카밀로 이는 자유의지가 있다, 없다를 논하는 수준을 벗어난 최고급 영성에 속하는 것일세. 시크릿에 이와 같은 가르침을 대입해보면, 내 현실의 모든 것은 꿈과 같은 것이라 그것을 어떻게 인식하느냐에 따라 현실은 충실히 그것을 표현한다는 것을 알 수 있네. 즉, 'I am that I am'이 충실히 표현되는 것이 현실이란 말이네. 이 현실 안에 나타난 '작은 나' 안에 자신을 가두지 말고 세상 자체가 나임을 깨닫는다면 세상이 가벼워진다네. '나'가 무엇인지 알게 되고 그 '나'인 세상을 표현하는 방법을 알게 되기 때문이라네. 끌어당김의 법칙이란 바로 이 '나'의 표현방법, '나'를 쓰는 법을 말하는 걸세. 예수는 계속 말한다네.

> 나(I-am-ness)는 길이요, 진리요, 생명이다.
>
> — 요한복음 14:6

카밀로 이 '나'가 아버지께로 가는 통로(진리를 깨닫는 문)이기 때문에 길이요, '나'(드러난 세상 자체, 존재 그 자체)가 곧 아버지의 현현이기에 진리요, 생명이라는 뜻일세. 시크릿은 쉽게 말하면 신의 영역을 인간의 영역으로 표현하는 법이라네. 그리고 이를 위해서는 자신이 무엇인지 알아야 한다네.

릴리 어떤 현실을 만나더라도 우리의 '나' 안에 모든 것을 해결하고 재창조할 힘이 있음을 인정하는 것이 시크릿이군요. 그것이 바로 진정한 자기사랑이며, 창조의 힘을 사용할 수 있는 전제조건이었어요.

카밀로 현실창조의 진짜 힘이 우리에게 있음을 예수는 이렇게 표현하네.

> 오직 아들(성자, 존재, 나)만이 아버지를 알 수 있고, 오직 아버지(성부, 궁극실재, 절대근원)만이 아들을 안다.
>
> —마태복음 11:27

> 나는 하늘에서 내려온 생명의 빵이다. 내가 주는 물을 마시는 이는 다시는 목마르지 않을 것이다.
>
> —요한복음 6:35

카밀로 자신이 무엇인지를 아는 사람은 현실에서 어떤 상황이 닥치든 걱정이 없네. 나에게 오는 현실은 그것이 부정적이더라도 그대로 완벽한 궁극실재의 표현임을 알기에 행복하고, 이 비참한 현실도 인식의 대상이기에 '나'임을 아네.

릴리 그런 사실을 알기에 현실을 온전히 인정하고 받아들여 품어 안을 수 있나 봐요. 제가 현실을 받아들이지 못했던 이유가 여기 있었네요.

카밀로 그렇게 되면 변화가 시작되지. 인정받은 현실은 변화하여 새로운 모습으로 옷을 갈아입네. 신적인 차원의 창조 능력이 발휘되는 것이라네. 시크릿이란 이런 것이야. 신의 영역을 인간의 영역에서 표현하는 것이라고!

릴리 모든 것을 새롭게 하는 힘(창조의 능력)은 내 안에 있는 거였어요.

카밀로 별다른 동양 영성의 표현을 빌리지 않았지만, 예수의 표현은 깔끔하지. 처음부터 끝까지 존재 너머를 말하고 있거든. 대중의 의식 수준에 맞추어 주는 것처럼(마하리쉬 스타일) 보이지만, 실상은 주야장천 자기 스타일대로(마하라지 스타일) 밀고 나가지. 그래서 예수의 이 '나'와 '아버지'라는 표현이 후대의 인물들에게 예수도 유신론자에 불과하다는 오해를 낳기도 했지만, 그것은 예수의 잘못이 아니라네.

존재의 궤도

카밀로 이번에는 '트랙'에 대해 얘기해보자고. 한 사람이 태어난다고 해보세. 그가 태어날 때 그는 수많은 조건 아래 놓이네. 인간이라는 종족적 정체성, 부모와 조상으로부터 물려받은 유전적 정체성, 사회, 문화, 경제적 환경…. 이러한 정체성들을 의식할 수 있을 무렵, 우리는 한 가지 사실을 인지하네. 나라는 사람은 '내 인생'이라는 하나의 트랙 안에 존재한다는 사실을 말이지. 어떤 사람들은 이 트랙을 운명이라고 부르기도 하지만, 그보다는 하나의 '궤도'가 맞는 말이라네.

트랙의 첫 번째 특징, 거두어짐과 펼쳐짐

카밀로 생시, 꿈, 꿈조차 없는 깊은 잠. 인간은 누구나 이 세 가지 의식상태를 반복하며 살고 있다네. 이 세 가지가 인간의식의 트랙들이라네. 아침에 눈 비비며 일어나서 활동하고 밤에 잠에 빠져드는 순환고리, 그저 당연하다고만 생각하며 누구도 주목하지 않지만, 사실은 가장 놀라운 존재의 비밀이 이 의식순환 안에 숨어 있네.

릴리 더 자세히 얘기해주세요.

카밀로 생시는 현재의식이 인식의 중앙무대에 상영되는 상태로, 이원성이 지배하는 트랙이네. 첫 번째 트랙이지. 깨어 있는 상태를 뜻하는 생시, 하지만 깨어 있다는 것은 꿈에서도 마찬가지 아닌가? 그런데도 굳이 생시를 깨어 있는 상태라고 말하는 이유는 인간의 자아정체성이 개별육체를 중심으로 한 의식인, 현재의식에 한정되고 있기 때문일세. 그러니까 현재의식 안에서 육체와 동일시되어 한정된 개별 자아가, 즉 에고가 깨어서 활동하는 상태를 생시라고 부르는 것이야. 보다 정확히 말하면 생시라는 하나의 트랙인 것이지. 이 트랙에서 자아는 개별육체와 동일시되며 그 육체 존재가 다른 존재에 의해서 목격(인식)됨으로써 세상에 등장하네. 인드라망의 우주 안에서, 상대성에 의해 말이지.

릴리 다른 존재에게 인식됨으로써 세상에 등장한다는 표현이 왠지 좀 오싹한데요. 저희는 다른 존재에 기대지 않고서는 있을 수 없는 존재인가요?

카밀로 저번에 말했다시피 인드라망의 세계에서는 서로가 상호

존재 조건이네. 이 관계는 비단 인간 대 인간, 생물 대 생물만의 이야기가 아닐세. 예를 들어, 인간은 태어날 때 자신의 탄생을 체험할 수가 없다네. '나'라는 존재감이 '내 몸'이라는 상대적 자각을 통해 나타나게 될 때 비로소 자신이 존재한다는 사실을 알 수가 있는 거지. 자신이 존재한다는 사실을 모르는 신생아 시절부터 100일쯤 지나면 육체와 동일시된 존재감이 그 꼴을 갖추네. 그렇게 한 아이가 '내가 있다'를 느끼게 될 때 그 아이의 '지금' 안에는 이미 온갖 배경과 사건들이 현재완료되어 있다네. 부모가 있고, 국적이 있고, 유전적 특징이 있고, 사회, 문화, 경제적 특징이 있고…. 이 모든 게 이미 현재완료되어 갖춰진 상태로 그 아이의 '지금 여기' 안에 나타난 거네. 그리고 가장 중요한 사실! 자신을 존재하게 한 수많은 인식자(목격자)들도 이미 현재완료되어 나타나네. 나를 직접 존재하게 한 부모님과 그들의 지인들 등등 모두 매 순간 현재완료되어 '지금 여기'의 이야기 속에 들어오네. 아버지와 어머니에게 인식됨으로써 그들의 아이가 나타났네. 하지만 아이는 그들에게 인식되어 나타나기 전에 그의 부모를 인식하지 못했지. 오직 자신의 인식기능이 나타난 후에야 비로소 그의 부모를 인식하네. 시간이라는 환상적인 기능에 의해서 시차가 생기지만 원인=결과의 비이원적 관점에서 보면 부모와 자식은 '동시성'으로 있는 것일세. 매 순간순간 현실 속의 모든 이야기가 일정한 연속성 안에서 찰나찰나 현재완료되어 존재하는 존재성의 궤도! 이것이 바로 하나의 트랙이라네.

릴리 정말 그렇네요. '나'의 트랙에서는 부모가 이미 현재완료된 개념으로 존재해요. 또, 부모의 역사도 경험되지 않고요. 단지 현재완료 상태로 있는 거였어요.

카밀로 비단 부모의 이야기뿐만 아니라 수백억 년 전 우주의 시작인 빅뱅부터 수십억 년 전의 지구의 탄생, 조선의 건국부터 대한제국의 멸망에 이르기까지, 몸과 동일시된 '나'의 역사 이전의 모든 사건이 이미 현재완료로 존재하는 것이라네. 하지만 부모의 트랙에서는 자식에게 현재완료된 사건으로 존재하는 그들의 개별역사가 엄연히 '체험된 사실'로 존재하네. 이렇게 부모의 트랙과 자식의 트랙이 달라지는 것이지.

릴리 부모의 트랙에서 자식이란 '과정이 체험되며 나타난 것'이지만 자식의 트랙에서 부모란 '과정이 체험되지 않으며 나타난 것'이군요. 부모-자식은 상대성 안에서 동시에 성립되는 개념이지만 시공간의 펼쳐짐 안으로 들어오면 부모가 자식에 선행하며 존재하는 거고요. 생각해보면 비단 부모, 자식만이 아니라 모든 타 존재가 그렇겠네요. '지금 이 순간 매 찰나의 현재완료'라는 이야기를 들으니 타 존재에 대한 의문들이 해소되는 느낌이에요.

카밀로 세상의 수많은 존재, 그 각각의 존재들이 가지는 개별역사만큼 수많은 트랙이 존재한다네. 그 트랙들은 침범될 수 없는 고유한 우주이지만 동시에 서로가 서로를 투영하며 참여하는 공동의 우주이기도 하다네. 인드라망의 우주이기 때문이지. 이러한 차이가 존재하는 가장 근본적인 이유가 있다네. 그것은 이 세상 자체가 이미 인식된 것(현재완료되어 나타난 것)이라는 대전제 아래 있기 때문이라네. 인식된 세상 안에는 그 세상의 고유한 역사들이 이미 현재완료된 상태로 존재하고 있네. 이렇게 현재완료된 역사를 지니는 세상이 '지금 여기' 안에 찰나생멸하며 존재하지. 이 존재 상태를 육체와 동일시된 자아를 통해 인식하는 상태의 트랙이 '생시'라는 트랙일세. 그렇기에 이 생시의 트랙에서는 지금 자신의 세상을 경험하는 개별육체의 껍질을 벗어날 수 없다네.

릴리 그럴 수 없는 이유가 있을까요?

카밀로 인식 안에 개별육체가 나타나며 존재가 시작됐지만 동시에 인식이 이 개별육체에 기대고 있기 때문이라네. 이 상호연기관계는 개별육체가 늙어서 없어지는 순간까지 계속되네. 지금 살아서 움직이는 듯 느껴지는 이 몸은 '죽음'이라는 결과에서 펼쳐진 것이기 때문이네.

릴리 아하, 현재는 미래에서 회상하는 과거다! 탄생과 죽음은 동시에 있지만, 시공간의 흐름을 통해 그 과정을 체험해야 하므로 인식의 맹점이 탄생한 거죠. 과거에서 결과로 흘러가는 듯이 인식되기 위해 죽음이라는 결말에서 탄생이라는 원인이 펼쳐진 것! 어떤 몸뚱이 하나를 렌즈로 삼아 '나는 이 몸이다'라고 착각하며 인생이라는 영화 한 편을 찍기 위해서 말이에요.

카밀로 그래. 이제 꿈에 대해서 살펴보지. 꿈을 꾸는 상태 또한 깨어 있는 상태라네. 하지만 꿈의 상태에서는 자아의식의 강력한 육체 동일시가 없어지지. 이것이 두 번째 트랙이네.

릴리 세상에, 꿈 자체가 하나의 트랙일 줄은 생각을 못 해봤네요. 그러니까 그 꿈이 하나의 세상이라는 말씀이신 거죠?

카밀로 그렇네. 꿈에서는 육체로 경험하던 세상과 전혀 다른 세상이 펼쳐지네. 이때 꿈의 세상을 펼쳐내는 의식층은 잠재의식, 무의식으로 불리는 의식의 보다 깊은 부분이라네. 심층의식이라 할 수 있지. 꿈에서는 모든 것이 가능하네. 생시 상태의 의식이 경험하던 '한계 있음'이 완전히 깨지지. 즉, 깨어난 상상력의 세계가 꿈이란 말이지. 이 트랙에서는 의식 안의 미묘한 이미지를 볼 수 있는 영역, 이른바 '의식의 정묘精妙영역'이 활성화된다네. 시공간의 경계와 물리법칙의 한계가 무의미해지는 곳이 바로 꿈이라는 트랙이지. 그리고 이 트랙은 다음에 말할 가장 중요한 근원적인 트랙, '깊은 잠'의 상태가 가진 온갖 창조의 씨앗들(가능태)이 그 모습을 '체험 가능한 형상'으로 슬쩍 드러내는 무대이기도 하다네.

릴리 저는 이제까지 꿈을 현실이라고 생각해본 적이 한 번도 없어요.

카밀로 보편적인 관념이 그런 것이니 어쩔 수는 없지. 대부분이 꿈은 환영이고 생시는 현실이라고 생각하지만 그렇지 않네. 꿈과 현실은 신 의식, 즉 I am의 인식을 통한 창조활동으로서 같은 본질을 가지네. 즉, 꿈도 현실이며 현실 또한 꿈이네. 동일한 의식의 창조활동이라는 점에서는 전혀 차이가 없네. 게다가 두 상태 모두가 '순수존재의식의 배경 위에 떠오르는 영상'이란 점에서도 전혀 차이가 없지.

릴리 생시 상태에서는 자아의식이 육체 동일시를 통해서 활동하기 때문에 이원성의 세상을 펼쳐내고, 꿈의 상태에서는 육체 동일시가 약해지거나 사라지니 비이원의 세상을 펼쳐낸다는 차이가 있네요.

카밀로 누구나 말 그대로 꿀잠을 잤다면, 아침에 일어날 때 '아, 잘 잤다!' 하고 일어난다네. 간밤에 잘 잔 것에 의심의 여지가 없지. 어젯밤에 잠들기 전에 무엇을 했었는지도 또렷하네. 그런데 내가 꿈조차 꾸지 않는 깊은 잠을 잔 것을 어떻게 아는 걸까? 체험을 통해서 아는 것일까? 생시나 자각몽처럼…. 한데 꿈조차 없는 깊은 잠에서는 나라는 자각도 세상도 다 없어지는데 누가 체험을 한단 말인가? 세상은 '나'라는 생각과 '세상'이라는 생각이 유지될 때만 존재할 수 있다네. 한데 그것이 모두 없을 때는 어떻게 꿈조차 없는 깊은 잠이 체험될 수가 있느냔 말일세.

릴리 꿈조차 없는 깊은 잠에서는 나라는 자각도 세상도 다 없어진다… 정말 그렇군요. '나'라는 것은 인식의 주체, 아니 카밀로님 말씀을 종합해보면 인식되는 세상 전체가 나인데 그것이 사라진다는 것은 결국 세상이 없어진다는 말이네요. 세상을 인식하는 주체인 '나'도, 비이원성 안에서 결국 세상 그 자체인 '나'도 다 사라지는데 우리는 어떻게 이 같은 사실을 아는 걸까요? 신기하네요.

카밀로 꿈조차 없는 깊은 잠은 결코 체험의 대상이 아닐세. 눈이 눈을 볼 수 없는 것과 같지. 깊은 잠에서는 깊은 잠을 인식할 수 없는 거야. 자기 자신 안에 모든 것이 거둬들여진 일원성의 상태이기 때문일세. 그것이 존재했음을 알 수 있는 때는 생시나 꿈과 같은 트랙, 즉 '나'가 활동하는 때뿐이라네. 내가 생시 상태에 있음으로써 깊은 잠의 상태에 있었다는 사실을 증명해줄 때만 그것이 알려지는 거지.

릴리 맞아요. 내가 있다는 것이 알려지는 것은 '나 아닌 다른 것'을 통해서만 가능하다고 하셨잖아요.

카밀로 그렇지. 이것이 바로 일원성인 궁극실재가 자신을 대상화해서 나투어내는 이유라네. 그럼 이는 어떻게 알려질까? 그냥 직관적으로 알려진다네. 절대로 체험이 될 수 없지만, 그 상태가 지금 푹 자고 일어난 개운함의 밑바탕이라는 사실이 말 그대로 그냥 알려지는 거지. 이 깊은 잠의 상태가 사실 모든 것의 근원인 하느님이라네. 하느님, 도, 불성, 궁극실재, 절대근원, 브라만 등등의 수많은 이름으로 불리는 그것! 이름(개념)을 붙이지만 개념 짓는 순간 인식의 대상으로 들어오기에 이미 그것이 아니게 되는 그것! 모든 것을 나투어내고 존재하게 하지만 스스로는 절대로 인식(체험)의 대상이 될 수 없는 그 상태! 절대로 체험될 수 없기에 존재하지 않는 것이라 '존재 이전', '의식 너머'라는 개념으로서만 표현할 수 있는 상태! 이 깊은 잠의 상태야말로 정신을 수련하는 모든 수행자가 도달하기를 바라지만 절대로 체험될 수 없는 궁극의 진짜 모습이라네.

릴리 살짝 허탈하네요. 뼈를 깎는 수행과 명상을 통해 도달하려는 궁극의 상태가 사실 우리가 매일매일 경험하는 그것이었다는 사실이요.

카밀로 명상과 의식수련의 효과는 다른 곳에서 더 크게 나타나네. 궁극실재에 도달하는 길에서가 아닌 트랙 변경을 통한 현실 사냥! 리얼리티 트랜서핑(시크릿, 자기창조)에서 말이지. 그러나 궁극의 상태는 절대로 체험될 수 없다네.

릴리 그러면 도달하기 위해 억지로 애쓸 필요 또한 없는 것 아닌가요? 우리는 이미 매일매일, 이 깊은 잠의 상태로 되돌아 갔다가(의식 활동의 거두어짐) 다시 세상으로 태어나니까요(의식의 펼쳐짐, 생시, 꿈). 이것에 예외가 되는 인간의식은 단 하나도 없잖아요. 아닌가요?

카밀로 그렇지. 아무도 이 의식의 거두어짐과 펼쳐짐이라는 수축과 팽창에서 자유롭지 못하네. 그야말로 아무도! 이 말은, 우리는 매일매일 깊은 잠이라는 '일원성의 트랙' 안에서 꿈이라는 '비이원성의 트랙'과 생시라는 '이원성의 트랙'으로 트랙 변경을 하고 있는 것이라는 말이네. 이것이 바로 존재성의 궤도, 트랙의 첫 번째 모습이네.

- 생시, 꿈, 꿈조차 없는 깊은 잠이 인간의식의 세 가지 트랙이다.
- 생시는 육체와 동일시된 개별 자아가 활동하는 상태다.
- 생시의 트랙에서는 육체 존재가 다른 존재에 의해 인식됨으로써 세상에 등장할 수 있다.
- 이 세상 자체가 이미 인식된 것이다.
- 생시의 트랙에서는 지금 자신의 세상을 경험하는 개별 육체를 벗어날 수 없다.
- 꿈의 트랙에서는 육체 동일시가 없어지며, 의식의 정묘 영역이 활성화된다.
- 꿈의 트랙은 깊은 잠의 상태가 가진 온갖 창조의 씨앗들이 그 모습을 '체험 가능한 형상'으로 드러내는 무대이다.
- 깊은 잠을 잘 때는 일원성의 상태가 된다. 이것이 곧 하느님이다.
- 우리는 매일매일 깊은 잠이라는 '일원성의 트랙' 안에서 꿈이라는 '비이원성의 트랙'과 생시라는 '이원성의 트랙'으로 트랙 변경을 하고 있다.

트랙의 두 번째 특징, 개념

릴리 트랙의 두 번째 모습은 뭐죠?

카밀로 트랙의 두 번째 모습은 '개념'과 관련되어 있다네. 세상은 개념을 통해 펼쳐지는 거대한 '의식의 심상'일세. 즉 꿈과 같고 환과 같은 일종의 홀로그램이지. 그래서 모든 것이 의식 안에서 일어나는 꿈, 개념에 불과하다고 말할 수 있다네. 하지만 그 꿈이며 개념에 불과한 것이 유일한 현실이기도 하네. 모든 것이 꿈(개념)이라면 '꿈(개념) 아닌 것'이 없다는 말이네. 한데 꿈(개념) 아닌 것이 없다면 꿈이 꿈일 수가 있을까? 꿈이 꿈이려면 꿈 아닌 것이 있어야 하는데 모든 것이 꿈(개념)이라면 모든 것이 꿈(개념)이라는 사실이 '유일한 현실'이란 말일세. 즉, '개념=존재=현실'인 것이라네. 따라서 개념을 세우는 것은 하나의 존재 양태를 창조해내는 것이라네. 인식 안에서 그 어떤 모습이든지 한번 '상상된 것(개념 지어진 것)'은 무조건 존재하네. 지금 이 글을 읽고 있는 나, 지금 밥을 먹고 있는 나, 지금 일을 하는 나… 각각의 개별존재들인 수많은 '개아'도 처음부터 있던 것은 아니네. 누군가에 의해 목격되어(인식되어, 의식되어) 세상으로 나타난 것일세.

릴리 예를 들어, 자식은 태어나기 전에는 부모의 상상력 안에 존재했잖아요. 부모의 상상력은 이 자식이 존재하는 시점을 위해 부모의 인연을 엮어 부부의 연을 만들고, 부부는 자식을 만드는 거죠. 그리고 부모의 상상력 안에만 존재하던 자식은 세상에 태어나 부모에게 '인식'되죠. 또, 자식의 탄생이라는 한 사건에 이미 부모의 역사가 모두 들어 있기도 하고요. 자식의 탄생 시점에 현재완료된 상태로 부모의 역사가 자식에게 인식됨으로써, 부모와 부모의 역사라는 존재성이 존재하는 거죠. 이게 상대성이자 동시성, 맞나요?

카밀로 잘 이해했네. 시간의 전후 자체가 의미 없는 것이야. 절대적으로 흘러가는 과거, 현재, 미래의 흐름 자체가 없기 때문이지. 지금 이 말을 하는 나나 듣고 있는 자네가 상대성과 동시성 안에서 존재하는 거야. 존재하는 모든 것이 이러한 상호관계 안에서 무한대로 서로가 서로의 존재 안에 참여하며 증명하고 있지, 아주 역동적으로 말이야. 어느 정도냐면 시공간까지 역행해가면서 말이지.

릴리 그건 무슨 말씀인가요?

카밀로 지금 무언가를 하는 나의 모습이 상대성과 동시성 안에서 미래에서 이루어질 어떤 일의 존재 조건으로서 작용하고 있다는 말이라네. 나의 지금 이 순간이 나의 존재를 통해서 자신의 존재성을 입증할 수 있는 어떤 존재, 어떤 사건과 동시성 안에서 한 쌍이며 상대성 안에서 한 짝이라는 말이네. 우주는 이러한 방식으로만 존재할 수 있네. 상상할 수 있는 모든 상태는 이미 존재하는 상태인 걸세. 그것이 펼쳐져 인식되기에 과거에서 미래의 결과를 상상하는 것처럼 느껴질 뿐이지 실제로는 이미 동시성 안에서 원인과 결과가 하나의 사건으로 존재하고 있는 것일세. 시크릿을 하면서 인식하는 우리의 소망(결과)과 그것을 이루고자 하는 의도(원인)도 마찬가지일세.

릴리 이미 하나로 존재하기에 그것을 상상이라는 형태로 인식할 수 있는 것이군요. 그래서 '상상'이란 없는 것을 보는 것이 아니라 이미 있는 것을 인식하는 행위인 거고요. 그러면 결과는 어떤 형태로 존재하는 거죠?

카밀로 가능태의 형태로 존재한다네. 이 가능태의 형태는 현대과학에서 말하는 평행우주, 다중우주라는 개념보다도 훨씬 복잡하다네. 과학이 증명을 해내든 못해내든 간에 상상력으로 만들어낼 수 있는 모든 심상은 이미 존재하는 것이기 때문이지. 바로 개념을 지닌 가능태로서 말이지.

릴리 이해가 쉽지 않네요.

카밀로 내 이미 지난 대화에서 세상의 실체가 개념(관념/생각)의 흐름이라고 말했잖은가. 예를 들어보겠네. 어떤 사람이 말하네. '나는 세상에서 제일 센 놈을 찾았어!' 자, 방금 세상에서 제일 센 놈이 하나 탄생했네. 그러자 또 다른 사람이 말하네. '나는 그놈보다 1만큼 더 센 놈을 찾았어!' 이제 세상에서 제일 센 놈보다 1만큼 더 센 놈이 등장했구먼. 그러자 그 옆의 사람이 말하네. '나는 네가 찾은 그놈보다 1만큼 더 센 놈을 찾았어!' 세상에서 제일 센 놈을 찾기는 쉽네. 개념 설정만 하면 되니까. 그런데 거기에 1을 더한다면? 그는 이미 세상에서 제일 센 놈이 아니라네. 세상에서 제일 약한 놈도 마찬가지라네. 거기서 1을 빼면? 이것이 바로 '개념과 상상력'의 세계라네. 그 한계가 없다네. 그리고 이렇게 창조되는 모든 것은 자신의 '고유우주'를 가지네. 흐름을 표현하려는 장치인 시공간의 찰나생멸 수만큼 무한한 고유우주가 존재하네. 세상에서 제일 센 놈, 그보다 1만큼 더 센 놈, 그보다 1만큼 더 센 놈… 처럼 말이지. 그리고 한번 존재하게 된 고유우주는 그 반대편에 존재 조건으로서의 자기 짝을 반드시 가지네.

릴리 무서운 사실이네요. 상상력과 마음을 조절해야 하는 이유를 알겠어요. 지금 나의 마음이, 지금의 어떤 상상이 어떤 식으로든 반드시 실현된다는 거잖아요. 반대쪽 관점에서 생각해보자면 지금 나에게 떠오르는 어떤 생각, 느낌, 감정이 시공간의 반대편에 있는 어떤 사건의 반쪽이기에 존재한다는 거네요.

카밀로 그렇지. 하지만 아직까지는 과학으로 평행우주와 다중우주를 설명할 수 없네. 오직 개념=존재라는 사실을 통해서만 그 옷자락을 잡아볼 수 있을 걸세.

- 모든 것이 꿈(개념)이라는 사실이 유일한 현실이다.
- 상상할 수 있는 모든 상태는 이미 존재한다.
- 개념과 상상력으로 창조되는 모든 것은 자신의 고유우주를 가진다.
- 한번 존재하게 된 고유우주는 그 반대편에 존재 조건으로서의 자기 짝을 반드시 가진다.

트랙의 세 번째 특징, 고유우주

카밀로 개별존재의 고유우주는 쉽게 말해 육체라네. 한번 나타난 것은 반드시 사라지네. 애당초 탄생이라는 것은 죽음이라는 미래로부터 펼쳐진 것이기 때문이지. 한번 나타난 것이 사라질 때까지 그 육신과 육신을 비추는 의식은 함께하네. 이것은 바꿀 수 없는 것일세. 왜냐면 하나의 고유우주이며 하나의 고유한 트랙이기 때문이지. 육체와 함께 시작된 '이 육체를 통해 세상을 관찰하는 의식'은 육체를 의상 바꾸듯 갈아타지 않는다네. 이 육체라는 존재성 자체가 신의 고결한 존재표현이기에 그렇다네. 이 육체가 선택되고 인식 안에 들어옴으로써 존재를 세상에 표현하게 된 어떤 고귀한 이유가 분명히 있다네. 각 개별영혼은 그것을 찾고 표현하기 위해 자신만의 트랙에 태어나 각각의 트랙을 변화시켜 나가는 것일세.

릴리 그럼 잘 때 꾸는 꿈도 모두 의미가 있는 건가요? 사실 오늘 원하지 않는 일이 일어나는 꿈을 꿔서 조금 찜찜했거든요.

카밀로 물론 의미가 있지, 꿈도 하나의 현실이기 때문이야. 원하지 않는 꿈이라 했는데, 원하지 않는 이는 자네의 현재의식이라네. 비이원의 세계인 꿈에서는 현재의식이 잠들지. 원하지 않는 꿈이라 할지라도 의식 깊은 곳에서는 그것이 현실로서 일어날 만한 어떤 요인이 있는 것일세. 만약 꿈에서 나타난 그것을 원하지 않는다면 그 꿈을 통해 목격된 트랙에 들어가지 않도록 바꾸면 된다네. 의식은 현실을 창조하는 능력이 있으니까.

릴리 바로 그런 점이 무의식의 내용물들에 대한 정화(온전한 책임)가 필요한 이유이기도 하군요. 원하지 않는 일이 부정적인 내용이라면 현재의식을 통해서 긍정적인 정보를 잠재의식에 입력하여 트랙을 변경할 수 있나요?

카밀로 그렇다네. 다만 무조건적 주입이 아니라 호오포노포노 등을 통한 정화와 함께 시행되어야 하지. 어쨌든 원하지 않는 일을 경험하게 될 당사자는 현재의식이기에 가능한 일이네. 그래서 현재의식을 뱃사공에 비유하기도 하지. 혹은 경영자라고도 할 수 있겠군.

릴리 트랙을 변경할 다른 방법도 있나요?

카밀로 다른 방법으로는 육체의 기운을 다스리는 방법이 있네. 주로 고대의 신선도에서 쓰이던 비법이지. 몸과 마음은 따로 있는 것이 아니라 몸이 그대로 마음이기 때문에 이 같은 일이 가능하네. 이 사실을 깊이 깨닫고 몸의 기운을 바꿈으로써 무의식 안의 카르마의 씨앗들을 정화할 수 있다네. 다만 이 경우에는 본인 스스로 시행하기에는 많은 한계와 어려움이 있으니 그것을 할 수 있는 마스터의 도움을 받는 것도 좋은 방법이네. 하지만 이 모든 것을 뛰어넘는 정화의 방법이 있다네.

릴리 오! 그게 뭔가요?

카밀로 상대성의 신비를 깨닫고 정화하여야 할 대상을 정화의 대상으로 보지 않으면 가능하네. 그러니까 따로 정화할 것이 없음을 인식하면 되는 거야. 진정한 정화는 정화가 아님을 깨닫는 거지.

릴리 정화가 정화가 아니라고요?

카밀로 이것이 상대성의 비밀일세. 그리고 상대성에 대해서 알려면 반드시 연기에 대해서 알아야 하네. 연기는 그 유명한 석가모니의 상대성 이론이라고 할 수 있네. 그리고 이러한 연기법은 우리에게 현실창조가 잘 안 되는 이유를 말해주고 있네.

- 육신과 의식은 함께하며, 바꿀 수 없다.
- 잠재의식의 정화, 몸의 기운 바꾸기를 통해 트랙을 변경할 수 있으나, 상대성의 신비를 깨닫는 것이 가장 좋은 트랙 변경 방법이다.

나는 나만의 것이 아니다

연기

카밀로 '이것이 있어 저것이 있다. 이것이 없어 저것이 없다.' 그 유명한 석가모니의 가르침이라네. 보통 연기법이라고 불리지. 이 짧은 말 안에 트랙에 관한 아주 중요한 가르침이 숨어 있네. 내가 너의 존재를 세우고, 네가 나의 존재를 세운다. 내가 너를 인식함으로써 네가 존재하고, 네가 나를 인식함으로써 내가 존재한다. 너를 인식하는 나는 또한 누군가에게 인식되어 존재하며, 나를 인식하는 너는 또한 누군가에게 인식되어 존재한다. 인간은 누구나 개인의 고유우주를 가진다네. 그리고 그 고유우주 안에서는 그 고유우주가 인식하는 속성의 존재성만을 목격할 수 있네.

릴리 이해가 잘 안 가요. 고유우주가 인식하는 속성의 존재만을 본다니요?

카밀로 내가 '음치 릴리'를 만나는 고유우주를 가졌다고 쳐보세. 그럼 나는 '노래를 잘 부르는 릴리'가 활동하는 또 다른 우주를 만날 수 없다네. '노래를 잘 부르는 릴리'는 다만 가능태의 속성으로 또 다른 트랙에 존재하지. 그것은 '실현되지 않은 모습'이라는 개념으로 존재하므로 이 또한 존재하는 것이네. 다만 트랙의 주파수가 현실 안으로 맞춰지지 않았기에 드러나지 않았을 뿐인 거지. 반대로 '노래를 잘 부르는 릴리'가 존재하는 우주에서는 그를 목격하는 '음치 릴리만을 볼 수 있는 나'는 존재하지 않지. 그곳에는 '노래를 잘 부르는 릴리를 보는 나'가 있다네. 그리고 그곳에 있는 나는 또한 그 우주의 누군가에게 목격(인식)되어야만 존재할 수 있는 거네. 우리가 평행우주, 다중우주를 생각할 때를 떠올려보게. 우리는 아주 습관적으로, 당연하게 '나'의 관점에서만 바라보고 의문을 품지. 그러나 이 '나' 또한 누군가에게 인식되어야만 존재할 수 있다는 사실을 잊지 말게. 즉, 인간의식은 철저하게 자기중심적인 시야에서 바라보고 있다는 사실을 알라는 말이야. 예를 들어보지. 세월호 사건이 있을 수 있는 이유는 그 사건을 인식(목격)하는 우주를 가진 자가 있기에 일어날 수 있는 거네.

릴리 저는 세월호 사고 소식을 뉴스로 접한 것뿐인데요? 제가 그 사건을 직접 목격한 건 아니잖아요.

카밀로 그것이 바로 개념의 세계이네. 자네가 그 사건을 직접 눈앞에서 목격하는 방식으로 인식하지 않았다 하더라도, '그 사건을 인식하는 우주'를 가진 사람은 '일어난 사건을 목격하는 자'라는 개념으로 그 당사자들의 우주에 참여하고 있다네.

릴리 아! 인식의 방법은 각양각색이군요. 꼭 내 눈앞에서 어떤 사건을 목격하는 것만이 아니었어요. '그 사건을 이러이러한 경위로 알게 된 사람'이어도 목격자인 거군요.

카밀로 그렇다네. 자네는 그런 방식으로 그 트랙에 참여한 거지. 이렇게 항상 양쪽을 동시에 보아야만 하네. 나에게 어떤 일이 일어났다면 그건 나만의 사정이 아니네. '그런 일을 겪는 나'를 자신의 우주 안에 가진 타 존재의 참여가 있어야만 가능한 일이라는 사실을 잊지 말게. 우리는 언제나 서로가 서로의 대상으로서만 존재할 수 있다네. 서로의 대상이 아닌 방식으로 존재하지 않는 것은 없네. 그래서 나의 일이 나의 일만이 아니고 너의 일이 너의 일만이 아닌 것이네.

릴리 상대성이란 이런 것이군요. 내가 너의 존재에 참여하고 네가 나의 존재에 참여하는 관계. 이러한 관계성은 다른 차원의 존재들과도 마찬가지인가요? 만약에 그런 존재가 있다면 말이에요.

카밀로 트랙을 고찰할 때, 아니면 평행우주, 다중우주를 고찰할 때 자신의 관점에서만 생각한다면 난제를 만날 수밖에 없다네. 예를 들어 내가 4차원의 존재들을 탐구하고 있다고 쳐보세. 그렇다면 내가 그들을 탐구할 때 동시에 그 4차원의 존재들에게 나 또한 어떤 형태로든 노출되어 있음을 알아야 한다네. 요즘 보니 평행우주라는 것이 사람들의 관심을 끌고 있더군. 평행우주에 가보고, 체험해보고 싶은 마음도 이해는 가네. 하지만 그것을 하려면 의식의 변환이 일어나야 한다네. 육체와 동일시된 현재의식이 현재의 트랙에 얽매여 있는 상태에서는 불가능하지. 그래서 명상 등을 통해 트랜스퍼스널transpersonal 상태에 들어가는 수련을 하기도 하네. 아무튼, 변성의식을 통해 의식의 정묘한 영역으로 들어가는 것이 가능해지면 평행우주에 가볼 수 있네. 그러면 자신이 원하는 트랙을 체험하는 것이 가능해지지. 마치 꿈을 자유자재로 꾸는 것과 같네. 그렇지만 그곳에 계속 머무르는 것은 불가능해. 왜냐면 그곳에서 생겨난 육체에 비친 의식이 아니라면 반드시 지금의 육체가 속한 트랙으로 되돌아와야 하기 때문이지. 한번 생겨난, 태어난 이 육체와 그 육체를 통해 지각작용을 시작한 지금 나의 현재의식은 이 육체의 옷을 벗을 때까지 한 쌍이기 때문이라네.

릴리 저도 그렇게 느끼기는 하는데, 왠지 더 깊은 이유가 있을 거 같아요.

카밀로 또 다른 이유는 '지금 나의 현재의식과 이 육체라는 옷은 단순히 나라는 개인의 것만이 아니기 때문'이라네. 반만 내 것이지. 나머지 반은 나를 인식(목격)함으로써 나의 존재성에 참여하는 다른 모든 존재, 또 다른 '나'인 '너'의 몫이기 때문이라네.

릴리 그렇군요. 그런데 저는 가끔 제가 원래 살던 트랙이 지금의 트랙이 아닌 것처럼 느껴집니다. 원래 살던 곳에서 튕겨 나온 느낌이에요. 제 본래 트랙으로 돌아가고 싶어요.

카밀로 자신의 본래 트랙이라고 여겨지는 곳으로 돌아가고 싶어 하는 어떤 '릴리'가 있네. 한데 잘 살펴보면 이 '릴리'는 배면의 보다 큰 앎에 의해 인식되는 대상이 아닌가? 즉 자네의 개체존재 안에서 작동하는 의식은 그것을 존재하게 하는, 보다 큰 의식공간의 앎의 대상이 되는 것일세. 자네의 개체존재에 비치는 자각의 원류는 바로 그 배면의 앎이지. 그 배면의 앎이 지각작용을 하는 육체에 비칠 때 육체의 오감을 통해 '릴리'라는 육체와 동일시된 자아가 태어나는 것일세. 그러니 가장 근본적인 의미에서 자네의 원래 모습은 자네의 개체존재 '릴리'를 인식하고 앎의 대상으로 삼는 배면의 거대한 앎 그 자체가 되는 것일세. 본래 있던 곳으로 돌아가는 것이 가능한지 아닌지를 논하기 전에 자네 자신의 정체성을 지금의 트랙에 얽매여 다른 트랙으로 돌아가고 싶어하는 '릴리'라는 개체성 안에 한정하고 있는 것은 아닌지 먼저 깊이 살펴보길 바라네. 이후에는 지금의 무엇이 그리도 불편한 마음을 유발하고 있는지를 살펴보게. 무언가가 발견될 것일세. 그리고 '이 불편한 마음이 실체 없는 환상이라면?'이라는 질문을 자신에게 해보게. 그것이 없어지면 어떤 일이 일어날지를 상상해보게.

릴리 다른 트랙에 머무를 수 없다고 하셨고, 또 지금의 트랙을 원하는 모습으로 바꾸면 된다고 하셨는데요. 그럼 다른 평행우주를 선택한다는 것은 지금 있는 현실에서 다른 현실로 가는 것이 아닌 지금의 현실을 바꿔서 다른 현실(트랙)과 같이 만드는 것인가요?

카밀로 지금 그것을 하는 방법에 대해서 말하고 있지 않은가? 다른 우주의 체험은 가능하네. 하지만 지속적이진 않네. 정묘영역으로 들어가면 가능하지만 지금 경험하는 현실처럼 머무를 수는 없다네. 그 이유 중 하나가 지금의 나라는 존재를 세우는 타 존재들 때문일세. 자네의 '나'라는 정체성은 홀로 일어선 존재가 아니기 때문일세. 지금의 내 모습엔 타 존재들의 참여가 있으니까 말일세. 영화에서 보는 것 같은 시간이나 차원이동이 가능하려면 지금의 육체존재와 그것을 세운 모든 존재 조건을 초기화하고 다시 깔아야 한다네. 하지만 굳이 그렇게 할 필요가 있을까? 지금의 트랙을 아름답게 창조하면 되네. 보다 중요한 것은 트랙에 대한 이해를 통해 '타인'이라는 존재가 무엇인지를 이해하는 것이네. 그게 가장 중요한 일일세.

릴리 결론은 '나 또한 타인의 참여가 세운 트랙'이라는 사실이네요. 이것이 현실창조가 마음먹은 대로 안 되는 이유 중 하나고요. 트랙에서 타 존재가 가지는 의미에 대해 정리해보고 싶네요. 개체존재로서의 나를 '개아'라고 정의한다면 이 개아로서의 활동무대인 트랙은 생시이며, 그 특성은 '이원성'이라는 분리감의 세상이죠. '개아'의 존재 기반이 되는 '존재감'과 그것을 인식하는 의식은 유일한 의식인 '순수존재의식'이고요. 맞나요?

카밀로 그렇네. 자네가 말한 순수존재의식은 인드라망의 우주라는 메커니즘을 통해서 신의 꿈속에 상영되는 장면들에 등장하는 각각의 개체존재들을 자신의 '렌즈'로서 활용하네. 수천, 수만의 개체존재들의 근원은 단 하나의 실체인 '순수존재의식'이며 이 순수존재의식이 우리가 느끼는 근원적인 존재감이라네. 하지만 이 근원적인 의식은 각각의 '개아'들에게 스며들어 이원성의 트랙 '생시'를 체험하게 한다네. 이 메커니즘이 그야말로 완벽하기에 '개아'는 자신의 진짜 정체성인 비이원성의 존재감 I am을 육체라는 한계 안에 가두어버리고 잊어버리는 것이라네. 이렇게 한계 안에 조건 지어진 개아로서의 정체성, 그것을 '에고'라고 부르는 거지. 이렇게 조건 지어진 에고는 불완전성을 상징하는 하나의 아이콘으로서 자신만의 고유기능을 수행하기 시작하네. 바로 '고통'이라네.

릴리 고통이 불완전성을 표현하기 위한 장치였다니… 그것이 에고의 고유기능이라는 말씀은 정말 충격적이네요. 그럼 인간이 고통을 느끼는 것은 잘못된 것이 아닌 당연한 것이로군요.

카밀로 이 고통 안에서 허우적대던 사람들이 인연의 끌어당김을 통해서 현실창조의 법칙이라는 시크릿을 찾아 하나둘씩 모여들지. 앞에서도 말했었지만 시크릿이란 현실의 창조원리의 일부분이지. 그런데 사실 많은 사람이 느끼고 있듯이, 마음먹은 대로 '뚝딱' 하고 우주를 창조해나가는 게 쉽지는 않지. 그것은 사실 숨은 이유가 있기 때문이야. 그 숨은 이유란 비이원성과 다른 게 아니라네. 나라는 개체존재, 이 '개아'는 홀로 일어선 존재가 아니라서 그렇다네. 내가 느끼는 나라는 정체성, 그리고 이 육체 존재로서의 개아, 이 모든 나의 존재 조건 안에는 타인의 참여가 포함되어 있기 때문이라네. 조금 더 쉽게 말하자면, 나의 개아를 형성하는 요소 중에는 나라는 개아에 대한 그들의 심상(이미지, 관념의 씨앗)이 작용하고 있기 때문이라네.

릴리 놀랍네요, 타인의 인식이 나의 삶을 형성하는 일부분이 된다는 사실이요.

카밀로 나를 바꾸고 싶은데 쉽게 안 되는 이유, 나의 삶을 뚝딱 바꾸고 싶은데 쉽게 안 되는 이유는 나(개아)를 특정한 모습으로 출연하도록 끌어당긴 타인들의 심상의 씨앗이 있기 때문인 걸세. 인드라망의 우주에서는 서로가 서로의 존재성 안에 참여하며 자신의 인식을 투영하네. 즉, 나(개아) 또한 타인의 우주에 어떤 특정한 개념(빈곤, 슬픔, 기쁨, 풍요 등)을 체험하려는 도구로 끌어 당겨진 존재란 말일세. 알겠는가? 이러한 요소 중에는 조상으로부터의 유전, 조상이 쌓아온 카르마의 대물림(조상의 업장), 전생이라고 이름 붙일 수밖에 없는 '개아의 역사 이전'의 사건으로부터 오는 상처 등등의 모든 것들이 포함되네. 현재완료로 매 찰나 펼쳐지는 우리의 삶의 모습엔 이러한 모든 요소가 이미 투영되어 있다는 말일세. 내가 타인의 존재성에 참여하여 그의 존재를 세울 수 있다면 똑같이 타인 또한 나의 존재성에 참여하여 나의 존재를 세우며 나를 체험한다네. 예를 들어 우리의 가족관계를 살펴보자고. 어머니는 나를 '소심하고 능력 없는 녀석'으로 인식하고 있다고 해보세. 원인에서 결과로 나아가는 듯 보이는 현실에서, 내가 어머니에게 소심하고 능력 없는 사람으로 인식될 만한 사건이 벌어졌지. 그리고 그 결과로 어머니가 나를 소심하고 능력 없는 녀석으로 인식하는 듯 보이지만 사실은 그게 아닐세. 그런 모습으로 인식되게 만든 원인과 그런 식으로 인식하는 어머니의 인식은 '동시에' 있는 것일세. 다시 말하면 어머니의 인식이라는 '결과'와 그럴 만한 이유인 '원인'은 하나이며 실제로는 어머니의 인식이라는 '결과'에서 펼쳐지고 있다는 것이네.

릴리 동시성과 상대성 안에서는 그것이 진실이군요. 나라는 존재와 나의 현실은 온전히 나만의 것이 아니라는 것…. 나의 존재와 현실은 동시에 타인의 존재와 현실에도 함께 나타나 있는 거였어요. 나의 성격도, 가정환경도, 시대적·문화적·사회적인 배경과 조건들도 단지 나만의 참여를 통해 결정된 것이 아니라 타 존재의 심상이 함께 투영되어 나타난 것이네요. 그렇다면 나의 성격이나 사고방식마저도 내가 스스로 결정한 것이 아닌가요?

카밀로 우주 삼라만상의 개입이 함께 들어 있는 것일세. 이러한 사실을 살짝 엿본 옛사람들은 천성이나 운명과 같은 말을 만들어내기도 했다네. 한번 잘 관찰해보게. 지금 내 생각 하나마저도 그 생각의 대상이 없이는 존재하지 못하네. 지금 나의 감정 하나마저도 그 감정의 대상이 없이는 존재하지 못하지. 상대성과 동시성의 세계에서 일어나는 현상이기에 지금 나의 생각과 감정을 생겨나도록 참여하는 요소들이 없이는 존재 자체가 불가능하다네. 나의 어떤 것도 독립적으로 있는 것이 없지. 온전한 나의 것은 그야말로 하나도 없다고! 이것이 바로 '이것이 있어 저것이 있다, 이것이 없어 저것이 없다'라는 석가모니 연기설의 진수이네. 즉 '인식과 존재'의 관계에 대한 설명이 바로 연기법일세. 우리는 이러한 사실을 알지 못하고 살고 있네. 어쩌다 안다 해도 너무도 완벽하게 까먹는 게 현실이지. 잊지 말아야 한다네. 이것이 사실상 나의 현실을 나의 마음대로 창조하지 못하게 하는 실질적인 이유라는 걸.

릴리 그럼 현실창조를 위해서는 무엇이 필요할까요? 카밀로님의 설명을 들으니 실질적인 현실창조가 가능이나 할지 의문이 듭니다.

카밀로 유일한 방법이 하나 있지, 바로 이원성의 상대투영이 중첩되는 현재의식의 트랙에서 벗어나 비이원성의 트랙으로 들어가는 길이네. 그것이 결국 시크릿의 핵심이 되는 것이야.

릴리 한 가지 질문이 있어요. 만약 제가 어떤 남자를 짝사랑하는 중이고, '나는 그 남자와 결혼할 것이다'라는 비이원 심상화를 한다면 그 사람의 트랙에서 저에 대한 인식이 모르는 사람에서 '나와 결혼할 사람'으로 바뀌는 건가요? 그렇다면, 나와 타인은 각자의 트랙에서 살고 있지만, 나(개아)는 타인의 트랙에서 인식되는 내 모습을 바꿀 수 있는 건가요? 설령 이미 타인의 트랙에서 특정한 것으로 인식된 상태더라도? 나(개아)의 트랙 안에서만 생각하면 단순한데, 타인의 트랙까지 동시에 생각하려 하니 혼란스럽네요.

카밀로 나의 트랙이든 타인의 트랙이든 결국 생각하고 행위하는 것은 개아로서의 내가 아니라네. 우리는 우리의 정원만 가꾸면 된다네. 성경에는 이런 구절이 있지.

> 나는 아무것도 내 마음대로 말하지 않는다. 오직 아버지로부터 오는 것만을 말할 뿐이다.
>
> ―요한복음 8:28

릴리 아! 각자의 고유우주가 존재하지만, 내가 부여받은 고유우주 또한 타인의 고유우주의 존재를 만들므로, 그러니까 타인의 고유우주들로 인해 나의 고유우주들이 존재할 수 있으므로, 고유우주라는 것 또한 내 것과 타인의 것으로 분리될 수 없고, 상대성으로 함께 존재하는 것이군요. 트랙이라는 말에 너무 집중하다 보니, 어느새 다시 이원의 관점에서 생각하고 있었네요.

카밀로 우주의 작동원리는 선악의 구분이 없네. 하지만 그것을 사용할 때는 잘 사용해야 하네. 왜냐면 시크릿 등을 통해서 현실을 창조할 때는 모든 우주의 인드라망이 연동하며 인연 관계가 재설정되기 때문이지. 나의 이익을 위해서 타인에게 큰 피해가 갈 수도 있다는 말일세.

릴리 그렇군요. 그럼 타인을 위해서 좋은 상상을 해서 그 사람에 대해 재인식하는 것은 어떤가요? 비록 나의 의도는 좋은 것이라도 그 대상이 아닌 다른 이들에게 피해가 갈 가능성은 없는 건가요? 그럼 어떻게 해야 하죠?

카밀로 나는 타인에 의해 인식되고 타인은 나에 의해 인식되지. 그렇기에 타인에 대한 내 안의 인식을 바꿈으로써 타인을 변화시키는 것이 가능해지네. 그러나 이후에 자네와 같은 의문이 떠오를 수도 있지. 그 대답은 '누군가의 행복을 위해 그를 바꾸고 싶거든 아무런 주저 없이 그 일을 하라'이네. 이제 그 이유를 말해주겠네. 나의 인식을 사용해서 누군가를 변화시킬 때 그보다 먼저 변하는 것은 나 자신이기 때문이네. 아직 이원적인 의식 수준에서는 '내'가 '너'를 가엾이 여겨 네가 성공하도록 기도해주는 것처럼 여겨질 수도 있네. 하지만 정작 먼저 변하는 것은 '너를 바라보는 나의 인식'이라네. 타인을 바라보는 나의 인식을 변화시키는데 무슨 잘못이 있겠는가? 나는 타인의 완벽함을 인식할 뿐이네. 그가 변하고 안 변하고는 신경 쓰지 말게. 그건 자네의 일이 아닐세. 자네는 그저 자신의 자리에서 할 수 있는 일만 하면 되네. 비이원의 세상에서는 나와 남이 따로 없다네. 이것이 모든 인간관계 경영의 비밀이네. 타인의 완벽함을 먼저 인식하게. 그러면 자네가 먼저 변하게 되네. 그를 바라보는 인식이 변하면 나의 우주에 나타나는 그의 존재성 또한 변할 수밖에 없네.

릴리 네. 훨씬 이해가 쉽네요. 세상을 바라보는 관점 자체가 조금씩 변하고 있다는 느낌이 들어요.

카밀로 아주 좋군. 이제 트랙의 마지막 모습을 한번 살펴보자고. 그것은 바로 '죽음'이라는 트랙일세.

- 인간은 누구나 개인의 고유우주를 가지며 그 고유우주 안에서는 그 고유우주가 인식하는 속성의 존재성만을 목격할 수 있다.
- 나는 나만의 것이 아니므로 평행우주에 계속 머무는 것은 불가능하다.
- 그 무엇보다 가장 중요한 것은 트랙에 대한 이해를 통해 타인이라는 존재가 무엇인지 이해하는 것이다.
- 에고는 자신만의 고유 기능, 즉 고통을 일으킴으로써 불완전성을 표현한다.
- 타인을 바라보는 나의 인식을 변화시키는 데에는 아무 잘못이 없다.

죽음

카밀로 계속 말해왔지만, 궁극실재의 실체는 결국 '일원성'이라고 할 수 있다네. 자기 자신으로부터 출발한 모든 것이 자기 자신 안에 거둬들여진 상태지. 따라서 상대성을 펼쳐내기 이전이기에 스스로를 알아보지 않는(인식하지 않는, 존재 이전) 상태이며 절대로 인식의 대상이 아니라네. 글이라는 수단을 통해 전달할 수밖에 없기에 궁극실재니, 일원성이니 하는 표현을 쓰고 있지만 사실 궁극실재에 대해서 어떤 개념을 사용하는 순간 그것은 어긋나버리네.

릴리 개념을 세운다는 것은 인식의 대상으로 들어온다는 것이고, 그것은 이미 이원성과 비이원성의 트랙으로 들어온 것이니까 그렇겠네요. 도덕경의 첫 문장 도가도비상도道可道非常道, 즉 '도를 도라 하면 이미 도가 아니다'라는 문구와 '신은 알 수 없는 것이다'라고 정의한 불가지론의 뜻이 이제는 좀 이해가 되네요. 일원성 그 자체인 궁극의 실재, 그것은 절대로 알 수 없는 것이군요. 인식의 영역을 벗어나 있는 트랙이니 말이죠.

카밀로 하지만 의식수행의 끝에 다다르면 이 일원성의 트랙에 대해서 알게 된다네. 어떻게 알려질까? 생시와 꿈이라는 것이 존재한다는 사실 그 자체에서 이 두 가지 트랙의 근원이 되는 깊은 잠의 트랙이 알려지는 것과 같다네. 수행을 통해 이를 수 있는 마지막 부분에서는 의식에 어떤 변화가 일어날까? 그것은 마치 블랙홀과 같다네. 순수존재의식인 I am의 끝부분, 그 끝부분은 '모름'에 가까운 앎이네. I am을 뚫고 들어가면 am만 남고, 종국에는 의식의 블랙홀을 만나네. 어떤 한계점일세. 그 한계점으로 의식이 빨려 들어가며 의식 자체가 사라지지. 의식이 사라지면 어떻게 될까? 이 세상, 이 우주 자체가 사라지네. 한데 의식이 블랙홀로 사라진 상태로 계속 있다면 세상은 체험되지 않네. 블랙홀(찰나멸)은 동시에 화이트홀(찰나생)과 같아서 결국 세상이 다시 나타나네. 그렇게 다시 의식의 스크린에 우주 삼라만상이 펼쳐지지. 인도의 성자 니사르가닷따 마하라지는 이 순수존재의식에 대해서 ‘인간이 수행으로 도달할 수 있는 마지막 단계’라고 표현했네. 왜냐면 이 상태의 마지막 점에서는 세상이 사라지며 동시에 다시 나타나기 때문이지. 그래서 궁극실재는 수행으로 도달할 수 있는 대상이 아니라네. 다만, 이러한 체험 이후에는 이 체험의 대상이 아닌 궁극실재가 존재한다는 것이 저절로 알려지네. 마치 아침에 잠을 깰 때, 대상으로 체험하지는 못했지만, 꿈조차 없는 깊은 잠을 잤다는 사실이 저절로 알려지는 것과 같다네. 지난 글에서 생시, 꿈, 깊은 잠의 트랙 순환을 이미 말했네. 우리가 매일 매일, 사실은 매 순간 경험하는 순환이라고도 말했지. 그럼 죽음은 무엇일까? 사실 죽음 또한 이와 같다네. 단 하나의 사실만 제외하고 말이지.

릴리 그게 무엇인가요? 그 단 하나의 사실이요.

카밀로 죽음의 트랙에서는 세상을 바라보는 렌즈 역할을 했던 육체라는 정체성이 일원성 안으로 사라져버린다네. 이것이 죽음일세. 하나의 고유우주가 그 역할을 다하는 것이지.

릴리 그럼 어떤 한 존재의 죽음은 그 존재의 소멸을 의미하는 것일까요?

카밀로 그렇지 않다네. 한 존재의 죽음이란 소멸이 아닌 ‘존재 방식의 변환’이라네. 존재하는 모든 것, 아니 존재했던 모든 것은 결코 완전히 소멸할 수 없다네. 이유가 뭘까? 그것은 나의 우주가 역할을 다하고 일원성 안으로 귀환한다 하더라도, 내가 타 존재의 존재성을 세우는 데 참여했으므로 여전히 그의 우주에서 존재하기 때문이라네. 이것이 존재 방식의 변환일세. 내가 남긴 존재의 행적 또한 끝없이 지속되네. 나라는 존재도, 내가 존재성에 참여해서 세운 타 존재도, 나라는 존재의 존재성에 참여한 수많은 나의 개별역사 이전의 존재도 모두 인드라망의 우주로 연결돼 있기 때문일세. 이렇게 하나의 고유한 우주를 지닌 존재가 남긴 그의 존재의 행적은 제8 아뢰야식 안에 그대로 남겨지고 타 존재들을 통해서 또다시 표현된다네.

릴리 또 막히네요. 쉽게 와닿지가 않아요.

카밀로 자네가 죽음을 맞이한다고 쳐보세. 그럼 자네라는 고유한 렌즈 하나는 사라지지. 아니, 사라졌다기보다 세상을 상영해내는 의식이 일원성 안으로 거두어진 것이지. 그러나 자네와 인연이 되어 존재하는 수많은 타 존재들의 트랙에서 자네는, 그들의 기억이라는 형태로, 그리고 그들의 삶에 직·간접적으로 끼친 영향이란 형태로 여전히 존재하는 거지. 조상을 예로 들어볼까. 수천 년 전에 나의 조상 한 명이 죽음을 맞이하네. 하지만 그 조상은 시간의 까마득한 연장선, 즉 동시성 안에서 지금 현재를 살고 있는 나의 존재성 안에 영향을 끼친 존재로 존재하고 있지. 즉, 하나의 '관념태'의 형태로 말이지. 그 조상의 조상, 그 조상의 조상이 먹은 음식, 그 조상의 조상이 먹은 음식의 재료를 만든 사람들과 재료들, 그 조상의 조상들이 태어난 지구, 그 지구를 존재하게 만든 우주 환경 등… 이러한 인연의 얽힘은 '나'로 인해 여전히 존재하는 것일세. 이러한 존재성의 변환은 일원성 안으로 사라지는 개체존재와 주고받은 영향력의 정도에 따라 특별한 모양으로 존재하기도 하지. 죽은 남편을 꿈에서 보는 것, 돌아가신 스승을 환각 속에서 만나 대화하고 가끔 가르침을 받는 것, 그리스도나 성모마리아, 부처님 혹은 크리슈나의 발현을 체험하는 일 등… 이 모든 것들도 존재 형태가 다를 뿐이지 존재하는 것일세.

릴리 놀랍네요. 이런 일들은 어떻게 가능한 것일까요?

카밀로 삼라만상이 모두 '나'이기 때문일세. 비이원성 안에서 모두 '나'이기 때문이지. 비이원성이 숨어 있는 실체라는 말일세. 이것이 바로 이미 죽은 지인들이나 가족들이 보다 강한 비이원성의 트랙인 '꿈'에서 주로 체험되는 이유라네. 이원성이 강하게 지배하는 트랙인 생시에서는 잘 일어나지 않는 것일세.

릴리 죽은 지인이나 가족 애기가 나와서 말인데요. 환생, 윤회, 빙의… 이런 것들은 뭘까요?

카밀로 사실 알고 보면 세상 자체가 단 하나의 순수존재의식의 끊임없는 환생과 윤회일세. 그것도 꿈속의 상이라는 형태로 말이지. 왜냐면 애당초 세상에는 궁극실재가 꾸는 꿈 하나밖에 없기 때문이네. 간단히 정리해보면 빙의, 환생, 좁은 의미의 윤회는 수많은 인연의 작용으로 잠재의식 안에 존재하던 어떤 기억들이 비치는 상태라네. 반면 이보다 넓은 의미에서의 윤회란 사실상 궁극실재가 세상을 연기하기 위해 마련한 가장 완벽한 장치인 상대성을 통한 일인다역을 개별렌즈의 세상에서 완벽하게 상영하고 있는 것일세. 이것이 진실이지만 너무 완벽해서 보통이 같은 사실을 알 수가 없다네. 이것이 근원적인 의식(생명)의 윤회라네.

릴리 그러니까 꿈속의 존재인 순수존재의식이 자신을 끊임없이 나투어내며 스스로를 인식하는 것이로군요.

카밀로 그렇다네, 바로 찰나생멸 안에서 말이지. 시간이란 것은 절대적으로 존재하는 것이 아닌 운동을 인식하려는 장치라는 것을 이해한다면 찰나생멸하는 수많은 장면이 모두 동일한 위치에 중첩될 수 있다는 것을 느끼지. 그것이 '지금 여기'인 걸세. 순수한 의식공간의 인식 그 자체네. 순수한 의식공간의 인식 그 자체가 존재를 부르는 것이지, 가능태라는 형태로 말이야. 존재라는 것은 '인식 그 자체'이며 인식의 실체는 신의 마음속의 심상, 즉 상상력일세. 이 상상력이 우리의 정체이며, 상상될 수 있는 모든 가능성은 이미 존재하는 것일세. 그것이 가능태의 형태냐 현실태의 형태냐를 결정하는 원인은 지금 나라는 존재를 세우는 데 참여하는 수많은 타 존재들의 심상과도 연결되어 있다네. 이것을 카르마라고도 하지. 그렇기에 나에게 일어나는 일상적인 일들 또한 전체적인 관점에서 본다면 일종의 윤회일세. 가능태를 현실태로 드러내는 것의 핵심은 바로 비이원의 세계를 인정하고 그 안으로 들어가는 데 있다네. 이원의 상태에서는 나와 다른 모든 타인이 분리되고, 따라서 나의 심상화는 나를 인식하는 다른 모든 타인의 심상에 의해 힘을 발휘하지 못하고 가능태로서만 남네. 하지만 비이원의 상태에서는 모두가 하나이고, 내 고유우주에서 인식하는 타인 역시 또 다른 타인의 존재를 이루고 있으므로, 타인의 고유우주에서 인식되는 나 또한 내 고유우주에서 심상화한 그 모습으로 바꾸는 게 가능해지네. 그리하여 현실태로 걸림 없이 발현되는 것이지. 긴말 필요 없이, 비이원으로 보면 나와 너의 고유우주도 분리되는 것이 아니므로 당연한 것일세.

릴리 결국 나는 내 트랙, 사람 1의 트랙, 사람 2의 트랙, 사람 3

의 트랙 등에 모두 들어 있는 존재군요. 타인이 비이원 심상화를 진행하고, 그것을 발현하는 데 저의 역할이 존재한다면 저는 무의식으로 그것을 행하겠고요.

카밀로 그 반대도 마찬가지일세. 자네가 비이원 심상화를 진행하고, 그것을 발현하는 데 타인의 역할이 존재한다면 그 타인은 무의식적으로 그것을 행하는 것이지.

릴리 나와 타인의 고유우주는 모두 심상화로 창조된 시공간으로부터 흘러나오고 있었군요. 나와 모든 타인의 행동 방식은 다 이러한 주고받음으로 정해지는 것이군요. 그렇다면 나랑 타인이란 것이 따로 없고요.

카밀로 그렇지, 결국 한 고유우주의 행동은 전적으로 그 고유우주의 주인이 정하는 것만은 아니라는 걸세.

릴리 고유우주의 주인이란 것 자체가 애당초 없네요. 무언가 '나'라는 것의 정의 자체가 무한대로 확장되는 느낌이에요. 예수님의 말씀 '네 이웃을 네 몸과 같이 사랑하라'도 갑자기 이해가 확 되네요.

카밀로 맞네. 자네가 바로 그것일세. 나와 내 이웃은 한 몸이지.

- 육체가 일원성 안으로 사라지는 것이 죽음이다.
- 모든 존재가 타 존재의 존재성을 세우는 데 참여했으므로 모든 것은 완전히 소멸할 수 없다.
- 빙의, 환생, 좁은 의미의 윤회는 수많은 인연의 작용으로 잠재의식 안에 존재하던 어떤 기억들이 비치는 상태다.
- 넓은 의미에서의 윤회란 궁극실재가 상대성을 통해 일인다역을 완벽하게 상영하고 있는 것이다.
- 가능태를 현실태로 드러내는 핵심은 비이원의 세계로 들어가는 데 있다.

세상은 꿈과 같다

릴리 카밀로 님은 꿈이라는 단어를 자주 쓰시는 것 같아요. 카밀로 님 말씀에 따르면 이 세상 자체가 꿈이요 환영인데, 이게 잘 와닿지가 않습니다. 어떻게 받아들여야 할지 모르겠어요. 현실 자체가 너무 생생하기도 하고요. 그저 괴팍한 신비가의 있어 보이는 척하는 헛소리 정도로 들려요.

카밀로 그럴 수밖에 없지, 왜냐면 그런 말을 하는 사람들이 어째서 그런지를 설명하지 않았으니까. 사실 신비가들의 신비체험, 영적 체험들은 직관의 영역으로 발생하기에 이를 언어로 표현하기가 힘들기는 하네.

릴리 하지만 그렇다면 사람들에게 전하고자 하는 바를 명확하게 전달할 수 없겠네요. 안 그런가요? 저는 많은 신비가들의 주장과 체험담을 들었지만 설득력이 부족하다는 느낌을 매번 받았어요. 그리고 그런 설명을 듣다 보면 내가 그들보다 영적으로 낮은 수준에 있는 사람이라고 스스로 비하하게 되더라구요.

카밀로 자네는 절대로 그들보다 영적으로 하위 수준에 있지 않네. 왜냐면 깨달은 부처나 꽉 막힌 중생이나 결국 똑같은 것이기 때문일세. 꿈속의 일일세, 심지어 부처마저도. 그럼 이제부터 자네가 이해하기를 원하는 '세상이 꿈과 같은 이유'에 대해서 말해주겠네.

릴리 네! 제가 그토록 원하던 의문에 대한 답을 주시네요. 제가 이성적으로 납득할 수 있게 해주세요.

카밀로 동양의 영성이나, 최근의 신영성 운동을 접해본 사람들은 대부분 '세상은 꿈과 같다', '세상은 환과 같다'와 같은 말을 들어본 적이 있을 걸세. 먼저 저 표현을 분석해보세. '세상은 꿈과 같다'는 표현을 보면, 결국 말하고자 하는 바는 세상=꿈이라는 말이지 안 그런가?

릴리 네. 세상이 마치 꿈처럼 허망한 것이라는 말 아닌가요?

카밀로 잘 들어보게. 이 표현은 사실 존재의 실상을 그대로 담고 있는 엄청난 가르침일세. 비유적인 표현이 아닌 문자 그대로 세상은 꿈이라네. 하지만 그것을 알기 위해서는 일련의 과정이 필요하네.

릴리 어떤 과정이 필요할까요?

카밀로 두 가지의 과정이 필요하네. 첫 번째는 인식되는 모든 상이 나타나는 의식공간의 자각이고, 두 번째는 세상이 왜 꿈과 같은지를 논리적인 분석을 통해 이성을 납득시키는 과정일세. 시크릿도, 마음공부도 논리적인 설명이 취약하다는 단점이 있네.

하지만 진짜 앎에 기반하면 논리를 통해서도 깨우침을 얻을 수 있네. 논리를 통해 합리적 의심이라는 기능을 가진 이성을 납득시키는 거지. 이처럼 사유를 통한 이성의 납득은 명상을 통한 직관적 앎을 완성하는 역할을 하지.

릴리 의식공간의 자각에 대해서는 일전에 말씀해주셔서 어느 정도 알고는 있어요. 모든 것이 나타나 걸리는 절대배경으로서의 순수의식을 말씀하셨었죠. 현실이 되든 꿈이 되든 일체의 인식대상이 나타나 걸리는 배경이 있고 그것이 의식공간이라고 하셨잖아요.

카밀로 의식공간을 자각하면 그 안에 나타나는 모든 것들이 심상(정신적 이미지)이라는 사실을 발견할 수 있네. 하지만 이것만으로는 세상이 꿈과 같다고 말하기에 충분하지 않다네. 동일한 본질을 지닌다고 해도 꿈과 현실은 분명히 다른 개념으로 작용하고 있기 때문이지. 세상을 꿈이라고 말하거나, 단지 어떤 특성을 빗대어 꿈에 비유라도 하려면 먼저 꿈이 가지는 특성에 대해서 이해해야 한다네. 꿈의 특성을 이해해야지만 세상이 꿈이라는 말을 들었을 때 고개가 끄덕여지지 않겠나?

릴리 맞아요. 꿈을 비롯해 현실이라는 것마저도 순수의식 위에 비치는 영상이라는 것은 알겠어요. 하지만 현실에서는 생시와 꿈이 분명히 구분되잖아요. 그러니 세상이 꿈이라는 말이 크게 와닿지 않는 것 같아요.

카밀로 우리는 꿈을 꾼다네. 꿈속에서도 '나'가 등장하지. 정확히는 두 개의 '나'가 등장한다네.

두 개의 '나'

카밀로 거대한 공룡에게 쫓기는 꿈을 꾼다고 쳐보세. 꿈속에서 공룡이 나를 잡아먹겠다며 쫓아오고 있네. 죽을힘을 다해 도망치다가 발을 삐끗하고 결국 공룡의 아가리가 나를 덮치는 순간! 공룡 이빨에 잘근잘근 씹히는 순간! 으악! 소리 지르며 깨어났네. 그리고 꿈인 걸 알고 안도하지. 자, 꿈에서 깼을 때 꿈에 등장한 '쫓기는 나'는 실재인가 아닌가?

릴리 당연히 아니지요.

카밀로 그렇지, 당연히 실재가 아니라네. 그저 의식이 만들어낸 상想으로 환영에 불과한 것일세. 그럼 나를 쫓아온 공룡은 어떠한가? 실재인가 아닌가?

릴리 쫓기는 나도 실재가 아닌 판에 그걸 쫓아오는 놈이라고 실재일 리가 있겠어요? 당연히 공룡도 꿈을 꾸는 의식이 만들어낸 환영이지요.

카밀로 그렇지, 아주 좋아. 공룡도 실재가 아닐세. 그것 역시 상이며 환영에 불과한 영상일세. 이제 좀 눈치챘는가? 꿈에 등장하는 일체의 것이 의식 안의 영상일 뿐이라는 사실을 말이지.

릴리 그렇지요, 이미 예전에 눈치챘어요. 꿈속에 등장하는 주체와 대상이 모두 의식 안의 영상일 뿐이라는 사실이요.

카밀로 한데 이것만 가지고는 현실이 꿈이라고 말할 수가 없지. 이제 두 번째의 나를 알아야 하네. 우리의 꿈을 잘 관찰해보면 재미있는 사실을 알 수 있다네. 대부분의 꿈에서 '나'는 장면 안의 등장인물보다는 그것을 인식하는 어떤 전체적인 의식이랄까, 중계카메라랄까, 장면을 시청하는 관객의 시선이랄까, 뭐 이런 형태의 편재하는 관찰자의 형태로 등장한다네.

릴리 맞아요. 저는 대부분 꿈에서 그런 관찰자로 등장하는 것 같아요.

카밀로 그런데 꿈속에서 보고, 듣고, 아는 이 관찰자마저도 진짜 '나'는 아니지 않나. 보통 사람들이 통상적으로 생각하는 진짜 나는 침대에 누워서 쿨쿨 잠들어 있는 저 몸이 아니었나? 그러니 그 몸은 잠들어 있는데 꿈속에서는 어떤 '나'가 깨어 있었다?

릴리 그렇다면 두 개의 내가 있는 셈이군요. 몸으로서의 내가 진짜라고 하면 꿈속에서의 나는 허깨비가 되는 것이고 꿈속의 내가 진짜라고 하면 몸의 나가 허깨비가 되는 거네요. 결국, 둘 다 조건에 의존하는 '나'이니 '진짜 나'가 될 수 없는 거였군요, 어떤 특정한 조건에 의존해 나타나는 '나'는 '진짜 나'가 될 수 없겠어요.

카밀로 결국 꿈을 보고 있던 관찰자마저도 '꿈속의 일'이었던 셈이네. 그 또한 꿈속에서 인식의 대상이지 않았는가! 즉 꿈속에서 활동한 관찰자는 비이원의 '의식'이 만들어낸 동일한 환영인 셈이지. 자, 여기에 꿈이 가지는 가장 큰 특성이 있네. 꿈은 보는 자가 따로 없이 펼쳐지고 있던 것이라네. 그런데 아주 기막힌 상황이 하나 더 있네. 그것은 바로 현실 또한 동일한 원리로 나타난다는 사실일세. 현실에서도 보는 자를 찾을 수가 없지 않은가!

릴리 현실은 꿈과 한 치의 오차도 없이 동일한 원리로 나타나는 것이었어요. 인간은 인식의 맹점으로 인해 과거, 기억과 같은 그림자의 형태로서의 상想만을 볼 수 있으니 현실이라는 것도 의식이 만들어낸 영상이라는 점에서 꿈과 같네요. 그런데 가끔 저는 꿈속에서 이것이 꿈이라는 걸 자각하기도 해요.

카밀로 자각몽이지. 마찬가지로 현실에서도 누군가 꿈이라는 걸 자각하기도 하네. 그것이 깨달음이네. 물론 깨닫는다고 해도 꿈은 계속된다네. 왜냐면 깨달음 또한 꿈속의 일이기 때문일세. 하지만 더는 예전의 꿈속이 아니긴 하지. 시크릿으로 불리는 소원리의 모든 부분을 마음껏 사용하기 위해서는 세상의 실체에 대한 앎이 있어야 한다네. 그렇게 된다면 모든 의심과 두려움을 내려놓고 현실이라는 또 다른 꿈을 마음껏 즐길 수가 있네. 그런 대자유의 삶이 꿈속에서 자네의 삶으로서 현존하는 방법이라네.

릴리 '보는 나가 없이 펼쳐지는 세상'에서의 대자유라. 말 그대로 꿈속에서 마음껏 꿈을 꾸며 살아가라는 말씀이시군요. 세상은 정말 꿈이었어요. 꿈과 같은 어떤 것이라는 비유가 아닌….

카밀로 인식의 주체(보는 놈)를 '나'라고 한다면 인식의 대상(보여지는 것)은 당연히 '대상'이겠지. 자네는 세상을 바라보는 '나'가 인식되나? 그렇다면 '세상을 바라보는 나'는 대상이라네. 인식의 주체가 아닐세. '보는 놈'이 인식되나? 그렇다면 보는 놈 역시 대상이네.

릴리 만약 제가 어떤 수행을 통해 특정 경지에 올랐다고 쳐보죠. 제가 어느 날 부단한 수행을 통해서 마음자리, 앎, 진여, 불성, 텅 빈 체험, 무아체험, 순수의식을 체험했다면, 체험했기에 그런 것들이 있다는 것을 알 수 있고 이름(개념)을 붙일 수 있겠죠. 그러면 이런 것들 역시 모두가 다 대상인가요?

카밀로 그렇네. 진여, 불성, 무아, 순수의식마저 전부 대상이지. 이름, 즉 개념이 있다는 것은 그것에 해당하는 대상이 있다는 것일세. '이름 붙일 수 없는 것' 역시 대상이네. '이름 붙일 수 없는 것'이라는 개념이 있기 때문이네. 지금 자네가 믿고 있는 '나'라고 하는 존재는 그것이 무엇이라 하더라도 결국 대상일세. 몸, 순수의식, 진여, 불성, 마음자리, 근원, 절대 등… 끊임없이 '나'라고 하는 것을 대상화하여 이해하고 있는 것에 지나지 않는다네.

릴리 '나'라는 것은 인식의 대상이 될 수 없는 것이라 말씀하셨지만 이렇게까지 철저하게 부정당할 줄은 몰랐어요. 진여, 불성, 근원, 절대 등등이 모두 동일한 대상에 지나지 않는 것이었다니….

카밀로 '나'가 무엇인가? 인식의 주체 아닌가? 대상이 될 수 없는 주체! 그런데 그 무엇을 나로 여기든 간에 그것은 결국 인식 안으로 들어와 대상이 되어버리네. 그렇기에 자네가 믿고 있는 '나'는 결국 '나 아닌 것', 즉 '대상'이네. 결국 일체가 모두 대상일 수밖에 없다네. 그러면 이게 무슨 말이냐? 지금 눈 앞에 펼쳐진 일체의 것들, 예컨대 하늘, 태양, 생각, 감정, 기억, 깨달음 등… 이 모든 것들이 실재하는 '보는 자'에 의해 보여진 것들이 아니라는 소리라네. 왜냐면 보는 놈(인식의 주체, 나)이 없기 때문이야.

릴리 쉽게 생각해서, 저 밤하늘의 별은 내가 본 것이 아니라는 얘기네요. 왜냐면 보는 놈이 없으니까요. 그러면 보는 놈 없이 보여진 그 샛별은 과연 뭐죠? 눈앞에 펼쳐진 이 삼라만상이 제가 보고 있는 것이 아니라면 과연 무엇이란 말인가요? '환'으로 보이든, '진짜'로 보이든 '보는 나'가 없는데 어떻게 그 무엇이 보일 수가 있냐는 말이에요.

카밀로 사실 보는 자 없이 보여지는 세상을 자네는 이미 체험하고 있었네. 그것도 아주 자주 말이지. 매일 밤 말이야. 또한 가끔 그 세상에서 그 사실을 자각하기도 하지. 세상은 꿈과 같은 어떤 것 정도가 아닐세. 세상은 '꿈'일세.

릴리 세상을 꿈처럼 바라보라는 말을 들을 때면 다소 억지처럼 느껴졌어요. 그리고 꿈의 특징이 무엇인지에 대한 앎도 없었고요.

카밀로 그렇지, 억지로 되지도 않는 꿈처럼 바라보기를 시도하는 것은 일단 현실이 꿈이 아니라는 전제를 깔고 들어가는 사유이기에 처음부터 의식의 저항에 부딪히지. 그러니까 세상은 꿈이 아닌데, 깨달으려면 꿈처럼 바라보라는 뉘앙스로 느껴지네. 그럼 꿈처럼 보는 것의 진짜 의미는 꿈의 특성을 잘 탐구해보고 현실과 비교를 해봄으로써 알 수 있는 것 아니겠나. 그러니 꿈의 특성을 정리해보자고.

1. 꿈에서는 '보는 주체'가 없다.
   - 꿈에서 보이는 모든 것들, 인식되는 모든 장면은 상想으로, 매 순간 그저 나타날 뿐이다.

2. 꿈에서는 대상을 인식하는 자와 인식되는 대상이 별도로 존재하지 않는다.
   - 주객 도식 안에서 양쪽으로 나누어진 것 같지만 실은 일체의 것이 동일한 의식의 나타남일 뿐이다.
   - 의식이 주체와 대상으로 나누어져 상想으로 동시에 나타나는 현상이 바로 꿈이다. 따라서 꿈에서 나타난 인식의 주체와 인식의 대상은 모두 실재하지 않는

것이다.

- 꿈을 만드는 놈(보는 놈, 주체)도 환이고 꿈에서 나타난 것(보이는 대상)도 환일 뿐이다.

3. 꿈속에 나타난 일체의 것, 그 모든 것은 하나의 예외도 없이 동일한 의식의 현현이다. 그러므로 모든 것이 '나의 상황'이라고 할 수 있다.

- 좋고, 나쁘고, 즐겁고, 슬픈 모든 상황이 바로 나의 현현이다.
- 즉, 세상이 꿈이라는 말은 깊은 수준에서 일체가 '나 스스로의 뜻'이라는 말이다.

릴리 그럼 세상을 꿈처럼 바라보는 힘을 키우기 위한 좋은 방법은 없을까요?

카밀로 가장 좋은 방법은 생각을 관觀하는 힘을 기르는 것이라네. 그 어떤 생각이 되더라도 그 생각의 내용에 함몰되지 말고 그것을 '대상'으로 바라보는 것이라네. 아무리 훌륭하거나 기특하거나 영감이 번뜩이는 생각이라 하더라도 그것을 따라가지 말고 오직 바라보기만 해보게. 이렇게 관하다 보면, 대상으로 인식되는 생각들을 바라보다 보면, 점차 생각들이 나타나 인식되고 있는 걸 알게 될 걸세. 즉, 주시자가 떨어져 나가는 것이지.

릴리 주시자 관점이란 게 매우 중요해 보여요. 지속해서 주시자에 대해 말씀하셨고, 지금도 계속 말씀하시네요. 주시자 관점이 무슨 비밀이라도 가지고 있는 건가요?

카밀로 주시자 관점을 깨닫는 것은 상상 이상으로 중요하지. 심지어는 시크릿을 할 때도 말일세. 진짜 시크릿의 심상화는 'I am that I am'의 비이원성을 깨닫고 행하는 심상화라네. 즉, 주시자의 보는 자마저 떨어져 나간 순수한 인식, '주시'의 상태에서 인식되는 대상이 바로 '나'임을 아는 앎으로 행하는 심상화일세. 이것이 가능해지면 나의 소망이 실현되지 않을 도리가 없지.

릴리 주시자에 대해서 좀더 자세히 설명해주세요.

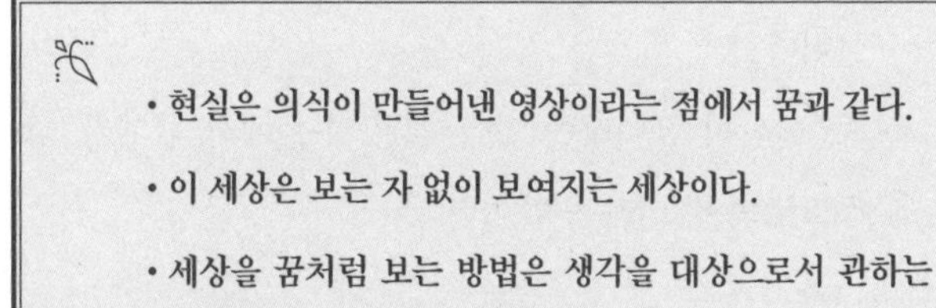

- 현실은 의식이 만들어낸 영상이라는 점에서 꿈과 같다.
- 이 세상은 보는 자 없이 보여지는 세상이다.
- 세상을 꿈처럼 보는 방법은 생각을 대상으로서 관하는 것이다.

주시자

카밀로 주시자라는 용어는 사실 베단타 아드바이타에서 많이 사용하는 용어일세. 한데 이 주시자라는 용어를 해석하면서 의견이 분분하다네. 단체마다 혹은 각 영성 전통마다 이 주시자를 조금씩 다르게 이야기하고 있지. 그럼 진짜 주시자는 대체 무엇일까? 예를 들어보겠네. '나는 밥을 먹는다'라는 문장에는 감추어진 두 가지의 사실이 있다고 했었네. 기억이 나는가?

릴리 '(나는) 밥을 먹는다(는 것을 알고 있다)'였죠. '밥을 먹는다'라는 문장은 행위인 동시에, 밥을 먹는다는 것을 아는 앎(의식의 비춤작용)이고요. 또, 뒤의 '알고 있다'는 전면으로 드러나지 않는 앎으로서의 의식을 말한다고 하셨잖아요.

카밀로 그렇네. 그 의식의 뿌리는 모름과 같은 망각의 상태야. 이를 두고 순수의식이라고 부른다네. 주시자는 바로 이 앎을 말하는 것일세. 이 앎이 전면에서 지각되지 않는 이유는 이 앎이 현상 이전에 있기 때문이라네. 시간성을 상정해서 표현하자면 '(인식되는 관찰대상으로서의 나는) 밥을 먹는다(는 것을 알고 있다)'가 되는 거지. 여기서 '알고 있다'는 '밥을 먹는다' 이전에 있으며, '나는'은 '알고 있다' 이전에 있다네. 또, 밥을 먹는다는 현상적 주어인 '나'는 육체와 동일시된 나로서, 주체라고 착각하는 나지. 이 역시 인식의 대상일 뿐, 진정한 주체는 아니라네. 이 앎을 두고 의식공간이라고 부르기도 하고 텅 빈 그것이라고 부르기도 하고 궁극이라고도 한다네.

릴리 그러면 그 앎이 바로 주시자이며 궁극인가요?

카밀로 결론부터 말하자면 그렇지 않다네. 주시자는 주시의 주체, 즉 인식의 '주체'일세. 아쉽지만 어렵게 찾은 이 앎마저도 또 다른 인식의 대상이 아닌가? 그럼 주시자는 도대체 어디에 있는 걸까? 위의 문장을 잘 보면 알 수 있듯이, 끝까지 드러나지 않는 무엇이 있다네. 바로 '나는'일세. 이 '나'는 결코 인식의 대상이 아니라네. 이 '나'는 의식마저도 넘어 있는 의식의 근원이지. 순수의식마저도 인식의 대상이기 때문이네. 존재가 분별의 앎인 의식이라면, 이 '나'는 존재마저도 넘어 있는 존재의 근원이라네. 또 '나'는 인식의 대상으로서 나타나는 모든 형태의 '나'를 넘어 있는 것으로 '참나(진아)'라고 부르기도 하지. 이 '나'가 바로 진짜로 없는 것, 심상으로서 존재할 수조차 없는 절대주관의 참나이네. 또한 유와 무를 넘어서 있는 유일한 실재일세.

릴리 유일한 실재… 그렇다면 그것이 주시자인가요?

카밀로 '나는'이라고 표현된 부분이 바로 진정한 주시자라네. 이 유일하고 진정한 주시자를 표현하기 위한 수단으로 '주시자의 주시자', '최종 주시자' 등의 표현을 사용하기도 하네만, 이러한 표현은 변성의식을 주시자로 동일시하는 실수를 바로잡기 위해서이네. 최종 주시자라는 표현은 사실 잘못된 것이며, 굳이 말하자면 유일한 주시자라고 말해야 하네. 이 진정한 주시자는 힌두교의 브라만, 도교의 도道, 그리스도교의 신 너머의 신성(마이스터 에크하르트), 예수의 아버지, 석가의 니르바나, 불교의 진여불성과 같은 것이네. 어떤 사람들은 순수존재의식을 주시자로 상정하고 있네만, 그것은 진정한 주시자가 아닐세. 이들이 말하는 주시자들은 결국 인식의 대상이기에 이들을 모두 넘어서야 하네. 이를 위해서는 OMR카드 답안지를 한 칸씩 더 밀려 써야 하지. 쉽게 비유를 하자면 말이야. 이제까지 궁극이라고 믿어오던 그것은 사실은 같은 인식의 대상일 뿐. 이제 답안지를 한 칸 더 밀려서 쓰면… 무엇이 있겠나?

릴리 글쎄요, 진정한 주시자에 해당하는 그 무언가가 있지 않을까요?

카밀로 자네는 마치 진정한 주시자가 실체로, 그리고 따로 존재한다고 느끼고 있군. 하지만 과연 그럴까? 라마나 마하리쉬가 이렇게 말했네. '알려진 모든 대상을 관觀하여 소멸시키면 마지막에

남아 있는 것이 실재이다.'

릴리 아하, 그러고 보니 우리의 마음으로 지각하고 인식하는 모든 것들은 마음의 대상들이네요. 이 대상들은 실재하는 것이 아니라 의식이 만든 이원화의 그림자들이고요. 말하자면 환상과 같은 헛것인 거죠.

카밀로 그렇지. 이 부분에 대해서는 충분히 이야기했으니 넘어가기로 하세. 아무튼 이러한 앎을 가지고 모든 인식되는 대상들을 수동적으로 관하는 수행방법이 있다네. 이른바 '회광반조廻光返照 수행법'일세. 즉, '비추는 의식의 빛을 반추하여 앎'이라는 뜻일세.

릴리 그런데 왜 수동적으로 관하는 거죠?

카밀로 그 이유는 이원적인 인식의 특성상, 사물이나 심상 등의 대상을 능동적으로 관하면 인식의 주체인 '나'가 강화되기 때문이라네. 이때 회광반조, 즉 눈앞의 것을 인식하는 의식의 빛을 뒤로 돌려 수동적으로 관하면 나 자신도 관의 대상(인식의 대상)이 되므로 '나'는 저절로 뒤로 물러난다네.

릴리 '내가 무엇을 본다'가 아니라, '내게 무엇이 보인다'고 여기는 것이 수동적으로 관하는 것인가요?

카밀로 그렇네. 이때 '보는 나'는 뒤로 물러나고 그저 '저절로 보인다'는 자세가 취해지네. 이때 명확하게 포착될 수는 없지만, 인식작용을 하는 그 의식의 바탕으로 주의를 돌려서 대상을 비춰보는 것이라네. 그러니까 그 바탕의식의 입장에 서서 바라보는 것일세. 그렇게 하면 그저 모든 것이 보여질 뿐일세. 이런 자세로 모든 사물을 관하면 놀랍게도 대상에 대한 분별심이 점점 사라지지. 즉, 비판이나 판단, 망상이 점차 사라진다네. 그리고 더 나아가면 우리 몸 외부에 존재하는 모든 물리적 세계와 현상들뿐만 아니라, 우리의 육체 자체, 감각 지각 활동, 감정, 마음, 나라는 느낌을 비롯한 일체의 것들, 의식의 인지 대상으로서 알려지는 모든 것들이 사실은 마음이 만든 의식의 그림자 껍질들임을 알게 되네. 이런 것들을 모두 대상화해서 수동적으로 관하여 소멸시킨 뒤엔 우리에게 '나'라고 여겨지는 자기 자신(그 무엇을 나로 삼든지 간에)도 사라지네. 여기서 사라진다는 말은 인식의 대상에 맞추어지던 주의의 초점이 인식대상이 아닌 인식 그 자체로 점점 옮겨가는 현상을 말하네. 이러한 의식의 확장과 심화를 두고 '의식의 편재'라고도 부르네. 전체적인 앎 그 자체로 의식이 확장되는 것일세. 무엇이든지 대상으로 관하면 조금씩 그 대상 자체가 옅어지고 대신에 무한한 배경(의식공간, 순수의식)에 대한 자각이 드러나네. 마지막엔 아무것도 없는 것이 남는데, 그것이 바로 불교에서 말하는 본래 면목(무아)이라는 것일세. 모든 인지되는 것들은 처음에는 에고(나)가 인지하는 대상으로 여겨지지만, 수동적으로 관하다 보면 점점 더 관이 깊어져 에고조차도 대상화되어 결국 무無 속으로 사라지네. 자신의 존재 느낌도 대상화시켜서 관하면 자기 자신이 있다는 느낌도 사라지네. 이때의 감각을 알아차리는 앎은 앎이라기보다는 오히려 무한하게 '모름'에 가깝지.

릴리 이제 확실히 알겠어요. 그 무한한 배경의식이 주시자로군요!

카밀로 이쯤 되면 이 무한한 배경의식이 궁극의 실재이며 진정한 주시자는 아닐까 생각될 것일세. 하지만 과연 그럴까? 이때 인식작용 그 자체를 관하면 배경의식조차도 찰나생멸하고 있음이 알려지네. 즉, 본래면목이라 여겨지는 그 배경의식조차도 인식의 대상이기에 주체인 진정한 '주시자'가 될 수 없다는 말일세.

릴리 그럼 무엇이 남는 건가요? 마지막에 남는 것이 하나는 있어야죠!

카밀로 허허. 보통 사유로는 짐작조차 할 수 없는 것이 남네. 우리는 지금 마지막에 남는 것인 배경의식조차 대상이라는 결론에 이르렀지. 아까 '마지막에 남는 것이 실재'라고 했는데 마지막에 남는 것은 무엇이겠나? 마지막에 남는 것은 대상 그 자체일세! 이때 진정한 비이원의 깨달음이 알려지네. 우리가 찾아 헤매던 진정하고 유일한 주시자, 참나는 바로 대상 그 자체라는 말일세. 인식되는 모든 것이 바로 인식의 주체인 참나이고 실재라는 말일세. 인식의 대상은 꾸는 자 없이 보여지는 꿈과 같은 것이니 우리의 '참나' 또한 꿈속에 나타난 것, 즉 환화공신幻化空身이라네. 진정한 주시자는 보여지는 모든 것이었다네. 즉, 나타난 모든 것이 그것을 나타나게 만든 자였다는 말일세.

릴리 주시자는 따로 있지 않았다… 진정한 비이원론이네요. 저는 흔히 말하는 배경의식이나 순수의식이 I-am-ness라고 알고 있는데, 이것을 넘어가야 할 듯 보여요. 제 의견이 맞나요?

카밀로 그렇지! 그 I-am-ness마저 넘어가야 비이원의 실체가 알려진다네. 다음번에는 I-am-ness라는 순수존재의식을 넘어가는 방법을 말해주겠네.

- '나'는 존재마저도 넘어 있는 존재의 근원이다.
- 회광반조 수행을 하면 대상에 대한 분별심이 사라지며 궁극에는 '대상'이 참나라는 것이 알려진다.

창조의 원리

나는 알파요 오메가다

카밀로 '나는 알파요 오메가다'라는 말을 들어본 적이 있나?

릴리 성경을 읽어본 사람이면 한 번쯤 읽어봤을 문장이죠.

카밀로 순수존재의식을 넘어가는 방법을 알려주기 전에, 성경 몇 구절 읽어보자고.

> 나는 알파요 오메가라, 이제도 있고 전에도 있었고 앞으로 올 전능한 자라
>
> —요한계시록 1:8

나는 알파와 오메가요 처음과 나중이라 내가 생명수 샘물로 목마른 자에게 값없이 주리니

—요한계시록 21:6

나는 알파와 오메가요 처음과 나중이요 시작과 끝이라

—요한계시록 22:13

이 문장에서 '나'를 예수라는 개인으로 해석하는 것이 그리스도교의 공통적인 해석이네. 그러니까 나사렛 사람 예수라는 젊은이가 나(예수)는 알파와 오메가라, 나(예수)는 시작과 끝이라, 내(예수)가 주는 샘물을 마시라… 하고 설교하고 다녔다는 말일세.

릴리 네. 그런 해석이 정통이지요. 그래서 예수님이 그리스도교의 숭배 대상이 된 거고요.

카밀로 하지만 조금 더 깊은 수준에서 보면 이 '나'는 사실 존재의 '바탕의식'이라 할 수 있다네. 그렇다면 이 나, 즉 존재바탕이 바로 알파요 동시에 오메가라는 뜻이 되는 걸세. 알파는 보통 시작, 처음을 상징하며 헬라어 알파벳의 첫 번째이기도 하지. 오메가는 끝, 마지막의 상징으로 맨 마지막 헬라 알파벳이라네. 그러면 이제 그 상징 내용을 넣어서 다시 읽어보자고.

나(존재바탕)는 시작이며 끝이다
나(존재바탕)는 처음이며 마지막이다.

릴리 이렇게 바꿔서 보니 좀더 그럴듯하네요. 그런데 알파(시작)이면서 오메가(끝)라는 표현에서 뭔가 찜찜한 마음이 들어요.

그러니까, 시작과 끝이 도대체 뭐죠?

카밀로 알파(시작)는 바로 생生(일어남)일세. 그럼 오메가(끝)는 무얼까? 바로 멸(가라앉음)일세. 자, 그럼 한 번 더 바꿔보자고.

나(존재바탕)는 (찰나)생이며 (찰나)멸이다.

바탕의식(순수존재)이 모든 것이라는 직관적 지혜는 수많은 명상 전통에서 이미 설해지고 있네. 하지만 이러한 해석은 순수존재 의식을 궁극실재로 보는 관점에 머물러 있지. 바탕의식을 궁극실재로 규정하는 순간 이 바탕의식에 대한 대상화, 실체화가 일어나네. 그러면 이 순수존재 너머(paramatman)는 영영 가려지지. 내가 '나는 시작이며 마지막이다'라는 해석을 넘어서 '나는 찰나생이며 찰나멸이다'라고 다시 해석한 데에는 다 이유가 있다네. 바로 '나(순수존재의식, 바탕의식)'가 알파(찰나생)이며 동시에 오메가(찰나멸)이니 공空하다고 말하기 위해서이지. 이 이치가 뼛속 깊이 증득되면, 위에 인용한 이 가르침이 또 다르게 보이네. 어떤 자리에서 가르침을 받아들이는지가 중요하네. 의식의 수준에 머물러서 받아들이면 I-am-ness라는 어떤 상 하나를 세워 실체화하는 데 안주하게 되는 거야. 많은 선각자들이 이 수준에서 말을 하고 있네만, 그것마저도 넘어가야 한다네. 그리스도교의 성경에는 의외로 이 '나'라는 표현이 많이 등장하지. 모세와 떨기나무 이야기에서 등장하는 그 유명한 'I am that I am'을 비롯해서, 신약의 예수가 끊임없이 말하는 아브라함 이전의 나, 아버지와 하나인 나, 나를 통하지 않고는 아무도 아버지께 갈 수 없는 그 나, 아무것도 내 마음대로 말하지 않고 오직 아버지께로 오는 것만을 말할 뿐인 나 등… 알고 보면 예수는 '나'에 대해서 정말 많이 말했네. 예수의 '나'에 대해서 개인인 나사렛 예수라고 해석을 하는 게 그리스도교의 관점이고 'I am that I am'과 예수의 '나'를 존재의식으로 해석하는 게 소수의 비이원론 수련자들의 관점이네. 그리고 또 다른 관점은 '존재의식조차도 찰나생멸이다'라는 관점이네. 이번에 말한 관점을 수용할 수 있는 사람들은 극소수일 것이네. 하지만 이 관점이 증득되면 같은 문장의 가르침이라도 다르게 보이지. 자, 그리고 '나는 알파와 오메가라'라는 말 안에 I-am-ness를 넘어가는 또 한 가지의 비밀스러운 방편이 숨어 있네.

릴리 그게 뭐죠?

카밀로 거울(마음)에 드러난 것 중에서 어떤 특정한 형상(이미지)만을 가리켜 '저것은 거울에 맺힌 상이 아니라 거울 고유의 바탕면이다'라고 주장한다면 이는 뭔가 착각하고 있는 것일세. 그리고 더 나아가서, '거울 바탕'이라고 하는 것 역시 거울에 맺힌 상일 뿐이네. 즉 바탕, 순수의식이라고 하는 것도 결국 거울(마음)에 맺힌 상일세. 개념상 '바탕'과 '바탕에 드러난 상'으로 나눌 뿐이지 실은 '바탕과 바탕에 드러난 상'이 같은 것이라네. 거울이라고 알면 되는데 여기서 멈추지 않고 거울의 바탕과 거울에 비친 이미지를 따로 분리하려는 것은 어리석은 행위일세. 그리고 설령, 거울의 순수한 바탕을 봤다고 주장해도, 그 역시 거울에 나타난 상일 뿐이라네.

릴리 그렇군요. 카밀로 님의 말씀을 계속 듣다 보면 환영이라는 단어가 자주 나오는 것 같아요. 꿈이라는 개념으로 이해하면 될 것 같긴 한데, 조금 더 설명을 해주셨으면 해요.

카밀로 세상은 '환영'일세. 환영이라는 단어는 환幻이라는 글자와 영影이라는 글자의 합성어라네. 꿈에 나타난 상, 기억과 같은 것을 환이라고 부르지. 꿈에 나타난 모든 것이 통째로 환이라네.

릴리 이제 그 부분은 저도 잘 알아요. 꿈은 일종의 기억인데, 기억은 과거로서 나타나기 때문에 꿈과 과거는 같은 것이잖아요. 그러니 실재하지 않는 것으로 여겨지는 '꿈에서 본 공룡'과 실제로 있었던 것으로 여겨지는 '어릴 적 뛰놀던 동네 놀이터'가 서로 다르지 않은 것이고요. 모두 '환'이에요. 다시 말해 내면에 인식되어 나타난 모든 것이 환이죠.

카밀로 그렇지. 이제 영이라는 글자를 보자고. 영은 거울에 나타난 모든 것을 뜻하네. 그림자라는 말을 쓰기는 하지만 경전에 나타난 영성 용어로서의 영은 우리에게 익숙한 그림자의 개념으로 받아들이면 안 되네. 그것은 빛이 만들어내는 사물의 그림자를 뜻하는 것이 아니라 거울에 나타난 이미지를 뜻하는 것일세. 이 말은 현실이라는 것이 오직 '지금 여기'뿐인데, 그게 바로 거울에 나타난 영상과 같다는 의미일세. 3차원 현실이 나타내는 입체적인 감각(공간감)으로 인해 평평한 거울이라는 개념으로 인식이 잘 안 되지만, 핵심은 공간적인 감각이 아니라 '지금 여기'라는 거울면 위에 나타나는 영상이 찰나생멸한다는 데 있다네. 이 말은 입체적인 공간 역시 찰나생멸하며 피고 지고 있다는 말이기도 하네. 영이라는 단어는 인식되는 모든 것이 이미 현재완료된 과거이기에 그것이 인식 안으로 들어오기 전에 미래, 혹은 결과라는 형태로 이미 준비되어 있던 어떤 것의 잔상을 뜻하기도 하네.

릴리 우리의 눈앞에 펼쳐지는 현실이 마치 TV나 영화처럼 찰나생멸하고 있다는 말씀이신 거죠?

카밀로 그거야! 인식의 맹점을 충분히 고찰해봤다면 이해가 빠를 걸세. 그러니 실제로는 오직 '지금 여기'뿐인 것이지. 그러니 '환영'이라는 단어를 풀어보면, 내면(마음속)은 환이요 외면(현실)은 영(그림자, 영상)이라는 뜻일세. 그리하여 '환영'이라는 단어의 뜻을 굳이 구분하여 말하면 '내면의 꿈과 외면의 영상이 환영으로 찰나생멸하는 것'일 걸세. 물론 내외는 절대적인 구분이 아니니 얽매이지 말게나. 굳이 구분한 것뿐이네. 불교 경전에 일체유위법一切有爲法, 여몽환포영如夢幻泡影이라는 말이 있다네. 일체의 모든 것, 내면이든 외면이든 간에 인식되는 그 모든 것이 마음의 나타남이며 꿈이라는 말이네. 그러나 대부분의 사람은 진정한 나(진아)는 꿈속의 존재가 아니고 실제로 존재한다고 믿고 있네. 많은 영성가가 여기에서 멈춰 있네. 나라는 허깨비에 대한 마지막 애착이 남아 있기 때문이지. 하지만 잊지 말아야 하네, 릴리 양.

릴리 어떤 것을요?

카밀로 세상이 꿈이라는 것을 잘못 알아들으면 약도 없네. 내(진아)가 꿈을 꾸는 것이 아니라네. 꿈속에 내(진아)가 나타난 것일세. 내(진아)가 생각하고 신을 만들고 한 것이 아니라네. 생각이 나(진아)와 신을 만든 것이네. 나는 왜 이런 말을 끈질기게 하고 있을까? 일체유위법, 여몽환포영을 온전히 깨닫는 것이 소위 말하는 깨달음의 실체이며 나아가서는 세상을 창조적으로 살아가는 방법인 궁극의 심상화인 '비이원적 심상화(no-dual visualization)'의 열쇠이기 때문이네. 비이원적 심상화는 모든 심상화 기법의 토대이자 본원일세. 심상화에 대해서는 인터넷에서만 검색해봐도 온갖 정보가 쏟아지네. 또, 어마어마한 정보와 체험수기 등이 홍수를 이루고 있고. 하지만 이 모든 것들은 이원적 심상화에서 나온 것일세. 결국 궁극의 심상화는 비이원성을 깨우치고 이성이 스스로 납득하는 데에 있는 걸세.

- 예수님이 말한 '나'는 존재의 바탕의식이다.
- 알파는 찰나생, 오메가는 찰나멸을 상징한다. 따라서 '나'는 공하다.
- 바탕과 바탕에 드러난 상은 같은 것이다.
- '환영'이라는 단어는 '내면의 꿈과 외면의 영상이 환영으로 찰나생멸하는 것'을 뜻한다.
- 내(진아)가 꿈을 꾸는 것이 아니라 꿈속에 내(진아)가 나타난 것이다.

궁극의 실재

카밀로 이제 본격적으로 비이원성에 기반한 시크릿의 영역으로 들어가보세.

릴리 아니, 그럼 이제까지의 말씀들은 본론이 아니었단 말인가요?

카밀로 이제까지의 대화는 비이원성에 기반한 시크릿을 이해하기 위한 기본적인 개념을 말한 것이었다네. 사실 정말 중요한 요소들은 이미 다 말한 것이네. 존재의 실상인 대원리에 대해서 밝혀놓은 것이니까. 그러니 이제부터는 대원리에 입각한 소원리, 즉 창조의 원리를 공부하는 것일세.

릴리 그렇군요, 그럼 이제부터 본격적인 시크릿에 접목된 비이원론이 되겠군요.

카밀로 시크릿에 접목된 비이원론이 아닐세. 시크릿이라고 부르는 마음의 원리를 통해 비이원성을 드러내는 것이야. 비이원 시크릿을 배우려면 일단 세상이 시작된 메커니즘부터 이해해야 하네. 자네 혹시 궁극의 실재라는 표현을 들어본 적이 있는가?

릴리 말 그대로 신 위의 신을 말하는 것 아닌가요? 그러니까 세상을 지어내는 최상위의 존재요.

카밀로 그렇지, 그러한 궁극실재가 있다네. 자신 안에, 자신으로부터 모든 것이 출발하며, 그렇게 존재하는(인식되는) 모든 것들의 유일한 실체이지만, 동시에 자신으로부터 출발한 모든 것을 거두어들여 자신을 인식하지 않는 상태로 그렇게 있지. 이것은 인식의 대상이 아닌 상태, 존재하지 않는 상태, 존재 너머로 표현할 수도 있네.

릴리 도저히 감이 안 오는데요….

카밀로 한마디로 아무런 움직임 없이 멈추어 있는 상태지. 아니 그것보다 움직임과 멈춤이라는 개념적 상대성을 초월해 있는 상태일세. 그렇기에 인식의 대상이 아닌 걸세. 이 궁극의 실재가 자기 자신의 존재를 스스로 체험하고 증명하기 위해서 하나의 움직임을 슬쩍 일으킨다네. 바로 '의식(순수존재의식)'의 탄생일세.

릴리 아하, 움직임이 없던 그것이 움직임을 시작한 것이 의식이로군요.

카밀로 그렇지. 예를 들어보겠네. 종이에 연필로 점을 하나 찍는다고 쳐보세. 점을 찍기는 찍었는데 그 찍은 연필을 종이에서 떼어내지 않고 그대로 둔다면 그 점은 드러나지 않네. 그러나 그렇다고 해서 찍힌 점이 없는 것도 아닐세. 움직임을 통해 드러나지 않은 것일 뿐 연필심 밑에는 점이 찍혀 있지 않은가? 언제라도 연필만 떼어내면 그 점은 모습을 드러내는 것일세. 이해되나?

릴리 네. 드러나 인식되지는 않지만 이미 존재하는 상태라. 전에 말씀하신 소망이나 가능태 등이 이런 상태가 되겠군요. 움직임을 통해 드러나지 않았을 뿐, 이미 존재하는 것이라고 하신 말씀이요.

카밀로 그렇네. 본래 일원성, 즉 스스로의 안에 모든 것이 거두어진 상태였으나 자신을 체험하기 위해 의식이라는 도구를 사용하여 비이원성의 세상으로 자신을 나투어내네. 나와 남, 주체와 대상이 둘로 표현되지만 둘이 아닌 세상이지. 이렇게 무한히 모름에 가까운 존재감인 '있음(am)'이 탄생하네. 이것이 첫 번째 의식이지. 이 앎은 순수존재의식의 뿌리 부분이며 무한히 모름에 가까운 앎이라네. 주어가 생략된 영어의 be동사 형태로 표현하는 이유도 '내가 있다'로서의 앎인 주어 I와 결합하기도 전의 원초적인 상태를 표현하기 위해서이네.

릴리 내가 있다…. I-am-ness 이전의 상태라니, 앞서도 들었지만 계속 놀라게 되네요.

카밀로 이 앎은 I-am-ness의 보다 심층적인 부분일세. 가장 깊은 뿌리 부분이지. 이 첫 번째의 앎(모름)을 '카오스(혼돈)'라고 부르네. 이 혼돈에서 모든 것을 존재, 유지하게 만드는 힘인 신의 의식(로고스, 성경에서는 '말씀'이라고 표현)이 스스로를 인식하며 나타나네. 바로 성경에서 표현된 신의 이름이 나타나는 순간이네.

릴리 '내가 있음'의 심층부는 '있음'이로군요.

카밀로 이 am은 자신의 창조력을 표현할 세상을 만들기로 결심하네. 그리고 자신의 의지를 이렇게 선포하지.

> I am that I am — 나는 나다. 그리고 나는 내가 나라고 인식하는 그 모든 것이다.

I am that I am을 '나는 나다, 나는 나인 자 그로다'라고 알아듣는 것은 별 무리 없이 받아들여지지. 한데 '나는 내가 나라고 인식하는 그 모든 것이다'라는 부분은 의문이 생기지 않는가? '어째서 내가 나라고 인식하는 그 모든 것이 되는 거지?' 하고 말이야. 다른 이유가 아니라네. 비이원성의 관점에서는 당연하기 때문이지. 비이원성 안에서는 '나(인식의 주체)'와 '너(인식의 대상)'가 따로 없이 '주체, 대상, 인식작용'의 세 가지가 삼위일체를 이루어 인식 그 자체가 되기 때문이네. 이 하느님인 I am은 존재하는 모든 것의 유일한 근원이고 실체가 되네. 이 유일한 근원이 스스로를 체험하기 위해 인식의 주체와 대상으로 스스로를 나투어내며 인식작용을 완성하네. 인식은 존재를 부르니 인식이 완성되었다는 것은 존재가 드러났다는 말일세. 이렇게 'I am that I am'은 '나는 내가 나라고 인식하는 그 모든 것이다', 즉 '창조자인 나는 내

가 인식하는 그 모든 것(우주 전체)이다'가 되는 것일세. 이것이 바로 모든 창조의 대전제라네. 이 창조의 대전제가 순수존재의식에 의해 선포될 때 I am 안에 삼라만상이 순식간에 펼쳐져 드러난다네.

릴리 모든 창조의 대전제가 시크릿의 대전제이기도 하네요.

카밀로 시크릿을 비롯한 모든 현실창조의 대전제는 바로 이 존재의 비이원성을 인정하는 것에 있다네. 시크릿의 진정한 비밀은 소망이 이루어졌다는 느낌에 있지도, 소망이 반드시 이루어졌다는 확고한 신념에 있지도 않네. 느끼는 것이 이루어지는 것도 아니고 믿는 것이 이루어지는 것도 아니라네. 진정한 비밀은 이러한 비이원성의 차원에서 이루어지는, 무의식 심연으로부터의 선포에 있는 것일세.

릴리 내가 느끼는 것, 원하는 것, 믿는 것이 이루어지는 게 아니다…. 그럼 이런 요소들은 현실창조의 진행 과정에서 드러나는 요소일 뿐인 건가요?

카밀로 그렇지. 진정한 비밀은 바로 '이 현실이 나다'라고 인식(인정)하는 것에 있다네. 느낌과 믿음은 현상화의 단계 안에 있는 일종의 고정 못일 뿐이고 말이야. 그래서 네빌은 이런 말을 했네.

> 우리가 해야 할 유일한 일은 나 자신에 대한 관념을
> 위대함으로 가득 채우는 것뿐이다.

모든 것은 내 안에 존재한다

카밀로 자네 혹시 모든 것은 이미 내 안에 있다는 말 들어본 적 있나?

릴리 많이 들어봤죠. 하지만 전혀 공감되지 않던데요? 왜 내 안에 모든 게 있다고 하는 건가요?

카밀로 우리의 현실은 오감으로 느껴지네. 인간의 현재의식은 의식의 피라미드 최상부에 위치해 있지만, 역설적이게도 순수존재의식의 가장 말단이라네. 이것의 특징은 불교의 유식학에서 말하는 다섯 가지의 감각식인 전5식과 제6식으로 체험된다는 데 있네. 6식六識은 안식眼識·이식耳識·비식鼻識·설식舌識·신식身識·의식意識을 말한다네. 보고, 듣고, 냄새 맡고, 맛보고, 촉감을 느끼고, 마지막은 이 다섯 가지 감각을 재인식하고 분별하는 것이네. 쉽게 생각하면 현재의식은 오감으로 체험되는 세상을 분별하여 인식하는 의식이네. 이 현재의식이 활동하는 트랙은 이원성의 트랙이기에 모든 것은 나와 나 아닌 것으로 분리되어 경험되네.

릴리 전에도 말씀하셨던 이원성의 트랙이군요. 그럼 이 트랙은 나쁜 트랙인가요?

카밀로 과연 이원성이 나쁜 것일까? 그렇지 않다네. 이원성이란 일원성이 상대성으로 자신을 표현해낸 모습일세. 궁극적인 관점에서 바라보면 이원성은 움직이지 않는 일원성이 움직임을 표현하기 위한 생명현상이란 말이네. 즉, 일원성이 비이원성을 통해 세상을 표현했지만 상대성의 법칙에 따라 일원성의 짝이 되는 이원성이 삼라만상을 인식하는 의식의 가장 표층부에 나타났을 뿐이네.

릴리 아, 그렇다면 이원성은 일원성이 활동하기 위한 조건이 되는 것이군요.

카밀로 그렇지, 바로 그것일세! 궁극실재가 자신을 펼쳐 보이며 'I am that I am — 나는 내가 인식하는 그 모든 것이다'라는 선포를 하네. 신의 의식인 로고스가 활동을 시작하는 순간이지. 로고스의 자기선포에 부응하여 순수존재의식 안에 우주 삼라만상이 순식간에 그 모습을 드러내네. 이러한 우주 삼라만상은 '인간의식'이라고 불리는 '개체존재의식'의 렌즈를 통해서 무한히 다양한 개성으로 각각의 세계를 펼쳐낸다네. 연꽃 속의 연꽃처럼 세상이 피어오르고 거울에 비친 거울처럼 무한히 투영되어 중첩된 세계가 그물망처럼 펼쳐지는 거지.

릴리 전에 말씀하셨던 인드라망의 무한중첩투영이군요.

카밀로 그렇네. 다시 말하자면 궁극실재가 자신을 알아보며(펼쳐 보이며) 모든 존재의 공통적이고 유일한 근원인 I am을 통해 'I am that I am — 나는 곧 내가 인식하는 세상 그 자체이다'라는 선포를 발할 때 무한한 개체존재들의 우주가 동시에 세상을 투영하게 되는 것일세. 이렇게 무한한 고유우주가 동시에 탄생한 것이지. 이 각각의 고유우주는 서로가 서로를 투영하며 그 존재성에 참여하지만 동시에 침범될 수 없는 고유성과 독자성을 지니고 있다네. 이 고유우주들이 우리들 각각이 체험하는 세계일세.

릴리 고유우주의 펼쳐짐은 한순간에 이루어지나요?

카밀로 그렇지, 이러한 모든 작용이 현재완료된 상태로 인식 안으로 들어오는 것일세. 이때 'I am that ~'으로 펼쳐지는 세상을 체험하는 렌즈 역할을 하는 것이 바로 개체존재의식이라네. 우리가 통상적으로 '나'라고 느끼는 육체를 중심으로 한 존재의식이 바로 그것일세. 그리고 이 개체존재의식들이 바로 시크릿을 하고 있는 우리들 각자의 모습인 걸세. 열심히 각종 영성을 공부하다 보면 고급영성에 속하는 '현존'을 접하게 되네. 이와 관련한 유명한 가르침이 있네. 아까 말한 '모든 것은 이미 내 안에 있다'라는 가르침이네.

릴리 아하. 그게 현존과 관련된 말이었군요.

카밀로 보통 이 가르침을 접하면 충격을 받네. 그리고 이렇게 생각하지. '나의 소망이 이루어진 모습이 이미 내 안에 있으니, 내 안에 있는 그것을 꺼내어 사용하기만 하면 되는 거야!' 이제 희망에 차서 열심히 심상화도 하고, 현존수련도 하고, 자신이 원하는 현실을 창조하려 노력하지. 그다음은 어떻게 될 것 같은가? '이게 뭐지? 왜 안 되는 거야? 모든 것은 내 안에 이미 있다면서!'

릴리 맞아요. 그런 과정을 되풀이하는 것 같아요. 어쩜 그리 잘 아세요?

카밀로 흔히 '모든 것이 내 안에 이미 있다'는 말에서 간과하는 게 있네. 이 가르침에서 말하는 '나'는 우리가 느끼는 그 '나', 즉 개별 육체를 중심으로 한 자아인 개아가 아니라네. 이 가르침에서 말하는 '나'는 세상을 존재하게 만든 근원적인 의식, 유일하고 공통적인 보편의식인 단 하나의 존재감, 순수존재의식을 말하는 것이라네.

릴리 아! 그런 생각은 해본 적이 없어요. 하긴, 이제까지 이 몸뚱이만이 유일한 나라고 생각하며 살아왔으니 당연한 거겠죠.

카밀로 석가모니의 유명한 발언 '천상천하 유아독존'에서의 '나'가 바로 이 순수존재의식을 말하는 것일세. 이는 예수님의 말씀에서도 같지.

> 아버지(궁극실재, 일원성)와 나(순수존재의식, I am, 비이원의 나)는 하나다.
>
> —요한복음 10:30
>
> 나(순수존재의식)를 통하지 않고서는 아무도 아버지께로 갈 수 없다.
>
> —요한복음 14:6
>
> 나(순수존재의식)는 아브라함(개체존재의식, 개아) 이전부터 있었다.
>
> —요한복음 8:58
>
> 나(순수존재의식, 신 의식, I am)를 믿어라.
>
> —요한복음 14:11
>
> 나(순수존재의식)는 온유하며 겸손하니
>
> —마태복음 11:29
>
> 수고하고 짐진 자여 모두 나(순수존재의식)에게로 오라.
>
> —마태복음 11:28

릴리 이 말씀들에 등장하는 모든 '나'가 바로 이 '큰 나', '유일한 나'인 순수존재의식을 말하는 것이었군요. 위의 가르침을 비롯한 수많은 창조영성을 접할 때 등장하는 '나'는 모두 큰 나, 참나인 순수존재의식을 말하는 것이었어요. 그런데 대부분은 그런 가르침들을 철저하게 개아의 관점에서 알아듣지 않나요?

카밀로 거기에 근원적인 문제가 있는 것이지. 모든 것은 이미 내 안에 있다는 말을 좀 바꿔보면 '나의 소망들이 이루어진 모습은 이미 내 안에 있다'가 되네. 자네 자신에게 한번 물어보게. 이런 가르침을 접할 때 자네는 어떤 '나'의 관점에서 알아듣고 있는가? 전에 현존에 대해서 말해준 적이 있지. 이건 그 내용의 연장선이네. 우리가 인식하는 이 세상 안에서 모든 것이 일어나고 경험된다네. 부자와 가난한 자, 전쟁과 평화, 아름답고 숭고한 희생과 이기심으로 점철된 배신, 사랑하는 이와의 행복한 삶과 너무나도 가슴 아픈 이별 등 온갖 삶의 모습들이 이 세상에서 일어나네. 한데 알아야 할 것이 있네. 이런 삶의 모습 중 어떤 것들은 '개아'가 직접 겪는 것들도 있고 '남이 겪는 삶의 모습'으로 나타나는 것들도 있다네.

릴리 남이 겪는 삶의 모습이라. 그러한 것들도 순수존재의식의 입장에서는 같은 것이라는 말씀인가요? 예를 들어서 나(개아)는 보증금 500만 원에 월세 30만 원짜리 집에서 근근이 사는 사람인데, 저 멀리 중동의 산유국에는 엄청난 부자들도 있다더라… 하는 식으로 내 삶에 나타나는 '부'의 모습이 있잖아요. 반대로 사지 멀쩡한 내(개아)가 길을 걸어가는데 사지 절단된 아저씨가 길가에 엎드려서 구걸하고 있더라… 하는 식으로 내 삶에 나타나는 '빈곤'의 모습도 있는 거고요.

카밀로 나(개아)는 평범한 중산층의 삶을 사는 사람이지만 별걱정 없이 느긋하게 사는데, 아무개라는 유명 스타는 우울증을 못 이겨서 자살했다더라… 하는 식으로 나타나는 '정신적 결핍'의 모습도 있네. 모든 것이 이미 내 안에 있다는 말을 철저히 개아의 관점에서만 받아들인다면 우리는 이해의 한계에 부딪히네.

> '아니 내 안에 이미 부가 있다면서! 그런데 내 모습은 왜 이렇지? 당장 교통비가 없어서 걸어 다니고 있지 않은가!'
> '모든 것이 이미 내 안에 있다는 말은 나의 가능성을 말하는 거겠지? 그래, 열심히 노력해보자. 하지만 사실은 믿기지 않는다….'
> '이미 내 안에 있는 것들이 현실화되지 않는 이유는 아직 나의 현재의식과 잠재의식이 일치되지 않기 때문이라고 했으니, 그 둘을 하나로 일치시키는 연습을 해보자! 난 할 수 있다! 아, 오늘도 잘 안 되었네… 하지만 언젠가는 되겠지.'
> '나는 재회 시크릿을 하고 있어. 나는 그(그녀)와의 재회를 확고하게 믿어! 분명히 언젠가는 된다! 아, 저기 지나가는 커플 참 행복해 보인다. 부럽다….'

많은 사람이 위와 같은 상황들을 겪어봤을 걸세. 모든 것이 이미 '내' 안에 있다는 말은 맞는 말이지. 그런데 잘 안 되지 않는가! 개아의 관점에서만 알아듣고 있으니 말이야! 사실, 이 가르침은 현존을 중시하는 영성에서 많이 쓰이는 가르침이었네. 보통, 이 가르침은 '지금 여기' 안에 존재하는 가능태를 설명할 때 쓰인다네. 즉, 내 삶의 무궁무진한 가능성을 말할 때 쓰인다네. 그러나 이 가르침은 단순히 현존이라는 말로 표현되는 '지금 여기' 안에 존재하는 가능태를 말하려는 것이 아니라네. 사실은 보다 직접적으로, 대놓고 문자 그대로의 객관적 사실에 대해서 말하고 있는 것일세. 이 객관적 사실을 알아내기 위해서는 비이원성을 이해해야 하네.

릴리 넘어가기 전에 질문이 있어요. 모든 것이 개아 안에 존재한다고 생각하는 것은 어쩌면 반은 맞다고 볼 수 있지 않나요? 개아라는 고유한 렌즈를 통해 순수존재의식이 자신을 표현하고 있으니까요.

카밀로 그렇지. 맞는 말이네. 그러나 진짜 중요한 진실은 세상 모든 것은 이미 인식된 것이라는 사실이야. 무엇에 의해 인식되었을까? 순수존재의식에 의해 인식된 것이라네. 인식의 주체와 대상이 따로 있는 것이 아니니 인식된 세상 자체가 이미 순수존재의식이 'I am that I am'의 형태로 스스로를 펼쳐내는 모습인 걸세. 사실 개아마저도 이미 인식된 것이네. 개아가 이미 인식된 것이니 그 개아라는 렌즈를 통해서 관찰되는 세상도 이미 인식된 것일세. 개아의 존재성 안에 존재하는 모든 형태의 가능태들도 이미 인식된 것이고 말이야. 인식은 존재를 부르니 그의 모든 가능태는 이미 존재하고 있는 걸세. 이 '이미 인식된 것'은 어디에 있겠나? 바로 비이원의 존재 상태인 현존, '지금 여기' 안에 있는 것일세. 순수존재의식인 '지금 여기(현존)'의 자리에서는 존재하는 모든 것이 아무런 차별 없이 똑같다네. 모두 다 똑같이 '나(I am that I am)'인 걸세. 여기서 중요한 진리가 도출되네. 순수존재의식인 '나'의 자리에서는 개아가 남에게 일어난 일이라고 여기며 부러워하거나 애석해하는 모든 일이 모두 똑같이 '나' 안에서 일어난 일이 되네.

릴리 순수의식의 자리에서는 모든 것이 다 자신의 것이군요. 아무 차별 없이요.

카밀로 개아의 의식 활동 자체가 유일한 의식인 순수존재의식이며, 이 세상은 순수존재의식이 자신을 일으켜 이미 인식해서 나타난 것이기 때문이네. 이 순수존재의식 안에 나타난 어떤 개체존재가 나에게 일어난 일, 혹은 나에게 일어나지 않은 일로 구분하는 모든 것들이 아무런 차이가 없다네. 모두 내 안에 이미 존재하는 것일세.

릴리 이제야 비이원성과 시크릿의 관계가 조금 이해가 가요. 시크릿에서도 잠재의식을 말하잖아요.

카밀로 시크릿에서는 '잠재의식에게는 주어가 없다'고 말을 하지. 왜 주어가 없을까? 잠재의식, 무의식의 트랙에서는 순수존재의식의 비이원성이 가려지지 않고 작용하기 때문이라네. 자네 혹시 주변에서 큰 부자를 본 적 있나? 그렇다면 그 어마어마한 부는 '내 안에 이미 존재하는 것'이라네.

릴리 그 엄청난 부의 주인이 지금 나의 개체의식이 아니더라도 순수의식의 입장에서는 자신 안에 이미 있는 것을 인식한 것이군요. 반대도 마찬가지겠네요. 굶어 죽어가는 사람들의 비참한 빈곤과 결핍은 내 안에 이미 존재하는 것일 테고요. 순수존재의식의 자리에서는 개체존재로서의 내가 직접 경험하고 경험하지 못하고는 의미가 없어지네요.

카밀로 개체의식이라는 것 자체가 자신 안에 일어난 이원성의 착각이기 때문이지. 생각, 느낌, 상상, 소문, 신념, 실제로 있었던 사실, 없었던 사실, 목격한 사실, 남을 통해 알게 된 사실 등 인식할 수 있는 모든 형태의 것은 이미 순수존재의식으로서의 '나' 안에서 이미 존재하여 인식된 것일세. 그 무엇이 되든 이름, 즉 개념을 가지며 인식되는 모든 것이 존재하는 것이네. 이를 이해하는 방법은 비이원성의 트랙을 이해하는 것이네. 이원적인 사고방식에서 보면 시크릿에서 말하는 창조의 법칙은 궤변에 불과하거나 이해하지 못할 신비주의에 지나지 않네. 그럼 이제 뭘 해야 할까? 창조의 힘을 움직여서 개아의 트랙에서 구현시키는 것만이 남아 있네!

- 이원성은 일원성의 움직임을 표현하기 위해 필요한 것이다.
- '모든 것이 내 안에 있다'의 '나'는 순수존재의식을 말한다.
- 삶의 모습 중 어떤 것들은 개아가 직접 겪는 것도 있고, 남이 겪는 삶의 모습으로 나타나는 것들도 있다.
- '이미 인식된 것'은 현존, 즉 '지금 여기' 안에 있다.

존재, 의식, 지복

카밀로 이번에는 창조에 대한 그리스도교 성경과 힌두교 비이원 신비주의인 베단타 아드바이타의 전통을 통해서 시크릿의 창조원리를 살펴보자고.

릴리 시크릿은 그냥 하늘에서 '뚝' 하고 떨어진 게 아니었군요. 어쩌면 동서고금의 영성전통 안에 다 들어 있는 진리인 것 같아요.

카밀로 내 이미 말하지 않았나. 시크릿이라고 불리는 창조의 원리, 즉 존재의 소원리는 하나의 고급영성이라고 말일세. 시크릿을 단지 소원성취를 위한 마인드 스킬 정도로만 여기면 안 되네. 실제로 그렇게 해서는 자잘한 것들만 이룰 수 있을 뿐이지. 깃털 보기라던가 원하는 색깔의 자동차 보기 같은 것 말이지. 아무튼 오늘은 힌두문화권 영성과 히브리 성경을 비교해보겠네. 힌두문화권의 영성에서는 신의 현존양태를 세 가지 단어로 표현하네.

> sat(사트) — 존재 그 자체
> chit(치트) — 의식, 말씀, 로고스, 인식, 상상력, 심상, 영지
> ananda(아난다) — 지복, 자기 자신을 아는 앎으로부터 오는 현존의 느낌

힌두전통에 따르면 신은 존재 그 자체이며 의식(인식)이고 지복의 느낌이라는 거야. 즉, 세 가지 모습으로 자신을 드러낸다는 말일세. 힌두 신비주의의 이 같은 통찰은 히브리 신비주의에서는 성경 창세기 제1장의 천지창조 이야기를 통해서 좀더 극적으로 표현되지. 그것을 한 줄로 요약하자면 '하느님께서 말씀을 통해 세상을 창조하시고 보시니 좋았다'는 문장으로 압축되네. 이제 이 문장을 힌두 신비주의에 연결해보겠네.

sat — 하느님 : 존재 그 자체, 궁극의 실재가 자신을 드러냄.

chit — 말씀 : 신의 의식(로고스), 신의 뜻, 신의 의도, 신의 생각, 신의 심상, 신의 마음속 장면들, 신의 상상, 인식을 통한 삼라만상의 창조.

ananda — 보기에 좋았다 : 지극한 복락, 자기 자신을 체험하여 아는 앎, 세상이 곧 나임을 직관적으로 아는 앎으로부터 발하는 존재의 느낌, 의도한 모든 것이 그대로 이루어졌음을 아는 앎으로부터 오는 참된 행복.

힌두와 히브리, 두 영성전통에 따르면 신의 현존양태는 곧 우리의 현존양태일세. 우리가 곧 신이기 때문이네. 세 가지 현존양태 중 마지막의 아난다(지복)에 주목해야 하네. 궁극의 복락인 지복은 폭발적인 행복감이나 쾌감을 말하는 것이 아니네. 강렬한 에너지의 고양을 말하는 것도 아니지.

릴리 침묵이나 고요를 지향하는 명상 수행에서 지복감이라는 말을 들은 적이 있어요. 폭발적인 감정의 고양이 아니라는 말도 들었고요.

카밀로 지복은 자기 자신을 아는 앎으로부터 오는 근원적인 행복감이자 존재의 느낌, 즉 인식을 통한 자아존재감일세. 이는 존재의 느낌 그 자체이기도 하기에 현존의 느낌과도 같은 것일세. 하지만 현존의 느낌은 지복 안에 포함되는 것이고, 그 실체는 'I am that I am'이라는 비이원의 앎이 발할 때 나오는 근원적인 자존감이지.

릴리 그 느낌은 순수존재의식과도 같은 것인가요?

카밀로 단순한 순수존재의식의 느낌을 포함하는 앎이라네. 그것은 순수존재의식이 자기 자신을 아는 '지혜의 느낌'과도 같은 것일세. 이 지복의 개념을 알고 있어야 하네. 지복의 개념을 알고 있다면 긍정적이든 부정적이든 내가 체험하는 모든 순간이 긍정 대 부정이라는 이원적 대립을 넘어선 초긍정의 자리에 굳건히 뿌리내리기 때문일세. 즉, 존재가 비이원성을 바탕으로 자신을 표현하는 방식인 상대성을 완전히 이해할 때 비로소 완전히 나타나는 앎이자 복락이기 때문이네.

릴리 결국 상대성에 대한 앎이 지복의 완성을 가져오는 거네요?

카밀로 그렇네. 이 상대성에 대한 이야기는 좀 이따 하도록 하고 일단 지복의 느낌에 대해 공부를 끝내보자고. 지복의 상태, 즉 인식되는 모든 것을 '보시니(인식하여 존재함 그 자체로) 좋았다'의 상태로 살 수 있게 되면 존재의 완벽함만을 보는 앎인 초긍정의 자리에 있을 수 있네. 이 초긍정의 자리에 마음을 머무르게 하는 것이 현실창조 과정에서 나타나는 '역노력의 법칙'이나 '펜듈럼 현상' 혹은 '반의도의 활성화'를 제어할 수 있는 방법이야.

릴리 너무 힘이 들어가면 오히려 역효과가 난다는 역노력의 법칙이나, 거대한 집단사념에 먹혀버리는 현상인 펜듈럼 현상, 결핍으로 시작된 의도가 원의도의 자리를 차지한다는 반의도의 활성화 등에서 자유로울 수 있는 방법이 상대성을 깨우치고 존재감의 자리에 머무르는 것이군요.

카밀로 자네 정말 많이 알고 있구먼. 이 초긍정의 자리는 많은 다른 이름으로 표현되어 오기도 했다네. 중도, 마음이 멈춘 자리, 움직이지 않는 주시자, 이것도 저것도 모두 다, 이루어져도 그만 이루어지지 않아도 그만 등… 느낌, 감정, 앎이 하나로 통합된 것이 지복의 느낌일세. 사실 의식적인 창조활동을 통해서 체험하기를 바라는 것은 행복이 아니겠나?

릴리 그렇죠. 저는 제 마음속 의도들이 현실로 실현됨을 목격하면서 행복하길 바라요. 그 소원이 돈이 되든, 연인이 되든, 외모가 되든, 건강이 되든 간에 궁극적으로 바라는 것은 행복이죠.

카밀로 하지만 이러한 모든 행복의 뿌리가 되는 것은 바로 자기 자신의 존재를 아는 앎으로부터 발하는 존재의 느낌이네. 즉, '지복(보시니 좋았다)'일세. 그러니 지복이란 현존의 느낌 그 자체라고 생각하면 되네. 그럼 어떻게 창조를 해야 인위적인 에너지의 고양이 아닌 자연스러운 '위무위爲無爲(행하지 않음으로써 행함)'의 창조가 되겠나? 그것은 존재의 느낌 그 자체에 머무름에 달려 있다네.

릴리 존재의 느낌에 머무르면서 그 안에서 창조를 한다는 말씀이시군요? 일종의 포괄적인 심상화인 건가요?

카밀로 그렇지, 포괄적인 심상화일세. 이 존재의 느낌 그 자체로서의 지복 안에 머무르는 창조는 이렇게 진행이 되네.

1. 지복에 머무르면서, 오감과 의식을 통해 체험하는 이 순간의 모든 것이 자신임을 안다.
2. 자신의 존재 그 자체로서 만족하는 지복의 자리에 머무르면서 이 순간을 바라본다.
3. 마음속에서 일어나는 모든 목소리와 욕구가 긍정적이든 부정적이든 구조적으로 완벽함을 안다.
4. 마음 안에 그려지는 모든 심상 근저에 '인식'이 있음을

안다. 존재는 인식이다. 인식주체와 인식작용, 인식대상의 삼위일체 속에서 일어나는 감정과 느낌을 생생하게 느껴본다.

5. 이 모든 것들이 보기에 좋다.

이러한 마음의 창조에게는 반의도도 그 힘을 잃네. 어째서 그럴까? 이분법적인 긍정, 부정의 상태를 초월해 있기 때문이네. 그것은 긍정도 아니고 부정도 아니지만 동시에 긍정과 부정을 품어 안고 있는 잔잔함과 담담함인 '초긍정'의 자리네. 실전 시크릿 심상화의 첫 단추는 초긍정 상태에 머물기라네. 이 상태에서 마음속 이미지(소망)에 창조의 숨결을 불어넣으면 되는 것이지.

- 지복은 자기 자신을 아는 앎으로부터 온다.
- 이분법적인 긍정, 부정의 상태를 초월한 초긍정 상태에 머무르면 반의도도 힘을 쓰지 못한다.

사랑과 거룩한 망각

카밀로 앞에서 살펴본 성경에는 두 가지 형태의 천지창조 이야기가 등장하네. 그중 하나가 이른바 옹기장이 하느님이라고 불리는 창조 이야기일세. 말씀으로 세상을 창조하신 하느님께서는 진흙을 빚어서 사람의 형체를 만들고 코에 숨을 불어넣으시네.

그렇게 첫 번째 사람인 아담이 탄생하지. 이것이 인간의식의 탄생이야. 하느님은 아담(인간의식)에게 당신께서 창조하신 세상의 관리를 맡기시네. 여기서 세상의 관리를 맡긴다는 표현은 바로 인간의 개체의식이 각각의 고유우주를 관찰하는 하나의 렌즈이자 채널로서 활동하게 됨을 뜻하는 것일세. 존재의 대전제는 '인식됨'이기 때문일세.

릴리 인간의식이 인식함으로써 삼라만상의 존재함이 드러나니 세상의 관리자라고 말해도 무방하겠네요. 기가 막힌 비유군요.

카밀로 이렇게 신의 숨결로 창조된 첫 번째 피조물이자 진정한 아담인 순수의식은 신의 창조의 도구이자 일부로서 활동하네. 그리고 'I am that I am'이라는 창조의 대전제 안에서 '그리스도(성삼위의 제2위인 성자, 신의 의지)'로 활동하며 신을 표현하기 위해 세상이라는 무대를 마련하네. 주목해야 할 부분은 신이 숨결로써 진흙 인형(가능태)으로 남아 있던 아담에게 생명을 불어넣어 현신하게 만드는 장면일세. 신의 숨결은 성삼위의 제3위격인 성령의 현신으로도 불렸으며, 흔히 바람(숨)으로 묘사되기도 한다네. 바람으로서의 신의 숨결을 프라나 혹은 프뉴마라고 부른다네. 이 신의 숨결인 프라나는 잔잔한 수면 위에 파도를 일으켜 세상을 창조하네. 바꿔 말하면 마음속의 심상들에 실제성을 부여해 나타나게 만드는 힘이 바로 신의 숨결일세.

릴리 그런데 이 신의 숨결, 창조의 원동력은 뭐죠?

카밀로 그것이 바로 사랑일세. 이 사랑의 정체를, 그리고 그것을 사용하는 법에 대해 알아야 하네.

릴리 사랑이 뭔지 좀 모호한 것 같아요. 철학이 구분하는 사랑은 육체적인 사랑을 뜻하는 에로스, 정을 뜻하는 필리아, 조건 없는 사랑을 뜻하는 아가페로 나누어지잖아요. 이 중에서 어떤 사랑을 말씀하시는 거죠?

카밀로 사랑이 무엇인지에 대해서는 많은 해석이 있지만, 사랑의 진정한 본질은 단 한 가지, 온전한 허용일세. 그리고 자네가 말한 사랑을 넘어선 사랑, 근원적인 사랑이 있다네. 그것이 내가 말한 사랑이지.

릴리 더 자세히 얘기해주세요.

카밀로 그것을 삼위일체이신 하느님께서 서로가 서로를 사랑할 때 발하는 신적 사랑이라고 부르지. 이 신적 사랑의 정체가 바로 그 무엇이든지 온전히 신뢰하고 허용하여 '나'를 가지지 않고 내어줌일세. 쉽게 말하면 온전한 허용이 되는 거지. 이 사랑이 발현된 모습이 창조의 근본원리인 'I am that I am'일세. 그 어떤 '나', 분리된 '나'를 가지지 않고 자신을 내어줌으로써 'I am that I am'을 완성하는 신의 자기희생, 자기증여가 바로 사랑의 본모습일세.

릴리 자기를 고집하지 않기에 마음 안의 심상이 뭐든지 간에 그 존재를 허용하는 것이네요. 이러한 사랑의 근본 속성이 인간관계 안에서 표현될 때 아가페가 되는 건가요? 조건 없는 사랑이란 상대방을 있는 그대로 온전하게 인정해주는 것이잖아요.

카밀로 그렇네. 그 대상이 사람이 아니라 창조되기를 원하는 마음속의 심상이라 하더라도 동일하지. 그것은 의식이 창조하여 나타나기를 바라는 모든 것들을 구분 없이 허용하는 힘이네. 그러니 조건 없는 사랑이란 사실 창조의 근본원리가 드러난 것일세. 그 근본원리란 바로 온전히 인정해 '나'를 가지지 않는 것! 온전히 희생해 그것(대상)과 하나가 되는 것! 그렇게 대상이 바로 '나'인 것! 그것이 사랑일세. 그리고 여기에 소망실현의 비밀이 들어 있는 것이지.

릴리 소망실현의 비밀이란 뭔가요?

카밀로 우리는 우리의 소망을 사랑해야 하네. 그것을 두고 그 어떤 형태의 '나(고정관념, 한계성)'를 가지지 않아야 하네. 그러니까 될까 안 될까를 따지면 그 순간 한계를 만드는 '나'를 가지는 것이지. '나를 가지지 않고 소망과 하나 됨'은 마음속 소망에 대한 믿음(앎)의 형태로 나타나네. 진정한 믿음은 아무런 의심도 없네. 억지로 믿는 것이 아니라 그저 그것이 그러함을 '아는 것'이 진짜 믿음일세. 이 상태가 심상화 과정에서 발현되는 모습이 이미 이루어졌다는 것에 완전히 흡족하여 지복 안에서 쉬는 안식일과 같다네. 다시 한번 말하지만, 소망을 이루기 위해서는 자네가 원하는 소망을 사랑(허용)해서 그것과 하나가 되어야 하네. 돈을 원한다면 돈으로 상징되는 풍요와 하나가 되게나. 풍요와 나는 분리되어 있다는 생각이 있으면 풍요를 바라보는 그 '나'를 풍요와 하나가 되게 하게나. 그 하나가 되게 하는 도구는 비이원성일세.

릴리 좀 헷갈리는데요?

카밀로 쉽게 말하면 풍요와 나 사이의 비이원성을 관하라는 말일세.

릴리 그러니까 어떻게요?

카밀로 지난 시간에 '나는 누구인가?'를 관하는 법을 배우지 않았나? 나라는 인식의 주체와 그 주체가 인식하는 풍요가 과연 다른 것인지를 살펴보라는 말일세. 보통 이원적인 의식상태에서는 '내(인식주체)가 풍요(인식대상)를 원한다'라고 느껴지지. 하지만 풍요라는 대상을 인식하는 그 '나'가 과연 대상과 따로 존재할 수 있는지를 살펴보는 것일세. '인식되는 것은 주체가 아니라 대상이다'라는 전제를 활용해서 말이지. 그렇게 사유하다 보면 인식되는 대상인 풍요가 곧 인식하는 자인 '나'임을 발견하게 되지. 이 사실이 내 안에서 완전히 자리 잡아 내가 곧 풍요 그 자체라는 사실이 의식의 가장 깊은 곳에 각인되게 하는 것일세. 비이원성 안에서 하나가 되게. 건강을 원한다면 이미 건강해진 심신의 모습과 하나 되게. 인식되는 대상과 하나가 되는 것이 'I am that I am'일세. 아니 사실, 이 둘은 따로 떨어져 있는 것이 아니니 하나가 되게 하는 게 아니라 본래 하나임을 알면 되는 거지. 이것이 창조의 근본원리일세.

릴리 그럼 어떻게 하나 되게 하는 거죠? 구체적으로요.

카밀로 충분한 사유를 통해서 이성을 납득시키면 심상을 통해 합일을 느끼는 단계로 넘어갈 수 있네. 정리를 간단히 해보자고.

1. 현존의 자리에 머무르는 것을 연습한다. 이는 근원적인 지복감의 상태이다.
2. 그 자리에 충분히 머물며 존재 자체를 즐겨본다. 이제 원하는 것을 마음의 눈앞으로 불러온다. 시각적인 이미지도 좋고 감각적인 느낌도 좋다. 확언과 그에 따르는 느낌도 좋다.
3. 불러온 그것을 그저 바라보라(인식하라). 그저 바라보고

느껴보라. 바라봄과 느껴봄이 깊어지면 바라보는 주체인 '나'와 보이는 대상인 '소망' 사이의 간격이 점점 줄어든다.

4. 우리가 원하는 소망에 진정한 사랑(온전한 허용)의 눈길을 보낸다. 인간사를 경험하며 알게 된 사랑의 감정을 보내도 된다. 그저 그것이 존재함을 조건 없이 허용하며 느껴보라. 가슴 깊은 곳으로부터 그 대상(소망)에게 사랑의 눈길을 보내라.
5. 그럼 점점 둘 사이의 경계가 허물어진다. 그저 소망을 눈앞에 불러놓고 그것을 사랑의 시선으로 바라보며 즐기라. 은은한 지복감 안에서 그저 그 존재를 인정하고 즐겨보라. 그럼 소망이 점점 더 또렷하게 느껴지며, 그럴수록 '나'는 열어진다.
6. 어느 순간 소망이 곧 나(I am that I am)임을 직관적으로 아는 순간이 온다. 그때 우리의 영혼은 이렇게 말한다. '이루어졌다.' 동시에 가슴안에서 은은한 감정이 올라온다. '(나 자신에게) 감사합니다.' 그럼 하느님이자 우리의 순수의식이 이렇게 말한다. '보기에 좋았다.' 이로써 창조가 완성된다.

릴리 말로만 들어도 가슴이 벅차네요. 사랑을 사용해서 소망을 인정하는 법이라니요.

카밀로 이 모든 창조행위에 앞서는 중요한 것이 있다네. 바로 우리의 첫 번째 사랑(허용)일세. 우리 각자의 아담, 고유한 우주를 인식하는 렌즈인 우리의 개아를 사랑(수용, 인정)하는 것일세. 렌즈를 닦아야 더욱 환히 볼 수 있네. 더욱 환히 보아야 더욱 존귀한 나의 우주를 창조할 수 있다네. 그러기 위해서 첫 번째 사랑은 자기사랑이 되어야 하네. 그러니까 자네의 개아를 사랑해주게.

릴리 그건 어떻게 하면 되는 거죠?

카밀로 하느님인 우리의 본모습으로 돌아가 개아를 품에 안고 다독여주게. '괜찮아. 걱정하지 마. 사랑해'라고 말해주게. 우리의 개아를 그 개성 그대로 온전히 인정해주게. 그 아이(개아)를 위해서 더욱 좋은 것을 가져다주는 일은 그 이후가 되어도 늦지 않네. 먼저 아이에게 힘을 주고 안정시켜주게나. 그리고 아이가 평화롭게 하느님으로서의 '나(I-am-ness)' 안에 잠들면, 즉 스스로에 대한 비참한 생각들이 가라앉아 조용해지면 그 아이에게 필요한 것, 더 좋은 것들을 주게나. 그래서 아이 스스로가 온갖 존귀한 선물들에 합당한 존재임을 알게 하게나. 이 과정은 매우 중요하네. 존귀한 존재로서 굳건해져야 인드라망의 우주 관계에서 오는 우여곡절을 승화할 힘을 얻네. 나의 우주는 나의 것이지만 동시에 다른 모든 우주가 투영되는 세상일세. 소망의 성취보다도 중요한 것은 고유우주의 렌즈이자 주인공인 개아의 성숙일세. 그러니 먼저 자기사랑을 통해 모든 선물에 합당하며 모든 것을 극복하고 품어 안을 수 있는 '나'를 만들어야 한다네. 그러기 위해서는 비이원적 사랑의 열매에 대해서 알아야 하네. 자네 혹시 '하느님은 사랑이십니다'라는 말 들어본 적 있나?

릴리 네. 정말 귀가 따갑도록 들어봤죠.

카밀로 아까 사랑의 정체와 본질에 대해서 말을 했네. 신적 사랑은 비이원성을 만들어내는 본질로서 일원성인 궁극실재의 내부 원리일세. 궁극실재가 신적 사랑이라는 내부원리를 발동시켜 스스로를 삼위일체로서 펼쳐낸다네. 이때 이 세 위격은 서로가 서로를 온전히 허용하며 서로가 서로의 완벽한 양식이 되어 존재를 세우네. 즉, 상대성을 존재하게 하는 자기증여가 되는 것이지. 나(주체)는 너(대상)의 양식이 되어 너를 세우고 너는 나의 양식이 되어 나를 세우네. 나와 너는 비이원의 양식이 되어 마침내 세상의 진실인 일원성을 표현한다네. 이 같은 신적 차원에서의 사랑인 '나를 가지지 않음'은 궁극에 이르러 마침내 '자기 자신을 잊어버림'에 도달하네. 이것을 거룩한 망각이라고 부르네. 자신을 온전히 포기하고 대상을 온전히 허용했기에 망각이 생겨난 것이네. 이 망각(모름)에서 세상이 태어나지. 순수의식의 뿌리 부분이 한없이 '모름'에 가까운 이유도, 세상이라는 영상을 송출하는 의식층이 가려진 영역(무의식)인 이유도 모두 이 신적인 망각을 통해서 세상이 태어났기 때문일세. 일원성이 비이원성을 통해서 자신을 펼쳐낸 반대의 극점, 이원성의 특징을 가지는 현재의식이 자신의 신성을 모르는 이유도 우리가, 이 세상이 결국 망각의 자식이기 때문일세. 이 망각은 비이원성의 가장 표층부에서 이원성이라는 모습으로 자신을 드러내네.

릴리 이원성이란 건 결국 에고를 말하는 거죠? 이원성은 분리의 느낌이잖아요. 원죄라고 불리며 사탄이라는 별명마저 얻었던 존재성이 바로 이 이원성이고요.

카밀로 맞네. 하지만 이 이원성의 시초는 신적 사랑의 정점인 '거룩한 망각'일세. 이 사실을 깨우치면 이원성이나 에고라는 형상들은 이미 그 의미가 변하네. 배척해야 할 적군, 끊어버려야 할 사슬이 아닌 존재의 심오한 표현으로 받아들여지지. 결국 이원성이란 상대성을 충만하게 표현하기 위한 신적 사랑의 결과이기 때문일세. 이와 같은 앎을 우리의 현실로 가져오면 현실 안에서 나타나는 좋은 것과 나쁜 것, 옳음과 그름, 사랑과 증오, 있음과 없음, 풍요와 결핍 등이 그야말로 모두 같은 본질에서 태어난 영혼의 파트너라는 사실을 자각하지. 이를 알면 어떤 상황 안에서도 현존하네. 그저 존재 그 자체만을 보는 것일세. 비이원의 관점으로 보는 것일세.

릴리 비이원의 관점에서 보는 세상은 어떤 느낌일까요?

카밀로 이 앎이 깊어질수록 개아는 성숙하네. 인드라망의 우주관계에서 나(개아)의 존재성에 아직 미성숙한(그러나 미성숙한 개아 또한 완벽함) 다른 개아들의 심상이 투영될 수도 있네. 그러나 결국은 나(개아)의 세상의 주인은 개아의 렌즈를 통해 활동하는 '큰 나', 그리스도(상상력, 변형과 부활의 힘)이기에 그 영향력을 극복할 수 있네. 성삼위의 제2위격인 '성자', 즉 그리스도는 성부로부터 주어진 태초의 하늘땅(주어진 현실)을 변형시켜 새 하늘과 새 땅(변화된 현실)으로 자유자재할 수 있는 권능을 지녔네. 그 권능이 바로 인간의 상상력일세. 이 상상력을 사용할 때는 태초의 창조와 같은 모습으로 행해야 한다네. 그 기본이 바로 이전 대화에서 말한 '대상과 하나 되어 그 자체가 됨'의 힘을 쓰는 것이라네. 그리스도의 구원 방식은 십자가에서의 죽음일세. 십자가 위에서 죽는 것은 내 안의 모든 고정관념이 죽는 것과 마찬가지일세. 그것은 스스로에 대한 고착된 관념들일세. 나의 소망이 실현될 것이라는 믿음을 가로막는 두려움들일세. 이러한 낡은 관념들을 십자가에 못 박는 것일세. 그러나 십자가에 못 박힌 이러한 고정관념들을 죽이는 도구는 '그들의 존재를 온전히 인정해주고, 품어 안고, 위로해주는 자비의 시선'일세. 고정관념들의 입장에서는 '내가 죽는구나!' 하고 두려워할 테지만, 그렇지 않네. 그들의 죽음은 부활(정화, 승화)이기 때문일세. 이러한 자비의 시선은 상대성을 관하는 마음에서 생기네.

릴리 십자가라는 사형 틀이 부활의 상징인 이유는 그 위에서의 죽음이 새로운 존재성으로의 변형이기 때문이었군요. 저도 시크릿을 하다 보면 내면의 저항과 부딪혔어요. 그 저항감을 잘 살펴보면 '나 같은 게 과연…'이라는 고정관념과 '안 될 거야. 분명히 또 안 될 거야'라는 부정적 느낌이 활동하고 있다는 걸 발견했었죠. 자기사랑을 통해, 다양한 방식의 정화를 통해 이 같은 두려움과 불신의 목소리들을 없애고 싶어요.

카밀로 그래. 좋은 생각이야. 하지만 이 같은 작업은 절대로 폭력적으로 이루어져서는 안 된다네. 그러는 순간 자기방어가 발동되어 또 다른 상처받은 내면 아이들이 발생하기 때문이지. 그렇기에 자비의 말로 내면의 상처를 위로하고 온전한 허용을 통한 사랑의 시선으로 그들과 하나 되어 녹아들어야 하네.

릴리 저는 자기정화 작업을 꽤 시도해봤지만 정말 어려웠어요. 구체적인 방법을 하나 알려주실 수 있으신가요?

카밀로 먼저 현존의 자리에 평화롭게 앉아보게. 현존이란 존재의 느낌, '내가 있음' 그 자체이니 그 존재의 느낌에 푹 잠겨보게나. 마음의 온갖 소음들이 가라앉은 상태의 순수한 존재의 느낌을 지복이라고 부르는데, 그 지복의 상태가 익숙해지면 나의 숨기고 싶은 모습들, 상처들, 비참한 모습들, 잊고 싶은 기억들을 불러내게.

릴리 저도 그런 작업을 시도해 봤었는데요, 고요히 머물 때는 좋은데 나의 비참한 부분을 불러내는 순간 걷잡을 수 없이 다시 감정의 폭풍에 휘말리곤 해요.

카밀로 그것은 자네의 관점이 아직 주시하는 자로 안착하지 않았기 때문일세. 순수의식의 존재의 느낌을 오래 관하면 그 자리에 안착이 되지. 그러다 보면 떠오르는 감정, 생각, 느낌에 휩쓸리지 않고 바라보는 것이 가능하다네. 이렇게 주시자의 시선이 익숙해진 상태에서 상처들을 불러내면 되네. 그리고 그다음에 그것들에게 몸을 주어 형상화를 하게나. 투명한 몸을 주거나 빛나는 몸을 주어도 상관없네. 형상화, 의인화된 상처들을 두 손에 받쳐 들고 가만히 어루만져보게. 이때 상처들이 몸부림을 칠 것이네. 그러면 부드럽게 말해주게. '괜찮아. 외롭고 힘들었지? 이제 편히 쉬어도 돼.' 그저 그것들을 인정하며 바라보게. 해결되지 않은 내면의 매듭은 우리에게 끊임없이 자신의 존재에 대해 어필하고 있네. 자기를 알아봐달라는 뜻이지. 자기를 알아봐줄 때까지 그 상처들은 현실을 반복해서 출력해내네. 일종의 패턴 반복, 즉 상처로 남아 있는 기억들의 윤회일세. 정화의 첫걸음은 인정해주는 것일세. 그러면 조금씩 사랑이 움직여 그 아이들을 바라보는, 느끼는 내가 사라져갈 것이네. 그리고 그 상처받은 아이들도 변해갈 것이네. 아주 고요하고 투명하게.

- 창조의 원동력은 사랑이다.
- 사랑의 진정한 본질은 온전한 허용이다.
- 우리는 우리의 소망을 사랑해야 한다.
- 첫 번째 사랑은 자기사랑이 되어야 한다.
- 신적 차원에서의 사랑인 '나를 가지지 않음'은 궁극에는 '자기 자신을 잊어버림'에 도달하는데, 이것이 거룩한 망각이다.
- 자기정화는 지복의 상태에서 상처들을 형상화하여 어루만져주는 것이다.

위로부터의 심상화

카밀로 자네, 심상화는 자주 하고 있는가?

릴리 네. 자주 하긴 하는데… 잘 안 이루어져서 문제죠.

카밀로 그럴 것이네. 방법이 좀 잘못되어 있으니까 말이지. 누누이 말하지만 시크릿의 내부원리는 비이원성이라네. 그런데 우리가 심상화를 시작하는 그 순간부터 이미 이원적인 자세를 취하고 있다는 것을 자네는 알고 있는가?

릴리 이원적인 자세라고요?

카밀로 심상화를 시작하는 사람의 의식상태를 살펴보자면 일단 '나는 심상화를 한다'라는 생각으로 시작을 하지. 그러면 의식에

'나'의 상상의 대상이자 내용으로서의 장면들이 등장하네. 이때 보통은 심상들을 보고 느끼는 행위의 주체가 '나'라고 자연스럽게 생각하지. 그렇기에 '나는 심상화를 한다'라는 생각을 할 테니까. 인식의 주체가 '나'라면 상상 속의 심상들은 인식의 대상이 되겠지?

릴리 그렇죠. 내가 심상이라는 대상을 인식하는 거니까요.

카밀로 하지만 알고 보면 인식하는 주체로 여겨지는 그 '나'조차도 인식이 가능하니까 그 또한 인식의 대상이지 않겠나? 주체로 여겨지던 '나'가 인식의 대상이 되는 순간 그 '나'를 인식하는 어떤 '나'가 또 생겨나고 그 새로운 '나'를 알아채는 순간 그 새로운 '나' 또한 주체에서 대상이 된다네. 이와 같은 분열은 인식이 있는 한 끝없이 이어지지. 주체라고 여겨지던 것이 사실은 대상인 현실. 그 어떤 수단을 동원한다 해도 인식의 '절대적 주체'로서의 '나'는 존재할 수 없다네. 찾으면 찾을수록 인식의 대상만이 존재하네. 인식은 인식의 주체와 대상이 있어야 가능할 터인데, 인식의 주체를 따로 상정할 수 없는 모순에 부딪히는 거지. 즉 모든 것이 인식의 대상이라네. 이것이 무엇을 뜻하겠는가?

릴리 인식의 주체와 대상이 따로 없다는 말씀이시지요.

카밀로 그렇지. 그 말은 모든 것이 대상이니 인식의 대상이 인식 그 자체라는 거지. 여기서 비이원의 실체가 나타나네. '인식의 대상(너)이 그대로 인식의 주체(나)이다'라는 깨달음일세. 즉, 내가 심상화를 할 때 상상하는 내용이 바로 '나'인 것일세. 여기서 창조의 대전제 'I am that I am'이 그 실체를 드러내네. '나는 내가 인식하는 그 모든 것이다.' 이제 비이원의 앎이 굳건해지는 거지.

릴리 정리하자면 '내가 심상화를 한다'가 아니라 '인식되는 심상 자체가 나다'가 맞는 거군요.

카밀로 주체와 대상이 하나로 통합되는 현상은 사실 심심치 않게 체험되네. 예를 들어 자연의 장엄한 풍경 앞에 섰을 때, 눈앞에 펼쳐진 풍경에 빨려 들어가는 경험을 해본 적 있나? 내가 보고 있다는 사실조차 잊어버리고 머릿속의 생각들마저 멈춘다네. 오직 인식되는 장엄한 풍경만이 오롯이 느껴지는 감각! 이때가 보이는 그것이 되는 순간일세. 또한 마라톤과 같은, 육체를 극한으로 몰아붙이는 운동을 할 때도 자신을 잊고 감각만이 생생하게 존재하는 현상이 일어나지. 이 순간이 내가 그것이 된 순간인 걸세.

릴리 맞아요. 저도 그런 적이 있었어요. 그것이 비이원의 상태군요.

카밀로 심상화와 관련하여 think from이라는 가르침이 있네. 네빌 고다드 덕에 유명해진 심상화 기법이지. 사실, 이 방법은 여전히 이원적으로 작동하는 의식을 속여 'I am that I am'의 효과를 끌어내는 방법일세. 하지만 진정한 심상화를 하려면 think from을 넘어서야 하네. 그래서 상상으로 만들어낸 그것 자체가 되어야 한다네. '내가 상상하고 있다'에서 상상하고 있는 '나'가 따로 없다면? 상상하는 내용이 그대로 나라면? think from을 할 필요조차 없지 않겠는가? 지난 대화를 통해서 끊임없이 현실이라고 부르는 것과 마음속 이미지(심상, 기억, 꿈, 환상, 느낌)가 같은 것이라고 말해왔네. 유일한 실체인 의식의 차원에서 그것들은 모두 같은 것일세.

릴리 어느 정도 이해는 됩니다. 하지만 여전히 깊이 와닿지 않는 것도 사실이에요.

카밀로 여전히 우리의 의식은 이원성의 굴레를 벗지 못하고 있는 게 사실이지. 그럼 어떻게 심상화를 해야 그것과 하나 될 수 있을까? 믿음과 느낌은 이차적인 요소라네. 그것들은 심상에 생생한 현장감을 불어넣어 현실 구현을 가속하는 요소일세. 그것보다 중요한 것은 우리의 관점이 비이원적 관점으로 전환되어야 한다는 것이네. 관점의 전환, 메타노이아가 일어나야 해. 이것은 '현상을 보는 방법, 세상을 느끼는 방식을 바꾸라'는 뜻일세. 모든 심상화의 준비단계는 현존의 자리에 머무는 것일세. 통상적인 현존의 자리는 '고요히 가라앉은 존재감 그 자체에 머무름'을 지칭하지만 사실 현존의 진정한 뜻은 비이원의 존재상태 그 자체를 말하는 것이니 잊지 말게. 현존의 자리를 고요한 지복의 상태로 바꿔 써도 무리는 없다네. 이것은 이성이 침묵하는 상태야.

릴리 혹시 그게 네빌이 말한 잠과 비슷한 상태, 생시와 잠의 경계 등으로 표현된 그것인가요?

카밀로 그렇네. 이 고요한 지복의 상태에서 원하는 심상을 불러오게. 마치 숨을 쉬듯 자연스럽고 편하게 불러오는 것이 핵심이네. 힘을 들일 필요도 없이 그냥 불러오는 거네. 그리고 불러온 심상, 지금 인식되는 그것이 나 자신이라는 앎에 젖어보게나. 그저 평화 안에서 바라보게. 그리고 '나'인 그 심상에 사랑의 감정을 실어 보내게. 그 감미로움을 즐겨보게. 그저 바라보게나, 지복의 눈으로.

릴리 바라봄의 힘은 대단하네요. 바라봄은 곧 인식이고 바라보기에 존재하니까요. 바라봄을 통해 지금 '나'인 그 심상이 있는 것이죠.

카밀로 얼마나 사랑스러운가! 얼마나 경이로운가! 기쁨이 자연스럽게 발현하네. 기쁨은 '감사'일세. 마냥 감사하다네. 이유도 대상도 없이 존재 자체로 기쁘고 감사하다네. 나와 심상 사이에 간격이 없다네. 점점 희미해져서 거리감이 없어지는 것이네. 지금 여기에 오직 그것(심상 내용)만 오롯이 나타나고 있으며 사랑과 감사와 지복만이 있네. 이렇게 둘이 하나가 되네. 둘이 하나가 된 그것은 가장 적절한 때에 물리적 실체로서 자신을 드러내지. 잊지 말게나. 내가 그것임을 알면 그것은 몸을 받아 이 땅으로 태어난다네.

릴리 '내가 그것임을 알면 그것은 몸을 받아 현실로 태어난다'는 말씀에 시크릿의 핵심이 있다고 느껴지는데요?

카밀로 그렇지. 시크릿의 첫 번째 전제는 창세기에서 모세가 신을 체험하는 이야기에서 나왔던 신의 고백 'I am that I am'인데 이것은 인식되는 모든 것이 바로 나라는 비이원성의 고백이네. 이 비이원성의 고백은 신의 자리인 I-am-ness 상태에서의 깨달음이라는 사실을 알아야 하네. 여기에 시크릿의 진짜 비밀이 있다네…. 시크릿은 인간의 자리에서 하는 것이 아닐세! 말 그대로 '신의 자리'에서 행하는 것일세! 자네의 지난 경험을 잘 살펴보게. 시크릿을 하는 자는 누구였는가?

릴리 저죠. 릴리요.

카밀로 자네는 지금 시크릿을 행하는 주체가 릴리라고 말하는군. 그 말은 지금 몸을 지니고 릴리라는 이름표를 지닌 개체존재로서의 자네를 말하는 것이지?

릴리 그게 그렇게 되는군요. 아무 생각 없이 너무나 당연하게 생각했네요.

카밀로 시크릿은 현실을 창조해내는 법칙을 말하는 것이네. 그것은 인간의 자리(that I am)에서 행하는 것이 아닐세. 말 그대로 신의 자리(I am)에서 행할 때 그 본연의 힘을 발휘하는 것일세.

릴리 그 신의 자리란 게 어떤 것인가요?

카밀로 신의 자리에서의 시크릿을 알려면 먼저 신이 무엇인지를 알아야 하지. 어떤 문화권에서 어떤 세계관을 가지고 살아왔는지에 따라 다르지만, 대부분 신이라는 단어를 들을 때 연상하는 것은 인자한 미소를 띤 할아버지 같은 인격신의 형상이네. 인간은 초월적인 존재들을 연상할 때 의인화하는 습성이 있네. 그 습성을 따라서 모든 것을 창조한 창조주, 즉 신 또한 인간의 형상을 지닌 것처럼 인식되는 게 가장 일반적이지. 그렇다면 이제 신이 무엇인지에 대해서 살펴보자고. 인격신을 모시는 대표적인 종교인 그리스도교의 성경을 통해서 말이야. 그리스도교 성경 창세기 편을 보면 모세가 하느님의 산인 호렙에서 하느님을 만나는 장면이 나오네. 그때 하느님의 정체를 묻는 모세의 질문에 대한 하느님은 'I am that I am — 나는 나인 자 그로다'라고 대답을 하지. 신의 정체가 '순수존재의식(I am)'임을 말해주는 것일세. 그렇다면 신의 자리에서 행하는 시크릿은 어떤 상태를 말하는 것이겠나?

릴리 순수존재의식을 자각하는 상태에서 행하는 것이란 말인가요?

카밀로 그런 셈이지. 시크릿은 현실창조의 법칙일세. 그러니 당연히 피조물인 인간(that I am)의 포지션이 아니라 창조주인 신(I am)의 자리에서 시작해야 하는 걸세. 즉, 시크릿을 진짜 잘하기 위해서는 내가 있다는 근원적인 존재감의 자리인 I-am-ness의 상태에서 행하는 것이란 말일세. 시크릿은 나라는 정체성을 '몸인 나'에게서 확장시켜 무한한 존재의 느낌을 아는 앎 안에서 행해야 한다는 말일세.

릴리 개아가 행하는 시크릿과 신의 자리에서 행하는 시크릿은 어떻게 다른가요?

카밀로 보통의 시크릿은 말하자면 아래로부터 위로 올라가는 방식이라네. 즉 어떤 목표에 도달하기 위해서 끌어당김의 법칙을 활용하는 것이지. 반면에 비이원 시크릿은 위로부터 아래로 내려가는 것이지. 가장 큰 차이점이 이것일세. 비이원 시크릿은 소망의 내용이 이미 이루어진 불변의 사실임을 인식하고 회상하듯 반추하는 것이네.

릴리 그것은 어떤 원리로 가능한 건가요? 단순히 그렇게 믿고 행하는 수준은 아닐 것 같은데요.

카밀로 논리적으로 이해하지 못한 상태로 행하는 억지 믿음은 인위적인 노력에 해당하지. 인위적인 노력은 이성과 무의식 간의 긴장을 유발하네. 이러한 긴장이 발생하면 소위 말하는 균형력이나 역노력의 법칙이 발동해 오히려 심상화에 실패할 확률이 높아지네. 그러니 이성적이고 논리적인 이해가 없는 믿음의 행위는 오히려 통상적인 시크릿 기법 안에서 나타나는 현상일세. 위로부터의 시크릿을 이해하려면 앞에서 계속 말했었던 '인식'에 대해서 충분히 이해하고 있어야 하네.

- 인식되는 심상 자체가 나다.
- 세상을 느끼는 방식을 바꿔라.
- 나와 심상이 하나 되면 가장 적절한 때에 물리적 실체로서의 심상이 드러난다.
- 시크릿은 개아의 자리가 아니라 신의 자리에서 행해야 한다.

전지전능

카밀로 지난 대화 내내 공부한 것이 죄다 인식과 존재의 관계에 대한 것이라고 해도 과언이 아니지. 인식은 맹점을 지닌다네. 기억나는가?

릴리 네, 똑똑히 기억하고 있어요. 인식은 맹점을 지니기에 어떤 것을 인식하는 순간, 그 내용에 해당하는 모든 것이 현재완료의 상태로 나타나는 것을 모른다. 우리가 인식하는 현재는 (개념적인 구분상의) 미래로부터 흩뿌려져 존재한다.

카밀로 잘 기억하고 있군. 그럼 이제 한 가지 의문을 떠올려야 하네. 인식의 맹점은 단지 시공간의 움직임을 표현하기 위해 존재하는 것일까? 인식의 맹점이 존재하는 진짜 이유, 그것은 인식의 특징이기도 하네. 인식의 맹점으로 과거만을 볼 수 있는 이유는 신의 입장에서는 모든 것이 이미 일어난 일, 과거이기 때문이지.

릴리 신에게는 모든 것이 과거라고요?

카밀로 그렇다네. 신의 정체는 신 의식, 즉 배경의식이라네. 이 배경의식의 바탕 위에 우주 삼라만상이 떠올라 인식되는 것이지. 신을 묘사하는 표현 중에 전지전능이라는 말이 있네. 모든 것을 알고 모든 것이 가능하다는 뜻이지. 그리고 신이 모든 것을 알 수 있는 이유가 신(I am)의 입장에서는 실제로 이미 일어나 인식된 과거밖에 없기 때문일세. 그에게는 모든 것이 '이미 일어난 사실'이 되어버리는 것일세.

릴리 개아의 위치에서는 '상상'이나 '이루어지길 바라는 소망'이라 하더라도 신의 자리에서는 모두 '이미 인식된 것'이군요. 인식은 존재를 결정하기 때문에 개아의 입장에서 볼 때는 상상이나 소망에 불과한 것일지라도 그것은 이미 존재하는 것이고요. 상상은 없는 것을 만들어서 보는 것이 아니라 궁극실재의 차원에서 이미 존재하는 어떤 것을 상상이라는 형태로 보는 것이라고 하셨잖아요.

카밀로 그렇다네, 보는 자가 개체존재로서의 내가 아니기 때문이네. 거듭 말하지만 내가(개아) 보는 것이 아닐세. 나(개아) 또한 보인 것(인식의 대상)일세. 그러니 신이 본다고 생각하면 쉬울 걸세. 이 말이 무엇을 뜻하는지 눈치챘는가?

릴리 지금 이 순간이라는 것은 사실 신(I am)이 회상하는 과거의 어떤 사건, that I am인 건가요?

카밀로 비유하자면 없이 계시는 하느님이 명상 중에 삼매에 들었는데 그 안에 나타난 것이 바로 이 꿈같은 세상이네. 즉 신은 지금 이 순간을 회상하고 있는 것일세. 지금 이 순간이 신에게 이미 일어났던 불변의 사실이라면 신이 전지한다는 사실이 설명되지 않겠나?

릴리 전지하다는 게 이런 뜻이었군요. 전능하기도 하잖아요. 그건 어떻게 가능한 거죠?.

카밀로 이 전능이라는 권능 때문에 지금 자네라는 렌즈를 통해서 신에게 관찰되는 세상이 존재하는 것이네. 자네, 신이 세상이라는 꿈을 꾸면서 진정 체험하고 싶어하는 게 무엇이라고 생각하나?

릴리 글쎄요. 자신의 존재를 증명하는 것?

카밀로 신은 '과정'을 체험하길 원한다네. 사실 결과를 체험하기는 아주 쉽다네. 상상력을 동원해서 무언가를 떠올리면 그만일세. 그러니 결과라는 것은 순식간에 체험이 가능한 것이지. 신에게는 모든 것이 과거라네. 과거라는 것은 이미 지나간 불변의 사실일세. 또한 상상은 생각이 아니겠나? 생각을 보는 것은 이미 존재하는 어떤 불변의 사실을 보는 것일세. 이처럼 어떤 상황의 결과를 보는 것은 아주 쉬운 일일세. 상상으로 인식하면 되는 것이지. 이러한 법칙이 '이루어진 상태를 상상하라'라는 가르침의 근거가 되는 것일세.

릴리 지금까지의 말씀을 요약해볼게요. 하나의 결과를 인식해 그것이 'I am that I am'으로 각인되면 그 결과로부터 원인이 펼쳐지고, 개체는 현재라는 시점을 통해서 과정을 체험한다. 그것이 지금 우리가 체험하고 있는 지금 이 순간이다. 이렇게 펼쳐지는 과정은 각 개인의 현실 출력회로인 인드라망의 인연조합을 통해 각양각색의 현실을 출력하며 펼쳐진다.

카밀로 완벽하네. 현재의식은 그것을 오감을 통해서 해석해 인식하는 일종의 최종수신 프로그램이지.

릴리 그런데 어째서 과정을 체험하려 하는 걸까요?

카밀로 사실 결과는 그 자체로는 아무런 의미가 없네. 진짜 중요한 것은 매 순간의 사건들에 부여되는 의미일세. 사건들에 부여되는 의미는 일종의 '자기규정'이자 '관념화'이지. 매 순간의 사건들 안에서 궁극실재가 표현하려 하는 것은 다양한 가치의 표현일세. 가치라는 것은 상대성의 작용이라는 관념체가 실체적인 힘을 얻는 것과 같다네. 원인에서 과정을 거쳐 결말에 이르기까지의 전 과정이 삶의 우여곡절을 통과하면서 알려지는 수많은 내적, 외적인 관념체를 드러내는 것이야. 그리고 이러한 과정 안에서의 우여곡절이 드러나야만 신의 또 다른 속성을 드러낼 수 있다네. 이 속성은 결과에 대한 새로운 인식으로 존재를 결정할 수 있다는 사실과 관련이 있지.

릴리 신의 또 다른 속성이란 어떤 것이죠?

카밀로 결과에서 펼쳐져 있음을 아는 앎, 지금 이 순간이 이루어진 결과에서 과거를 회상하고 있음을 아는 앎, 결과에 대한 새로운 인식으로 얼마든지 현실을 바꿀 수 있다는 앎은 모든 것을 가능하게 한다네. 그것이 바로 전능이지. 결과를 새롭게 재인식함으로써 얼마든지 쪽대본을 새로 쓸 수 있다네.

릴리 결국 시크릿을 행할 때는 지금 이 순간 나에게 보이는 것들에 대한 철저한 앎이 중심이 되어야 하는군요. 그것이 신의 전지전능을 활용하는 법이고요.

카밀로 그렇지. 매 순간은 '지금 여기'라는 유일한 배경 위에 찰나생멸하는 환영들일세. 그리고 그 환영들은 매 순간 새로운 것들이라네. 그 새로운 것들은 순간순간 생멸할 때 이미 모든 것이 현재완료된 상태로 나타났다 사라지네. 그것들이 어떤 자기규정, 즉 특정한 존재의 잔상을 따를 때 그것은 연속성을 가지며 하나의 궤도를 형성하네. 그것이 바로 트랙일세.

릴리 그러니 결국 연속된 것으로 보이는 하나의 트랙을 완성하는 것은 결과에 대한 앎이군요? 이루어진 결과에 대한 믿음의 수준이 아니라 '앎'이요. 이 앎이 확고하다면 과정은 저절로 펼쳐져서 '지금 여기'를 채워나갈 수밖에 없겠어요.

카밀로 그렇다네. 그것이 가능한 자리가 신의 자리인 순수존재의식의 자리야. 그리고 이런 시크릿은 결말로부터 과정을 내려다보는 형태가 되기 때문에 위로부터의 시크릿이라고 부를 수 있지.

- 신의 입장에서는 모든 것이 이미 일어난 일, 즉 과거이다.
- 하나의 결과를 인식해 그것이 'I am that I am'으로 각인되면 그 결과로부터 원인이 펼쳐지고, 개체는 현재라는 시점을 통해서 이 과정을 체험한다.
- 매 순간의 사건들 안에서 궁극실재가 표현하려 하는 것은 다양한 가치의 표현이다.
- 결과에 대한 새로운 인식으로 얼마든지 현실을 바꿀 수 있다는 앎이 바로 전능이다.

상상에서 현실로

릴리 결과에서 과정을 바라본다는 게 좀 어렵습니다. '이게 정말 될까? 된다면 어떻게 될까?'라는 생각도 들고요.

카밀로 '정말 될까?'가 아닐세, 그렇게 되도록 해야 하네. 왜냐면 이 방법이 시크릿을 행하는 많은 이들을 억지 오감의 함정에서 구해낼 유일한 방법이기 때문이지. 많은 이들이 시크릿에 실패하고 지쳐버리지. 이런저런 심상화 기법을 다 행해봐도 안 되기에 그렇네. 그 이유는 바로 억지로 행위하기 때문이네.

릴리 하긴 저도 실패한 시크릿의 기억들을 돌아보면 대부분 무언가를 억지로 하려고 했어요. 이루어지지 않았음을 인식하기에 '나는 이것을 믿는다, 믿는다, 믿는다'라고 억지 믿음을 주입하고, 생생히 느끼지 못했기에 '지금 이 순간 그것은 이루어져 있고, 나는 그것을 생생하게 느낀다, 느낀다, 느낀다'라고 자기최면을 걸었죠. 하지만 그것은 심층 무의식의 차원에서는 '나는 믿지 못하고, 느끼지 못한다'라고 말하고 있는 것과 같음을 저는 느끼고 있었어요.

카밀로 믿는다고 애써 생각하는 것은 믿지 못한다는 말의 반증이네. 생생한 감각이나 감정을 느끼려고 노력하는 것도 마찬가지고. 믿음과 느낌이 지금 머리가 주장하고 있는 것과는 반대의 관념에 뿌리를 두고 있으니 그것이 이루어질 수 있겠나? 이것이 자네가 실패한 요인일세. 예를 들어보겠네. 자네 주머니에 당장 백만 원이 들어있다고 가정해보세. 자네는 주머니에 백만 원이 있다는 것을 '알고' 있네. 그것을 알고 있다면 자네의 마음은 어떻겠는가? 그것이 있다는 사실을 끊임없이 재인식하기 위해 10분마다 한 번씩 주머니에 손을 넣어 수표를 만져볼 것인가?

릴리 아뇨. 그럴 필요가 없죠. 그것이 바로 믿음과 앎의 차이군요. 만약 제가 백만 원이 실제로 있음을 '알고' 있다면, 그것이 가져오는 풍요로움을 즐기기 위해서 매 순간 '아이고! 좋아 죽겠네!' 하고 난리를 치지도 않을 테고요. 확고한 앎이 있다면 그 사실에 대한 저의 감정, 느낌은 오히려 편안하고, 담담하고, 잔잔한 감정의 상태가 될 거에요. 그것이 내가 이미 가진 상태에서 오는 당연함의 느낌인 거죠. 가끔씩 다시 손을 주머니에 넣어서 수표를 만져보고 앎을 재확인한다 해도 느껴지는 감정의 상태는 스스로의 경제상태에 대한 대만족의 느낌으로부터 오는 당연한 감정이죠. 당연히 내 것인 수표를 들고 '이것이 정말 내 것인가! 우와!' 하는 것이 아니었어요. 그것보단, 아마 이미 가지고 있는 것을 느긋하게 감상하는 마음이 들겠죠.

카밀로 지금까지 자네의 시크릿은 이러한 당연함에서 파생되어야 할 감정 상태와 느낌을 인위적인 노력을 통해 만들어내려고 했기에 오히려 결핍과 집착이 생겨 실패한 것이네. 이미 그러함을 아는 앎으로부터 파생되는 감정은 오히려 강렬한 감정 에너지의 고양이 아닐세. 처음에는 그럴 수 있다고 하더라도 그것은 지나가게 되고, 그 이후부터는 당연함에 기반한 은은한 지복감이 나타나지. 강렬한 감정 에너지의 고양은 이 은은한 지복감을 나타나게 하는 과정일 뿐이라네.

릴리 그런데 그것에 대해서 당연한 느낌이 들기가 어디 쉬운 일인가요? 제 생각에는 거의 불가능에 가까워 보입니다.

카밀로 그래서 그것이 어째서 가능한지를 논리를 통해서 이해시켜주고 있지 않은가? 인식의 맹점, 시공간의 실체, 심상과 물상의 관계, 인식과 존재의 진실 등을 입이 아프도록 설명하는 것도 자네의 이성을 논리로써 납득시켜 의심을 해소시키려는 목적일세. 비이원 심상화의 핵심요소는 철저한 '앎'일세. 단지 믿음으로 남는 것으로는 부족하네. 말 그대로 철저한 앎이 되어야 하네. 이 앎은 순수한 인식이네. 그렇기에 인위적인 믿음과는 다른 것일세.

릴리 맞아요. '믿어야 한다', '의심하지 말아야 한다'는 가르침들이 있지만 사실 이러한 것들은 인위적인 노력이죠. '나는 믿는다', '나는 의심하지 않는다'고 되뇌는 것은 사실 '나는 믿지 못한다'고 말하는 것과 똑같은 것 같아요. 이러한 인위적인 노력이 집착을 만들어내고, 그로 인해 역노력의 법칙이나 균형력이 발동해 오히려 원하는 상황과 반대의 것이 나타나는 요인이 되는 거겠죠?

카밀로 그 반면에 '앎'이라는 것은 순수한 '인식'일세. 시크릿은 결국 인식의 문제일세. 자네는 자네가 사람이라는 사실이나, 자네가 여자라는 사실을 믿으려고 노력하지 않아도 알지? 앎은 이와 같은 것이라네. 결과에 대한 앎은 이처럼 당연한 앎과 다른 것이 아닐세. 이와 같은 견고하고 당연한 앎은 원하는 목표를 도착지점으로 설정하는 네비게이션의 좌표 같은 역할을 한다고 볼 수 있네. 일단 목적지의 좌표를 설정하면 네비게이션은 그에 도달하는 길을 찾아주지. 물론 개개인의 현실 출력회로를 따라서 말일세. 어쨌든 가장 중요한 것은 인식의 실체를 깊이 깨우치는 것이네. 심상이 나타나는 좌표와 현실을 볼 때 물상으로 여겨지는 심상(인식의 맹점으로 인한)이 나타나 걸리는 지점은 사실 동일한 점인 '지금 여기'일세. 과거·현재·미래의 것, 물상·심상, 가능태·현실태… 그 무엇이 되더라도 그것들이 인식을 통해 나타나 걸리는 지점은 같네. 그렇기에 현실과 상상은 본질적으로 같은 것이라는 거지. 모두가 똑같은, 꿈속의 용과 같은 심상(의식의 현현)이란 말이지.

릴리 지금 나의 현실에서의 소망은 아직 이루어지지 않은 상태로 여겨지지만, 그것은 단순히 몸이 체험하는 트랙에서 오감으로 발현되지 않았기 때문이군요.

카밀로 이렇게 생각하게나. '지금 생생히 오감으로 느껴지는 이 현실은 미래의 결과로부터 펼쳐진 것이다. 지금 이 오감의 영역으로 실현된 소망이 나타난다.' 그러면 지금의 오감이 실현된 소망의 과정을 이루는 오감임을 인정하는 것일세. 즉, 지금의 오감이 실현된 소망의 증거가 되는 것일세. 실현된 소망이라는 미래의 결과는 한 점에서 존재하는 것이네. 그렇기에 그것의 완벽한 오감은 그 한 점에 도달했을 때 몸을 통해서 느껴지는 것일세. 그러니 그것이 실현된 오감을 지금 경험하지 못한다고 안달하지 말게. 지금 이 순간이 실현된 소망의 상태에서 회상하는 과정임을 철저히 인정한다면 실현된 소망의 오감을 현재의 트랙으로 끌어당기는 것일세. 이러한 이유로 네빌 고다드를 비롯한 많은 영성가들이 이미 이루어진 상태를 생생하게 느끼라고 말한 것일세. 하지만 그것이 이루어지는 메커니즘을 모르면 이러한 시도는 대부분 억지 노력이 되기에 반의도, 균형력, 역노력의 법칙 등에 의해 실패하네. 반면 비이원 심상화는 철저하게 상상과 현실,

원인과 결과가 같은 것임을 인정하고 현재는 미래에서 회상하는 과거의 한순간임을 알기에 억지 노력이 아닌, 당연한 느낌이 되는 것일세.

릴리 소원이 이루어진 모습을 지나간 과거를 회상하듯 당연한 느낌으로 바라보라는 말이 여전히 좀 어려워요. 논리를 통해서 어느 정도 이해는 할 수 있는데 이게 직접 해보니 쉽지가 않네요.

카밀로 자네 혹시 '이 또한 지나가리라'라는 말을 들어본 적 있나? 이 말이 무엇을 표현했다고 생각하나?

릴리 그 어떤 일이든지 영원히 지속되는 건 없다는 뜻 아닌가요? 아무리 힘든 일일지라도 흘러갈 테니 걱정을 내려놓으라는 뜻이요.

카밀로 분명히 그런 뜻도 가지고 있지. 힘든 순간을 보내고 있는 사람들에게 위안을 주는 메시지로써 말이야. 하지만 이 격언은 더 많은 뜻을 내포하고 있다네. 이 단순한 한마디에 시공간의 진실, 인식의 맹점, 비이원 심상화의 핵심요소가 함축되어 있네. 자네도 알다시피 인식은 찰나생멸하여 점멸하는 '지금 여기'만을 볼 수 있네. 그 어떤 것이 인식되더라도 그것은 '지금 여기'라는 거대한 의식공간을 품는 배경 안에 나타나는 것일세. 그리고 그 '지금 여기' 안에 포착된 것은 그 무엇이든지 이미 지나가버린 과거이며 기억과 같은 일종의 심상일세. 여기까지 이해가 되는가?

릴리 이제 그 점에 대해서는 의심하지 않습니다.

카밀로 어째서 과거만을 인식하는지, 어째서 인식의 맹점이 생겨났는지, 어째서 시공간이 운동하는 것처럼 보이는지는 이미 언급했네. 그리고 이러한 일이 생겨나는 진짜 이유는 지금 우리가 인식하는 이 순간이 사실 내(개아)가 인식하는 게 아니고 '현재완료된 것을 회상하는 신(I am)'이 인식하는 것이기 때문이네. 우리가 보는 게 아니라 우리의 눈을 통해 보는 것이지. 즉, 우리가 보는 것은 신의 입장에서는 하나의 기억이라는 심상일세.

릴리 그렇다면 이것의 숨겨진 의미는… 인식의 순간에, 인식된 그것은 이미 완료되어 흘러간다는 뜻인가요? 또, 그것이 단순한 신의 회상에 지나지 않는다는 뜻인가요?

카밀로 인식할 수 있는 모든 것은 '이미 그러한 모습으로 존재하는 것'일세. 신은 자신 안에 이미 존재하는 것을, 이미 실제로 일어난 사건을 기억하여 회상하는 것일세. 모든 순간은 찰나에 생하며, 생하는 동시에 멸하여 흘러간 것일세. 그러나 이런 일이 가능하다는 것은 신의 입장에서 살펴보면 '또다시 점멸하며 찰나생멸할 그 무엇이 이미 준비되어 있다는 뜻'일세. 이 말이 무슨 뜻인지 와닿는가?

릴리 제가 무언가를 인식하는 순간 이미 다음 순간이 준비되어 있다는 뜻인가요?

카밀로 그렇지. 자네의 다음 찰나는 '지금 여기'에서 이미 준비되어 있는 것일세. 무엇을 선택할지는 지금 이 순간 자네 인식의 몫일세. '지금 여기' 그 자체가 되는 것일세. 아니 사실을 말하자면 그것을 선택하는 자네의 모습마저도 이미 신에 의해 준비됐다는 진실이 있는 것이지. 모든 것은 이미 준비되어 있으며 그것은 '지금 여기'에서 나타날 뿐인 걸세. 그것이 가능해지면 '지금 여기'를 상징하는 시제인 '현재'의 진짜 모습을 알게 되네. 바로 지금 이 순간이 '일원성(신의 시선)에서 돌이켜 회상하는 이원성의 세상'

임을 알게 되는 것이지. 즉, 이미 삶이라는 모든 여정이 끝나서 완료된 자리에서 지나온 삶을 회상하는 것이 지금 이 순간의 숨겨진 진실이네. 이 원리 위에 시크릿의 심상화가 세워진 것이네. 결과를 인식하고 앎으로서 머무르는 것은 그 결과에 대한 앎으로부터 원인과 과정이 펼쳐지는 법칙으로 작용하는 것이지.

- 당연함에서 파생되어야 할 감정 상태와 느낌을 인위적인 노력을 통해 만들어낸다면 결핍과 집착이 생겨 시크릿에 실패할 수밖에 없다.
- 지금 이 순간이 실현된 소망의 상태에서 회상하는 과정임을 철저히 인정한다면 실현된 소망의 오감을 현재의 트랙으로 끌어당기는 것이다.
- 당신의 다음 찰나는 '지금 여기'에서 이미 준비되어 있으며 무엇을 선택할지는 지금 이 순간 인식의 몫이다.

당신은 생과 사를 넘어 있다

카밀로 과거를 회상하는 신의 시선을 이해하려면 자네의 진짜 정체에 대한 자각이 있어야 하지. 인간의식의 탄생을 살펴보자면 엄마 뱃속에서 열 달을 지낸 후에 하나의 개체존재가 탄생하지. 하나의 고유우주를 관찰하는 렌즈의 탄생일세.

릴리 탄생이라는 건 궁극실재의 입장에서 보면 TV 채널이 하나 더 탄생한 거네요? 그리고 이렇게 탄생한 개인은 그 존재의 잔상을 따르며 고유우주 하나를 관찰하는 통로가 되고요. 이렇게 관찰되는 고유우주의 드라마가 지금 제가 인식하고 있는 세상인가요?

카밀로 그렇네. 인간의식의 시작, 그러니까 릴리라는 한 개인의 시작은 탄생을 기점으로 그 역사를 시작하게 되지. 그런데 사실 그 탄생은 상대성의 짝인 '죽음'으로부터 펼쳐진 것일세. 즉, 시공간이 과거에서 미래로 흐르는 것처럼 느껴지는 이 현실세계에서는 탄생이 죽음보다 먼저 있는 것으로 보이지만 이는 인식의 맹점으로 인한 것이네. 그러니 사실을 따져보면 결과인 '죽음'으로부터 탄생이 펼쳐져 나온 것이네. 다시 말해, 지금 자네가 살아있는 이유는 죽음이 있기 때문이야.

릴리 그렇군요…. 개인의 탄생과 더불어 죽음으로의 여정이 시작된다. 그리고 그 여정에서 일어나는 모든 사건을 보고, 듣고, 맛보고, 만지고, 느끼고, 분석하는 주체는 그 인생을 사는 개인이 아니다. 개인이란 단지 그 과정에 등장하는 하나의 통로, 일종의 채널이다…. 제가 잘 이해한 건가요?

카밀로 잘 이해했네. 그래서 '나'라는 것은 실체가 없이 허수로서 존재하네. 지금 자네의 인생을 사는 주체가 자네라는 개인이 아니기 때문일세. 지금 자네의 몸뚱이를 비롯하여 자네가 인식하는 세상 모두를 인식하는 진짜 주체는 궁극실재 그 자신이네.

릴리 제가 인식한다고 생각하는 모든 것은 사실 제가 하는 것이 아니라는 말씀이네요. 그것의 주체는 '진짜로 없는 것', 탄생과 죽음이라는 상대성마저 넘어서 있는 '태어나지 않은 것'인 궁극의 실재고요. 저라는 개인은 인식의 주체가 될 수 없군요.

카밀로 그럼 진짜 자네는 어디에 있는 것일까? 이것을 이해하는 것이 깨달음과 시크릿을 동시에 잡을 수 있는 유일한 길일세. 진짜 자네는 태어나지 않았네. 태어나지 않았기에 죽지도 않는다네. 진짜 자네는 이미 탄생과 죽음을 초월해 존재하고 있는 거야. 어떤 한 개인의 탄생과 죽음이라는, 이미 일어난 불변의 사실을 회상하여 아는 '신의 시선' 그 자체로서 자신의 존재를 증명하고 있다네. 아직도 자네가 육체라는 한 개인으로 느껴지나? 수십 년 전 한 어머니의 몸을 빌려 태어난 한 개인으로 느껴지나? 만약 자신을 그렇게 느끼고 있다면 한 가지 사실을 알아야 하네. 지금 이 순간 인식되고 있는 자네는 이미 죽었다는 사실일세.

릴리 나를 몸이라고 여긴다면, 자신이 이미 죽어 있음을 또한 알아야 하는 거군요. 릴리라는 개인의 탄생은 죽음으로부터 펼쳐져 시공간의 배열상 앞에 위치한 것에 불과하기 때문이니까요. 제가 스스로 살아 있다고 여기고 있는 이 순간은 사실은 전지전능한 신의 시선이 회상하는, 이미 일어났던 불변의 사실의 한 장면일 뿐이고요. 저는 죽음으로부터 펼쳐져 나타났고, 그렇기에 스스로 탄생했다고 여길 수 있는 거였어요.

카밀로 그래. 하지만 진정으로 탄생한 것은 없네. 그저 의식이 만들어낸 하나의 드라마가 있을 뿐이네. 자네의 진짜 정체는 지나간 불변의 사실을 회상하는 전지전능한 신의 시선일세. 자네는 몸이 아닐세. 자네는 태어난 적이 없네. 그렇기에 죽음 또한 없네. 자신으로부터 시작한 모든 것을 자신 안으로 거두어들인 상태로 있는 일원성의 그것. 시작과 끝이 동시에 존재하여 '나는 알파요 오메가이니라'라고 말을 할 수 있는 유일한 실재. 움직이지 않았기에 태어나지 않아 죽음마저도 초월해 있는 그것인 '궁극실재'가 자네의 참모습일세. 자네를 괴롭히는 어떤 문제가 있나? 스스로가 살아 있다고 느끼기에 그런 것일세. 살아 있는, 탄생한 자신이 나타나 인식되고 있다는 사실은 자네라는 개인은 신의 자리에서 볼 때는 이미 자네가 펼쳐져 나왔던 죽음으로 돌아간 존재임을 증명하는 것일세. 이제는 자네가 영광스러운 신의 시선으로 부활하여(궁극의 실재를 자각하여), 자신이 '진짜로 없는 자'인 '없이 계시는 하느님' 그 자체임을 알아야 하네. 하느님으로서의 자네에게 이 순간, 그리고 지나온 삶과 다가올 삶의 모든 것은 자네가 스스로 인식해서 펼쳐낸 하나의 불변의 사실일세. 신의 시선으로서의 자네에게 시크릿이란 이러한 '불변의 사실을 회상하여 보고 아는 것'이지. 그러니 자네가 이루고자 하는 소망은 자네의 뜻이 아닐세. 그것은 궁극실재의 뜻이네. 하나의 결과를 인식하고 그것을 당연함으로 회상하게. 네비게이션에 목적지 좌표를 입력해두면 도로 상황에 따라 길이 자꾸 어긋나도 새로운 길을 찾아주듯이, 자네의 소망 또한 그렇게 이루어질 것이네.

- 개인은 하나의 고유우주를 관찰하는 렌즈이다.
- 진정으로 탄생한 것은 아무것도 없다.
- 지나온 삶과 다가올 삶의 모든 것은 당신이 스스로 인식해서 펼쳐낸 하나의 불변의 사실이다.

오감의 비밀

릴리 회상하듯 바라보는 기법이 심상화의 최고단계라는 것이 점점 이해가 가요. 하지만 저는 심화과정이 필요해요. 아직도 이성이 설득되지 않은 느낌이에요.

카밀로 자네의 잘못이 아닐세. 그저 익숙한 사고방식이 아니니 그러한 저항이 남아 있는 걸세. 자네는 그동안 수많은 심상화 기법들을 접했었지. 그러한 기법들에서 공통적으로 말하는 것들이 무엇이던가?

릴리 '생생한 느낌' 아닐까요?

카밀로 그렇지. 그런데 그게 잘 되던가?

릴리 정말 어렵더군요. 상상을 생생하게 느낀다는 것 자체가 이미 반감이 생깁니다.

카밀로 생생한 느낌을 느껴야 한다면 먼저 어째서 생생한 느낌이 심상화의 중요한 요소인지를 알아야 하네. 자네는 현실과 상상의 차이점이 무엇이라고 생각하나? 아니 그보다 현실이 대체 무엇이라고 생각하나? 떠오르는 대로 말해보게.

릴리 아무래도 '오감'이 아닐까요? 현실의 것은 너무도 생생히 느껴지잖아요.

카밀로 현실이라는 것은 오감으로 생생히 느껴지는 것이고 상상은 그렇지 않다는 거군. 그렇지?

릴리 네. 저는 그렇게 생각해요.

카밀로 이 말은 반만 맞는 말일세. 상상은 무엇인가? 일종의 정신적 영상이 아닌가? 꿈 또한 정신적 영상이니 상상의 대표 격으로 꿈을 설정해도 무리는 없겠지?

릴리 네. 동의해요.

카밀로 꿈을 분석해보면 현실에서 느껴지는 오감의 느낌과 차이가 나지 않을 정도로 생생한 꿈도 있네. 그렇다면 오감이 현실과 상상을 구분하는 기준이 될 수 있을까? 현실과 상상을 구분 짓는 진짜 기준은 무엇일까?

릴리 잘 모르겠네요….

카밀로 상상과 현실, 꿈과 생시를 구분하는 유일한 잣대는 바로 규정일세. 즉, 나에 의하여 '이것은 상상이다'라는 규정이 붙은 것이 상상이나 꿈이고, '이것은 현실이다'라는 규정이 붙은 것이 현실이 되는 것이지. 그것이 바로 자기 자신이 관찰하는 세상을 규정하여 존재하게 하는 힘이자 시크릿의 대전제인 유일한 논리, 'I am that I am'이 펼쳐내는 세상의 본모습이네. 이 규정이 '이것이 나의 현실이다'라는 관념을 만들지. 그렇기에 진정한 시크릿은 현실을 도출해내는 관념을 재규정하는 것일세. 그러나 단순히 그것을 안다고 해서 끝나는 것은 아니네. 현실과 상상의 기준이 하나의 '규정(관념)'이라는 것을 알았다 해도, 관념을 재규정하는 법을 알았다고 할 수가 없네. 그러니까 이 사실을 이해했다고 해도 바뀌는 게 없다는 말일세. 그냥 단지 현실과 상상이 가지는 차이점에 대해서 안 것에 지나지 않는 걸세. 이유가 무엇일까?

릴리 도저히 짐작이 안 가는데요?

카밀로 현실에는 있고 상상에는 없는 무언가가 있네. 그것이 등장할 때 위에서 발견한 '현실'과 '상상'의 규정이 발동되니까.

릴리 생시에는 있고 꿈에는 없는 것은… '나' 아닐까요?

카밀로 자네의 말을 그대로 따른다면 현실에서는 '나'가 있지만, 상상이나 꿈에서는 '나'가 없다는 말이군. 하지만 꿈에서도 분명히 '나'는 존재하네. 꿈속의 '나'는 꿈속에 등장하는 등장인물이나 꿈속의 내용을 인식하는 전체적인 앎과 같은 형태로 존재하고 있네. 반면 현실에서의 '나'는 몸으로 국한되지. 대부분이 이 몸을 '나'로 여기고 사니 이런 답이 나오는 거네. 하지만 자기탐구를 통해서 알아보았듯이 '나'라는 것은 '인식의 주체'일세. 현실에서 아무리 인식의 주체를 찾아봐도 결국 찾지 못하지 않았나? 그러니 이 '나'라는 것은 실체가 없는 하나의 환영이자 허수로서 존재하는 것이네. 이 몸뚱이 또한 인식의 대상이니 주체인 '나'는 될 수 없지. 결국 이 '나'는 현실과 꿈에서 모두 존재하지만, 허수로 존재하는 것이 되네. 그러니 '나'는 현실과 상상에서 모두 존재하지 않는 것이 되지. 이것이 현실을 꿈과 같은 것이라고 말하는 이유라네.

릴리 그럼 아까의 제 대답은 틀린 대답인가요?

카밀로 그것은 아니네. 자네는 반은 맞았어. 현실과 상상, 생시와 꿈을 구분하는 유일한 요소인 '관념의 규정'이 활동하는 통로가 있네. 그것은 바로 '몸'일세.

릴리 몸이라고요? 그럼 제가 맞힌 것 아닌가요?

카밀로 아니지, 자네의 대답은 몸을 나라고 생각하며 순식간에 튀어나온 대답이니까. 정확하게 말해주겠네. 현실과 상상을 구분하는 것은 '몸에 동일시된 자기규정'일세. 현실이라는 트랙을 이러한 조건으로 다시 규정해본다면 '몸과 동일시된 자기규정을 통해 존재의 잔상을 따르는 트랙'이 되는 걸세. 자네가 현실이라고 인식하는 것들은 '자네의 몸을 통해서 인식되는 삶 안에서 펼쳐지는 영상들'일세. 어쨌든 현실이라는 트랙의 특성을 규정하는 통로가 '몸'이라는 사실은 무엇을 말하겠나? 현실이 '몸'이기에 심상화를 이루는 요소가 '오감과 그것을 보고 아는 현재의식'이 되는 걸세.

릴리 그렇군요, 우리가 말하는 현실이란 사실은 '몸'이군요.

카밀로 시크릿을 다른 말로 표현하자면 '현실창조'일세. 현실을 창조한다는 것은 '몸'으로 체험하는 영상을 창조하는 것일세. 그래서 현실에 '몸에 동일시된 오감'이 참여하는 것이네.

릴리 몸에 동일시된 오감이 뭐죠? 오감은 다 몸으로 느끼니까 당연한 것 아닌가요?

카밀로 우리는 꿈에서 나비가 될 수 있네. 그 꿈에서 나비 몸의 오감을 느끼는 건 '몸에 동일시된 오감'은 아니네. 내가 지금 말하는 몸은 현실에서의 몸이야. 릴리 자네의 지금 몸 말이네. 아무튼, 방금 한 얘기가 바로 생생한 오감과 그것을 통한 믿음이 심상화의 필수요소인 이유지. 생생한 느낌은 상상의 영역 또한 창조할 수 있네. 하지만 그것을 나의 몸이 느끼는 오감이라고 느끼지 않는다면 그것은 현실의 트랙으로 나타나지 않는다네. 하지만 상상에 사용되는 오감이 몸을 통해 느끼는 오감과 같은 것임을 안다면 이것을 활용해 심상화에 사용할 수 있지. 그래서 자네의 오감을 상상의 장면 안에 포함해야 하는 걸세. 이것은 자네의 심상화가 '일인칭'이 되게 해줄 걸세. 그렇다면 그것으로부터 바라보는 think from이 가능해지네. 이러한 방식의 심상화는 네빌 고다드가 전파했지. 물론 이것보다 고차원의 심상화가 진정한 비이원 심상화인 '무인칭 심상화'일세. 인식되는 모든 것이 나라는 앎을 현실로 끌어오게 하는 힘이지. 하지만 이러한 무인칭 심상화는 의식의 깊은 각성이 필요한 경지이니 너무 조급히 생각할 필요는 없다네.

릴리 이제까지 심상화를 하면서 논리적인 이해가 바탕이 된 적은 한 번도 없었어요. 궁금했던 게 해소되는 기분이에요.

카밀로 모든 것은 이성적 이해가 바탕이 될 때 더욱 강력한 힘을 발휘할 수 있네. 특히 시크릿의 경우는 그 효과가 몇 배가 되지. 이제 오감을 어떻게 심상화에 적용해야 하는지 말해주겠네. 상상과 현실이 공통으로 나타나는 곳이 어디인지 알겠나? 그러니까 이 두 가지의 트랙이 공통으로 인식되는 '장소' 말일세.

릴리 '지금 여기'라고 불리는 의식공간? 배경의식이 아닐까요?

카밀로 바로 맞혔네. 이 두 가지의 트랙이 출몰하는 장소는 '지금 여기'이지. 그것이 가지는 특성을 알면 심상화에 바로 적용할 수 있네. 인간의식이 현실을 체험하는 무대는 시공간일세. 이 시공간 안에서는 원인-결과의 순서로 과정이 체험되지. 원인과 결과가 시간의 흐름인 과거-미래를 따르기에 이러한 메커니즘을 '인과이시因果異時'라고 부르네. 즉, 원인과 결과의 시제가 다르다는 의미일세. 인간이 시차(시간)를 체험하는 이유는 인식의 맹점 때문이라고 앞에서 이야기했었네. 이제 이 인과를 신의 자리에서 살펴보자고. 신의 자리인 '지금 여기(I am)'에서는 원인과 결과가 동시에 있네. 이것을 '인과동시因果同時'라고 부르네. 모든 것은 상대성으로서만 존재할 수 있다네. 따라서 궁극실재 안에 완료된 형태로 있는 모습이, 현실이라는 시공간의 펼쳐짐 안에서 인과이

시로 체험되네. 따라서 인과의 본래 모습은 원인과 결과가 한 쌍으로 동시에 존재하는 형태인 '인과동시'일세. 인과동시의 '이미 그러한' 양태가 결과로부터 펼쳐져 하나의 트랙을 만들어내네. 그리고 인간의식은 과정을 체험하네. 이와 같은 메커니즘은 어떤 지점에서 표현될까?

릴리 현재라는 지점 아닐까요? 현재는 그 안에 이미 과거(원인), 현재(과정), 미래(결과)를 동시에 품고 있잖아요. 나의 현재는 그 모든 것의 합류 지점이며 동시에 '무한한 결과(이미 그러한 모양태)의 교차점'이 되는 것 같아요. 보통 우리는 현재라는 시제에서 과거를 그리워하거나 미래를 꿈꾸면서 머물고 있지만, 그것들은 모두 '지금 여기'를 상징하는 현재에 나타나 피고 지는 영상들일 뿐이죠.

카밀로 그렇다네. 이 '지금 여기'로서의 현재에 머무는 것을 현존이라 부를 수 있지. 그러니 지금 이 순간, 이 현재에 무슨 마음으로 있느냐가 나의 삶을 결정하네. 이 말은 지금 이 순간 나의 인식이 무엇을 인식내용으로 하고 있느냐에 따라 결과가 달라진다는 말일세. 현실 출력회로에 따라서 일어나는 우여곡절 안에서도 결과라는 목적지를 뚜렷이 인식하고 있다면 인드라망이라는 네비게이션은 결국 입력된 좌표로 이르는 길을 찾아주네. 과정 안에서의 드라마틱한 일들은 영적 성장을 완성하기 위한 요소들일세. 흔들리는 마음은 시간을 잊고 지금 여기에 머물며 인식내용(목적지)을 재확인할 때 극복되지.

릴리 저는 시크릿을 하면서도 계속 시간에 휩쓸려 흔들리고 있었군요. 지복에 머물며 생각이 만들어낸 잔상을 중화시키지 않으면 마음은 진정으로 따르지 않는 것 같아요. 시간에 휩쓸리지 않으려면 어떻게 하는 게 좋을까요?

카밀로 현재라는 교차점을 묵상해보게. 고요히 머물며 현재가 가지는 의미를 명상해보게. 그러면 자네의 확언은 믿기 위한 노력이 아니라 있음을 아는 앎이 되고 그로부터 무한한 지복과 평화, 감사가 우러나올 걸세. 현실의 모습이 어떻든 그것들 안에 활동하는 오감과 마음이 이미 이루어진 결과 안에서 작용하는 그것들과 같음을 인식해보게. 그것을 인정하면 자네의 현재에 자연스러운 행위와 인연의 조합이 일어나게 될 걸세.

릴리 이것이 현실과 소망의 괴리를 극복하는 방법이었군요.

카밀로 부활한 그리스도는 십자가에 매달렸던 자일세. 지금 나를 힘들게 하는 오감과 마음이, 이루어진 결과를 기뻐하고 만끽하는 그것과 같음을 받아들이는 것이지. 그럼 현재라는 교차점에서 항상 깨어 있을 수 있네. 아무런 걱정도 하지 말고 그저 깨어서 지금 여기를 바라보게. 지금 나의 현실을 이루는 결핍의 요소들을 배척하고는 새로운 창조가 일어날 수 없네. 그것이 바로 시크릿을 성공시키는 비법일세.

- '나'는 현실과 꿈에서 모두 존재하지만 허수로 존재하기에 존재하지 않는 것과 같다. 이것이 현실을 꿈과 같은 것이라고 하는 이유다.
- 현실과 상상을 구분하는 것은 '몸에 동일시된 자기규정'이다.
- 상상과 현실의 트랙이 공통으로 나타나는 장소는 '지금 여기'이다.
- 궁극실재 안에 완료된 형태로 있는 모습이, 현실이라는 시공간의 펼쳐짐 안에서 인과이시로 체험된다.
- 시간에 휩쓸리지 않으려면 현재라는 교차점을 묵상하라.
- 지금 나의 현실을 이루는 결핍의 요소들을 배척하고는 새로운 창조가 일어날 수 없다.

모든 것을 허용하는 법

릴리 현재에 머무르면서 '지금 여기'를 관하라는 말씀은 현재에 일어나는 모든 것을 그저 지켜보라는 말씀이신가요?

카밀로 있는 그대로 보라는 말일세.

릴리 아무런 분석이나 비판도 가하지 않고 그저 지켜보라는 말씀인가요?

카밀로 많은 사람이 '있는 그대로 보는 것', 혹은 경전에 나오는 표현인 '여실히 사유하라' 등의 표현을 '분별없이 바라보라'쯤으로 생각하고 있네. 하지만 있는 그대로 보라는 것은 분별없이 보라는 말이 아니네. 분별없이 관하는 행위는 인식의 내용물들을 외부대상처럼 무심히 관하여 '나'라는 것마저도 주체가 아닌 대상임을 아는 앎으로 나아갈 때 쓰는 방법일세. 그러나 진정으로 있는 그대로 보는 것은 아니지. 그럼 있는 그대로 보는 것은 어떤 것일까? 오히려 '판단을 하라'는 뜻이네.

릴리 있는 그대로 본다는 것이 오히려 판단하라는 뜻이라고요? 제가 그럼 완전히 반대로 알고 있었던 건가요?

카밀로 그건 아닐세. 있는 그대로 보기 위해 분별을 하지 말라는 것은, 이원적인 분별을 하지 말라는 뜻이지. 있는 그대로 보기 위해서 일으키는 분별은 '비이원적인 분별'일세. 인식되는 모든 것을 상대성 안에서 바라보고 그 상대성의 진실을 허용하라는 말이지.

릴리 상대성의 입장에서 관하는 것은 미처 생각하지 못했네요.

카밀로 자네 잘못이 아니야. 인간의식이 항상 이원적인 방식으로 작동하기 때문일세. 있는 그대로를 보라는 말을 정리하자면 일어나는 모든 일, 인식되는 모든 대상을 상대성의 눈으로 분별하고 판단하여 허용하라는 뜻이네. 그리고 이것야말로 심상화 과정에서 일어나는 현실과 상상(소망)의 괴리를 없애는 유일한 방법일세.

릴리 있는 그대로 본다는 것은 '제대로 판단하라'는 말이었군요. 상대성의 자리에서 판단하라는 게 그 방법이고요. 그리고 보니 우리는 삶의 모든 사건에서 한쪽만을 보고 사네요. 예를 들어서 저에게 안 좋은 일이 일어났다면, 저는 그 안 좋은 모습만을 보고 부정적 감정에 휩쓸리죠. 하지만 이때 상대성을 관한다면 좀 달라지겠죠?

카밀로 그렇게 하면 현실에 대한 새로운 이해가 일어나지. 내가 있어 나 아닌 것이 있네. 반대로 나 아닌 것이 있어 내가 있네. 나를 고통스럽게 하는 것이 없으면 지금의 나도 없네. 지금의 나가 있어야 행복도, 성공도, 기쁨도, 슬픔도 누릴 수가 있네. 그러니 일단 '지금의 나'가 있어야 한다는 말이야. 내 삶의 모든 것, 지나온 모든 것이 지금의 나를 세우네. 다가올 모든 것은 지금의 나에게 의존하지. 그렇기에 '지금의 나'는 모든 것의 기준일세. 그 '나'는 '나 아닌 모든 것'에 의해 세워지네. 나 아닌 모든 것이 나를 세우며 나에 의해 나 아닌 모든 것의 존재성이 성립됨을 알면 자연스럽게 감사의 마음이 나타나네. 절대 억지로 감사할 수 없네. 그것은 기만일세. 자기 자신에게 사기 치지 말고 상대성을 관해 보게. 그럼 있는 그대로 보게 되고 자연스럽게 호오포노포노에서 말하는 '미안합니다, 용서하세요, 감사합니다, 사랑합니다'가 우러나오네. 자동으로 관념이 재규정되지. 누군가를 만날 때, 어떤 사건을 대할 때, 그것들을 대하는 나의 자세가 지금 나의 의식 수준일세.

릴리 저를 괴롭히는 사람이 밉다면 저는 미움과 감사가 같은 것임을, 하나임을 보지 못하고 있는 것이네요. 있는 그대로 본다는 것은 상대성을 통해 보고 판단하라는 말이니까요. 제 안의 진선미를 보는 유일한 방법은 있는 그대로의 진실, 유일한 진실인 상대성을 관하는 것이라는 말씀이죠? 그것이 가능할 때 저는 현실의 상황 안에서 희망만을 발견하게 되고 지금의 고통이 오히려 상대성의 짝으로 존재하는 '이루어진 소망의 증거'임을 알게 될 것이고요.

카밀로 그래. 상대성이 정화의 핵심이고 재규정의 핵심이며, 나아가서 심상화의 핵심이네. 상대성을 관하면 알게 되는 상대성의 또 다른 모습들이 있네. 그것은 '동시성'과 '전체성'일세. 상대성을 관하려면 전체성으로 물러나야 하고 전체성의 시선으로 세상을 바라보면 세상에 존재하는 모든 상대적인 것들은 동시에 존재하고 있음이 알려지지.

릴리 예를 들어 저를 괴롭히는 현실이라는 것이 있다면, 저를 괴롭히는 현실이 있을 수 있는 이유는 제가 행복한 현실이 반드시 존재하기 때문이라는 말씀인 거죠? 동전이 한쪽 면만 가지고 존재할 수 없듯이 나를 괴롭히는 현실도 그 상대적인 짝인 행복한 현실이 없이는 존재할 수가 없으니까요.

카밀로 그렇네. '나를 괴롭히는 현실'과 '내가 행복한 현실'은 상대성 안에서 하나라는 말일세. 그리고 이 두 가지는 현실태와 가능태라는 개념을 동반하며 '동시에' 존재하네. '내가 행복한 현실'은 존재하네. 하지만 그것은 가능태의 영역에 존재하네. 지금 내가 몸으로 체험하는 현실의 영역에서는 '나를 괴롭히는 현실'이 투영되어 상영되고 있는 것뿐이네. 이처럼 현실태와 가능태의 영역을 동시에 관하는 것일세. 이렇게 동시성을 깨우치면 이제는 세상을 전체적으로 보는 관점이 형성되네. 일어나는 모든 사건, 인식되는 모든 존재 안에서 그것들이 어떤 식으로 존재하고 있는지가 자동으로 알려지는 거지. 이는 비할 수 없는 자유를 가져오네.

릴리 상대성을 통한 정화에 대해서도 더 알고 싶어요.

카밀로 이전에도 말했지만, 정화의 궁극은 정화의 대상을 정화의 대상으로 보지 않는 데에 있다네. 보통 정화라는 말을 쓸 때는 정화대상을 어떤 더러운 것, 바로 잡아야 할 것으로 상정하고 시작하지 않나? 그것 자체가 이미 편협한 시선을 만들어내고 무의식 깊은 곳에 고정관념을 만들어내서 진정한 정화에 이르는 것을 방해하고 있지. 진짜 정화는 그런 것이 아닐세. 진짜 정화는 상대성을 꿰뚫어 보는 것일세. 예를 들어보지. 자네 혹시 직장에서 자네를 괴롭게 하는 상사를 만난 적이 있나?

릴리 한 명 있어요. 사실 그 사람이 저를 시크릿이나 마음공부의 길로 인도해준 장본인입니다. 그 사람이 너무 힘들게 해서 '이러다 죽겠구나' 싶은 마음에 스스로 살길을 찾은 거였죠.

카밀로 자네가 말한 바에 따르면 두 사람의 관계 도식은 이렇게 되겠군.

괴롭힘 당하는 나 — 피해자
나를 괴롭히는 놈 — 가해자

릴리 정확합니다. 그 사람은 정말 나쁜 사람이에요.

카밀로 과연 그런지 보자고. 세상의 모든 존재는 상대성을 통해서만 존재할 수 있네. 그러니까 지금 '괴롭힘 당하는 나'가 있을 수 있는 것은 '나를 괴롭히는 놈'이 반드시 존재해야 가능하다는 말이야. 그렇다면 자네에게 있어 '나를 괴롭히는 놈'의 형태로 등장한 그 직장 상사는 동시에 지금의 자네를 존재하게 만들어준 필수조건일세. 어떻게 보면 존재의 은인이지. 이 말을 받아들일 수 있겠나?

릴리 일이 그렇게 되나요…?

카밀로 이것이 바로 상대성일세. 자네가 피해자일 수 있으려면 반드시 가해자 역할을 할 누군가가 필요하네. 삶이라는 한 편의 영화에서 자네가 피해자의 역할을 하기 위해서는 자네를 핍박해 줄 누군가가 동시에 있어야만 할 게 아닌가? 반대로 보면 그 사람이 누군가를 핍박하기 위해서는 그 사람에게 핍박을 받아줄 누군가가 필요한 것이고. 그렇다면 지금의 자네는 지금의 상대방을 존재하게 만들어주는 도구이며 은인일세. 자네는 상대방에게 가해자의 딱지를 붙였네. 스스로 피해자로 인식하면서 말일세. 자네라는 존재성이 없었다면 그 사람은 가해자라는 역할을 수행할 필요가 없지 않겠나? 그렇다면 자네가 있어 그 사람이 가해자가 된 것이니, 어떤 측면에선 자네가 가해자가 될 수도 있지 않은가?

릴리 제가 오히려 가해자라고요? 그러니까 때릴 놈을 찾고 있던 놈에게 맞아줄 놈이 나타났고, 폭행 가해자로 만든 것은 맞아준 놈이므로 어떤 의미에선 제가 그 사람을 폭행 가해자로 만든 가해자라는 말씀인가요? 솔직히… 일반적인 정의감에 부합하는 말씀은 아닌 것 같아요.

카밀로 그래. 이해하네. 일반적인 정의감에 부합하는 설명은 아니지. 그러나 대중들이 생각하는 보편적인 정의감은 개인의 감정이나 입장을 강조한 것이야. 우리는 지금 그 누구의 입장도 아닌 시선에서 '상대성'만을 관찰하는 중이네. 우리의 삶을 잘 살펴보면 우리는 항상 피해자와 가해자의 역할을 번갈아 맡고 있네. 자네는 한 번도 타인의 마음을 아프게 한 적이 없나?

릴리 아… 그렇군요. 예수는 방탕한 여자로 몰려서 돌을 맞아 죽을 위기에 처한 여자를 감싸며 군중을 향해 '한 번도 죄를 짓지 않은 자는 이 여자를 돌로 쳐라'라고 말했죠. 군중은 아무도 돌을 던질 수 없었고요. 인간은 누구나 자신이 알든 모르든 간에 수많은 상대방에게 가해자도 되고 피해자도 되는 삶을 반복하고 있었네요.

카밀로 그것이 상대성이네. 그리고 그것은 잘못된 게 아닐세. 그러한 상대적 역할이 분배되어야 세상이 흘러가네. 선이 존재하기 위해 악이 꼭 있어야 한다면 그 악은 선을 존재하게 만드는 도구이니 그 악을 절대 악이라고 말할 수 있겠는가? 오히려 악이 선을 위해서 존재하는 것일세. 선 또한 악을 위해서 존재하는 것이지. 그러니 악은 선의 어머니이고 선은 악의 어머니가 되는 걸세. 그 무엇이 되든 간에 자신 안에 상대적인 양면성을 품고 있는 것일세. 그것이 동양에서 말하는 태극일세. 상대성은 대립하는 것처럼 보이는 모든 것이 상대의 존재 조건임을 말해주네. 이것을 관하면 지금 자신의 상황을 보는 관점도 전환이 되네.

릴리 하지만 누군가는 이렇게 말할 수도 있잖아요. '저는 지금의 이런 고통받는 내가 필요 없습니다. 이런 나를 존재하게 만드는 상대방 따위는 꼴도 보고 싫습니다. 필요 없다고요!'

카밀로 그것은 하나만 알고 둘은 모르는 어린아이와 같은 투정일세. 이 말을 하는 순간 그는 이미 지금 여기의 자신이 가지고 있는 유일함, 완벽함, 고귀함을 부정하고 있는 셈이네. 잘 들어보게. 고통받는 '나'라도 그 '나'가 있어야만 행복한 '나'가 존재할 수 있네. 지금의 이 고통받는 '나'가 이것을 승화시켜 극복하여 행복한 '나'가 되는 것이네. 어떤 사람의 소원이 이루어졌다고 가정해 보자고. 그는 경제적인 풍요를 누리고 있네. 직장 상사 눈치 안 보는 사장이 되어서 푹신한 소파에 앉아 맛있는 와인 한 잔을 맛보며 행복을 누리고 있지. 그런데 그렇게 행복을 누리는 몸과 오감은 어디 하늘에서 갑자기 떨어진 새로운 것이겠나? 절대 그렇지 않네. 행복한 '나'로서 온갖 풍요와 마음의 평정을 누리는 그 '나'는 지금 이 순간 고통받고 있는 '나'와 동일한 '나'일세. 고통받는 '나'가 행복한 '나'가 될 수 없다면 그의 마음속에 소망이라는 것이 생겨나지도 않았을 것이네. 그러니 지금 당장 나를 괴롭히는 타인에게 피해자의 역할로 존재하는 이 비참한 '나'가 무한한 영광을 누릴 '나'와 동일한 '나'임을 인정해야 하네. 이것을 가능하게 하는 것은 상대성을 깨닫는 방법밖에 없다네.

릴리 정리하자면, '영광의 내가 있으려면 지금 이 순간 고통받고 있는 이 내가 필요하다'라는 거죠?

카밀로 맞네. 상대성을 깊이 깨달으면 두려움이 사라지네. 지금 나의 비참한 현실이 풍요롭고 행복한 나의 증거라는 것을 알기 때문이지. 또한 '지금 여기'에 존재하는 비참한 나의 현실을 느끼는 이 오감으로 '행복한 나'가 누릴 영광스러운 현실을 누릴 것을 알게 된다네. 그것을 깊이 알면 심상화를 할 때 지금 고통받는 현실에 쓰이는 오감을 영광을 누리는 현실 안으로 가져가 미리 선취하는 삶을 살 수 있네. 그리고 상대성을 관하는 앎이 가져다주는 가장 큰 선물은 '정화'에 있다네. 상대성의 눈으로 바라보는 정화는 정화가 아닐세. 정화는 상대성의 허용, 즉 사랑이네. 이 온전한 허용인 사랑은 호오포노포노에서 말하는 네 가지의 기둥 '미안합니다, 용서하세요, 감사합니다, 사랑합니다'를 진정으로 할 수 있게 해주지.

릴리 예를 들어주실 수 있나요?

카밀로 아까의 직장 상사 얘기에서, 자네라는 존재가 그 사람을 가해자로 만들어버린 셈이라고 했지? 자네가 의도하든 의도하지 않았든 간에 말이지. 이를 깊이 깨달으면 상대방에게 저절로 미안한 마음이 일어난다네. 자네는 이렇게 말할 걸세. '내가 있어 당신이 악인이라는 역할을 맡게 되었습니다. 정말 미안합니다. 용서하세요.' 그리고 이렇게 말할 걸세. '당신이 악인이라는 역할을 맡아줌으로써 저는 비참한 상황을 경험했습니다. 하지만 비참한 상황이 있다는 것은 행복한 상황이 이미 존재한다는 증거입니다. 이제는 이 비참한 상황이 나의 행복을 증명해주는 증거로 느껴집니다. 그것이 있다는 것을 알았으니 나는 이제 그 행복에 이를 것입니다. 그때는 지금 괴로움을 느끼는 나의 감각과 무너지는 마음이 영광을 경험하게 될 것입니다. 그러니 정말 감사합니다. 내 삶에 이렇게 나타나주셔서 감사합니다.' 자네는 마침내 상대성의 정점을 찍는 마지막 말을 건넬 것이네. '나는 이 모든 일의 비밀을 알았습니다. 나는 이 비참한 현실에서 영광된 현실을 봅니다. 이것이 나에게 주어진 하늘의 보상임을 알았습니다. 나는 이제 지금의 비참과 이미 준비되어 주어진 영광과 행복을 모두 허용합니다. 나는 지금의 나를 사랑하고 지금의 당신을 사랑합니다.'

릴리 감동적이군요. 이제까지는 전혀 그런 마음을 느껴보지 못했습니다. 오히려 매번 억지로 감정을 느끼려 했기에 지치기만 했고, 결국 포기했거든요. 그런데 이렇게 해보니 정화의 대상이 정화의 대상으로 느껴지지 않네요. 그보다는 오히려 '공동의 창조 파트너'로 여겨지기 시작해요.

카밀로 무조건적 허용은 상대성을 관하는 깨달음으로부터 오네. 무조건이란 아무 조건 없음을 뜻하는 것이 아닐세. 지금 나를 옭아매는 조건이 하나의 환상이며 동전의 한쪽 면임을 아는 앎을 말하는 걸세. 사랑은 온전한 허용일세. 온전한 허용은 상대성을 깨달은 마음에서만 진정으로 발현되네. 자네는 자네의 현실을 사랑해야 하네. 그러기 위해서는 먼저 자네가 처해 있는 현실을 있는 그대로, 상대성의 관점으로 받아들여 허용하는 게 필요하네. 말 그대로 자네가 상상할 수 있는 최악의 최악의 최악까지 허용하는 연습이 필요하네. 그 모든 것을 허용할 수 있다면 자네는 자네의 삶 전체를 정화해낸 것이네. 그리고 그것이 끝나면 이제는 자네의 삶에 대한 관념의 재규정이 가능해지네.

릴리 그렇군요. 아까 상대성을 통한 정화 후의 관념을 재규정하는 것이 시크릿의 진짜 모습이라고 하셨는데, 자세히 듣고 싶습니다. 정말 궁금합니다.

- '있는 그대로 보는 것'은 인식되는 모든 대상을 상대성의 눈으로 분별하고 판단하여 허용하는 것이다. 이것이 심상화 과정에서 일어나는 현실과 소망의 괴리를 없애는 유일한 방법이다.
- 상대성의 또 다른 모습은 동시성과 전체성이다.
- 진정한 정화는 상대성을 꿰뚫어 보는 것이다.
- 모든 것을 허용할 수 있다면 삶 전체를 정화해낸 것이다.

관념

카밀로 드디어 우리의 대화도 끝을 향해 가고 있네. 관념에 대해 말해야 하는 순간이 왔으니 말이지. 자네 관념이 무엇이라고 생각하나?

릴리 관념이란 생각의 흐름 아닐까요? 일상에서는 관념이 마치 문장의 자동완성 기능처럼 작동하기도 하고요.

카밀로 그렇지. 관념이란 생각과 생각이 만나서 만들어진 하나의 흐름일세. 이 관념이야말로 세상의 실체일세. 다시 말하면 지금 자네가 경험하고 있는 모든 순간은 자네의 고유우주 안에 존재하는 관념에서 나온 것이네.

릴리 이상해요. 관념이라는 것은 현실이 닥쳐오고 난 다음에야 발견되는 것 아닌가요?

카밀로 자네가 이상하게 느끼는 것은 인식의 맹점에 대해서 잊어버렸기 때문이네.

릴리 아, 인식의 맹점! 현재는 미래에서 펼쳐진다는…. 한데 미래와 관념은 무슨 상관이 있을까요?

자기규정

카밀로 우리가 경험하는 이 현실세계부터 이해해보자고. 우리의 현실을 한번 잘 살펴보게. 우리의 현실은 다양한 사건들로 이루어져 있네. 우리는 그 사건을 목격하고 그것에 대해 분석하네. 그리고 규정을 내리지. 그러면 그 규정은 우리가 바라보는 현실에 대한 관념이 되네.

릴리 예를 들어, '내가 가난한 현실'이 있다고 치면 그 가난한 현실을 '나'가 인식하고는 그 현실에 대한 분석에 들어가는 거군요. 그러고는 '나는 가난하다'라는 규정을 내리고 그것은 나의 현실에 대한 관념이 되는 거고요.

카밀로 그렇네. 그렇게 만들어지는 관념의 모습들을 나열해보겠네.

'나의 경제적 상황은 ~이다.'
'나의 건강상태는 ~이다.'
'나의 외모는 ~이다.'
'나의 인간관계는 ~이다.'

이 외에도 많지. 그리고 이러한 관념을 도출하는 과정에는 감정, 느낌이 동반되지. 잘 살펴보면 우리의 현실은 사건 그 자체로서는 우리에게 아무런 의미도 영향력도 없네. 하지만 저 현실들에 우리의 감정, 느낌이 따라오지. 그리고 자기규정이 완성되네.

'나의 경제적 상황은 ~이다. 그래서 나는 내 경제 상황이 싫다. 나는 가난하다.'
'나의 건강상태는 ~이다. 그래서 나는 내 건강상태가 싫다. 나는 건강하지 않다.'
'나의 외모는 ~이다. 그래서 나는 내 외모가 싫다. 나는 추하다.'
'나의 인간관계는 ~이다. 그래서 나는 내 인간관계가 싫다. 나는 외톨이이며 핍박받는다.'

그런데 이와 같은 진행 과정에 하나의 비밀이 있네. 겉으로 보기에는 먼저 현실이 있고 그에 대한 나의 감정, 느낌이 있으며 최종적으로 자신의 현실에 대한 관념과 자기규정이 생긴 듯 보이지. 안 그런가?

릴리 그렇죠. 시간의 흐름에 따라서 원인-과정-결과로 펼쳐지는 건 당연한 것 아닌가요? 앗…! 시간의 펼쳐짐이 이런 순서라는 것은 혹시?

카밀로 감 잡았군. 인식되는 모든 것은 본래 동시에 존재하네. 인식의 맹점을 이해한다면 이 말을 수용할 수 있을 걸세. 현상(시간적 순차상 원인)에서 관념(규정)이 도출되는 것처럼 보이지만, 사실 가장 뒤에 오는 '관념'으로부터 현상이 흩뿌려진 것이네. 즉, 현상을 펼쳐내는 것은 관념일세. 이 관념이 현상보다 먼저 있는 것이야. 허수인 '나'가 이 관념을 가지고 'I am that I am'의 메커니즘을 완성하면 비로소 현상으로 나타나지. 그러니 우리의 현실은 철저하게 그 현실에 대한 나의 규정, 즉 관념의 문제라네.

릴리 그래도 모든 것이 결국 관념 놀음이라는 게 믿기 힘드네요.

카밀로 관념이 가지는 힘은 믿기 어려울 정도로 크네. 사실상 세상 자체가 관념의 투영이지. 관념은 현실과 상상을 규정지어 현실을 현실로, 상상을 상상으로 나타낼 정도의 힘을 가지고 있네. 현실이란 게 뭔가? 현실은 시공간의 펼쳐짐이지. 그 안에서 오감의 대상이 있고 그것을 느껴 인식한 다음 이것은 현실, 저것은 상상이라고 구분을 하지. 즉, 오감이 먼저 있고 이에 따르는 개념을 인지하는 것일세. 하지만 시간이 미래에서 과거로 펼쳐지고 인간의식은 인식의 맹점으로 인해 그 역순으로 체험한다는 것을 안다면 오감을 통해 현실이라고 개념 지어진 것들이 사실은 개념으로부터 나온다는 것을 알 수 있지. 그러니 현실과 상상을 구분 짓는 진짜 주인공은 '이것은 현실이다'라는 개념일세. 그리고 그 개념은 우리의 일상 안에서 체험하는 상황들에 부여되는 최종개념일세. 이 최종개념은 '나는 ~이다'라는 자기규정의 뒤에 오지. 즉, '나는 가난하다. 이것은 현실이다'의 형태로 말일세. 그렇다면 이 사건에서 현실과 상상을 가르는 진짜 원인은 무엇이겠나? 바로 이 현실과 상상에 대한 최종관념일세.

릴리 우리는 삶을 거꾸로 살고 있군요.

카밀로 그렇기에 현실 안에서는 철저하게 뒤집어서 생각해야 한다네. 현실과 상상을 구분 짓는 진짜 원인은 무의식의 개념이네. '이것은 현실이다'라고 개념이 부여되면 그것이 현실이 되네. '이것은 상상이다'라고 개념이 부여되면 그것은 상상으로 남네. 우리가 물상이라고 느끼는 것도 사실은 동일한 심상이네. 꿈에 나타난 환영과 다를 것이 없지. 오감을 잣대로 본다고 해도 조금 더 생생하고 조금 덜 생생한 차이밖에 없네. 현실과 상상을 구분하는 잣대는 오감이 아니라 개념일세. 그런데 이 개념은 누가 부여하는 것이지?

릴리 그러게요. 이 개념을 부여하는 자는 누굴까요? 저의 인생을 이렇게 만든 진짜 주범이 바로 그 자겠죠?

카밀로 그 개념을 부여하는 자는 '나(I am)'이네.

- 관념이 현상보다 먼저 있다.
- 현실과 상상을 가르는 것은 현실과 상상에 대한 최종관념이다.
- 이러한 최종관념, 즉 개념을 부여하는 자는 '나(I am)'이다.

현실의 비밀

카밀로 '이것은 나의 현실이다.' 즉, 'I am that I am'으로 규정하는 어떤 '나'가 있네. 꿈속에 공룡이 등장해서 공포에 질릴 때 그

공포는 꿈속에 등장하는 '가짜 나'를 진짜로 규정하는 것에서 오네. 그럼 그 '나'는 어떻게 있는 걸까? 그 '나'는 순수한 존재의식 I am으로부터 규정지어진 형태인 that I am으로 있네. 이 말이 무슨 뜻인지 알겠는가?

릴리 아직 거기까지는 헤아리지 못하겠네요.

카밀로 현실을 현실로 개념 짓는 이 규정지어진 나(that I am)는 일종의 '가짜 나'지. 경계에 얽매인 존재의 잔상에 사로잡혀 있는 것일세. 하나의 심상에 불과한 '가짜 나'가 만들어내는 그림자, 그 그림자의 잔상이 만들어내는 트랙에 묶여 있는 것일세. 내가 현실이라고 인정한 어떤 문제를 하나 떠올려보게. 그것이 현실일 수 있는 이유는 그것에 현실이라는 개념을 부여하는 어떤 '나', 꿈속에 나타난 가짜 나인 '지금 이 순간의 고통받는 나'로 인한 것일세. 그렇지 않나?

릴리 맞아요. '규정지어진 나'가 현실을 현실이라고 인정하고 있었어요.

카밀로 이 '규정지어진 나'의 정체는 무엇이라고 생각하나?

릴리 음… '현실을 규정짓는 나'라면 현실 안에 등장하는 것일 텐데….

카밀로 그래. 현실을 규정짓는 자는 그 현실 안에 등장하는 것일세. 현실을 규정하는 '가짜 나'는 바로 '몸'일세. 일전에 현실의 특징에 대해서 말할 때 이미 언급했었네. 현실의 특징은 무엇인가? 현실과 상상이 모두 심상이지만 그래도 현실과 상상을 구분 짓는 어떤 차이점이 있다고 말을 했지. 그것은 바로 '몸을 통해 느끼는 오감이 현실'이라고 생각하는 관념일세. 우리는 현실을 몸으로 느끼네. 그보다는 오감이라는 감각이 개인의 육체를 통해서 발현되는 것이지. 생생한 오감이라도 꿈속의 오감은 육체와의 동일시가 끊어져 있거나 연결이 약하기 때문에 현실로 체험되지 않는 거라네. 결국 '몸의 오감에 동일시된 자아규정(that I am this body)'이 현실을 현실로 만들어내는 주인공일세. 그리고 이를 알았다면 이제 심상화를 할 때 오감이 왜 중요한지를 이해할 수 있겠지?

릴리 네. 이제야 왜 심상화에서 생생한 느낌과 '이것이 현실이다'라는 믿음이 중요한지 이해가 돼요.

카밀로 시크릿은 다른 트랙의 창조가 아닌 현실 트랙의 창조라네. 현실 트랙의 창조이기에 현실이라는 트랙의 실체가 되는 몸의 오감을 통한 체험의 영역이 되는 걸세. 몸과의 동일시가 끊어진 상태의 꿈이나 상상은 현실창조가 아닐세. 이를 알면 이제 시크릿을 어떻게 해야 할지에 대한 확신이 서지. 오감을 활용하게. 온몸으로 느끼고 마음으로 이것이 현실임을 인식하는 게 결국 시크릿의 심상화일세. 온몸의 오감으로 하나의 심상을 느끼고 있을 때 자네는 현실을 창조하고 있는 거라네. 그것이 일인칭 심상화 'think from'의 비밀이라네.

릴리 그렇군요. 이성적 이해가 되니 마치 제가 시크릿 마스터가 된 기분이 들어요.

카밀로 듣기만 해도 기분 좋군. 우리가 해야 할 일은 이 가짜 나의 자리에서 벗어나 신의 자리에 머물며 새로운 관념의 옷을 입혀주는 것일세. 이것이 가능할 때 상상이었던 것이 현실이라는 개념으로 변하네. 그럼 그것은 우리의 오감으로 채워진 세상으로 모습을 드러내네. 관념의 실체를 찾아보자면 세상의 기원까지 거슬러 올라가야 하네. 세상의 기원은 사실 의식의 기원이라고 할 수 있지.

릴리 세상의 기원이 의식의 기원일 수 있는 이유는 뭔가요?

카밀로 세상은 인식의 대상일세. 인식작용을 통해야만 알려지는 것이 존재이니 세상이 곧 존재이지. 그런데 이러한 인식의 대상(존재)들은 의식이라는 거대한 배경 안에서 알려지는 하나의 꿈과 같은 영상들일세. 그렇기에 세상이 존재하기 위해서는 그것들이 나타나 마음껏 뛰어놀 수 있는 어떤 공간이 있어야 하네. 말 그대로 우주가 담기는 공간이지, 우주의 공간.

릴리 순수한 배경의식, 존재의식을 말씀하시는 거군요.

카밀로 우주 삼라만상이 존재하려면 이 의식이라는 배경이 있어야 하지. 이미 일전에 천지창조를 설명하면서 말한 적이 있네만, 다시 한번 상기시켜주는 걸세. 아무런 움직임이 없는 상태, 자기 자신으로부터 시작한 모든 것이 이미 완료되어 동시성의 모습으로 있는 상태가 있네. 일원성일세. 우리는 그것을 편의상 궁극실재라고 부르지. 그 궁극실재의 어떤 한 점이 슬쩍 움직이며 세상이 펼쳐지는 거네. 세상이 펼쳐지는 모습, 그것이 의식이 탄생하는 장면일세. 그렇게 일원성의 한 점이 움직이며 나타난 최초의 생각이 바로 '있음(am)'이네. 이를 두고 순수의식이라고 부르지. 이 순수한 의식은 '내가 있음(I am)'보다도 이전의 상태라고 볼 수 있네. 그것은 자기 자신을 대상화한 앎이 시작되기도 전의 앎이라 무한히 '모름'에 가깝다네. 이 무한히 모름에 가까운 첫 번째 생각, '있음'이 세상을 관찰하기 위해서는 어떤 가공의 주체를 만들어내야 했지. 인식이 발동하려면 상대성 안에서 인식의 주체와 대상으로 분화가 이루어져야 하는데 순수의식인 am의 상태에서는 이러한 구분이 아직 확정되지 않은 상태거든. 그래서 세상을 관찰하기 위한 도구로 하나의 가공의 주체, '나(I)라는 허수'가 생겨나며 마침내 '내가 있음(I am)'이라는 태초의 존재의식이 만들어지네. 바로 '신 의식'의 탄생이지.

릴리 모름에서 앎이 나온 순간이군요. 이를 통해 우주가 나타난 거고요.

카밀로 앎과 모름은 동시성이라 시간의 순차로 인식되는 이 세상에서의 앎은 모름으로부터 펼쳐져 나온 것이라네. 여기서 아주 중요한 것이 있네. 최초의 생각인 '있음(am)'의 상태는 아직 형태를 가진 관념이 아닐세. 이것이 존재를 결정하는 허수인 '나(I)'와 결합할 때 비로소 생각의 흐름인 관념으로서의 '내가 있음 — I am'이 탄생한 것일세. 이렇게 최초의 관념 '내가 있음'이 생겨나면서 이제 그 순수존재의식의 바탕 위에 개인의 고유우주가 펼쳐지는 것일세. 개인이 관찰하는 고유우주는 '나는 ~이다(I am that ~)'라는 자기규정 형태의 관념을 통해서 탄생하네. 그리고 이러한 자기규정이 개별적인 육체 존재의 경계 안에 자신을 한정하게 될 때 비로소 우리 개개인이 관찰하는 고유우주가 탄생하는 것일세. 말하자면 자네가 지금 느끼는 자네의 정체성은 몸 안에 한정 지어진 순수의식의 시선이라고 할 수 있지. 이러한 모든 것을 만들어내는 원동력이 바로 관념일세. 이렇게 자네는 '나는 이 몸이다(I am this body)'라는 관념을 통해서 신의 시선의 현현이 된 것일세.

릴리 이 모든 작용은 시간적 순차처럼 느껴지지만, 사실은 궁극실재 안에서 이미 현재완료로 존재하네요. 저의 진짜 정체는 이 위대한 존재작용 그 자체였군요.

카밀로 관념이 우리 삶의 근원을 결정해버렸다네. 그리고 관념에 의해 결정된 근원에서 펼쳐진 것들은 무엇이겠는가? 결국 관념의 펼쳐짐 아니겠나? 그래서 지금 나의 우주 안에 작용하는 관념을 알아채는 것이 아주 중요하네.

릴리 그럼 내 삶을 만들어내고 있는 온갖 관념을 알아채기 위해선 어떻게 해야 하나요?

카밀로 지금 자네가 처해 있는 삶의 모습이 바로 자네의 관념일세. 자네의 경제 상태, 인간관계, 건강, 외모, 정신 상태가 그대로 자네 우주의 관념이란 말일세. 이러한 것들을 만들어내는 주어진 환경과 조합된 인과관계 등도 모조리 자네의 관념일세. 자네의 모든 것이 관념의 산물이란 말일세.

릴리 이것을 어떻게 하면 진심으로 인정할 수 있을까요?

카밀로 자네의 삶 자체를 전체적인 눈으로 관조해야 하네. 그러면 하나의 사실을 발견할 수 있지. 바로 지금 나의 현실 상황과 그에 대한 관념이 일치한다는 사실일세.

릴리 관념을 발견하고 재규정하는 작업이 중요하다는 것은 알고 있어요. 하지만 어떤 식으로 그렇게 할 수 있는지 모르겠어요.

카밀로 자네는 지금의 현실에 괴로워하고 있나?

릴리 괴롭습니다. 그래서 카밀로 님을 찾아온 것이고요.

카밀로 자네는 현실을 바꾸려고 애를 쓰지만, 쉽사리 바뀌지 않을 걸세. 창조의 법칙에 대한 의문이 들고 힘이 빠질 때도 많을 거야. 그렇다면 이제 자네를 힘들게 하는 상황을 바라볼 때일세. 먼저 자네가 원하는 소망은 무엇인가?

릴리 저는 대부호가 되는 게 꿈입니다. 돈이 아주 많은 사람이요.

카밀로 자네가 원하지만 현실화되지 않은 꿈인 대부호, 성공 등을 한번 살펴보자고. 자네는 대부호가 되는 것에 대한 어떤 관념을 가지고 있나?

릴리 사실 저는 '대부호가 되는 것은 힘들다'라는 관념을 가지고 있어요.

카밀로 어째서?

릴리 그거야 삶의 경험이 말을 해주고 있으니까요. 사회 제도적으로도 그렇고, 회사원으로 성공해서 수백, 수천억을 가지는 것은 거의 불가능하지 않습니까? 대부호가 되려면 혁신적 아이템 개발, 사업, 투자, 세계적인 기업의 경영자 등이 아니고서는 불가능하다고요.

카밀로 그렇다면 자네가 생각하는 대부호가 되는 길에 대한 조건은 혁신적 아이템 개발, 사업, 투자, 세계적인 기업의 경영자 등이 되겠군. 그럼 이와 같은 조건을 A라고 해보세. 자네의 A에 대한 관념은 '쉽지 않은 것'이군.

릴리 네.

카밀로 한데 자네는 그 마음이 좀 아이러니하다고 생각하지 않나? 자네는 A라는 조건을 충족시키는 게 쉽지 않은 일이라고 인식하면서도 A를 충족시킨 대부호가 되는 것을 원하고 있지 않은가. 그렇다면 대부호가 되는 다른 방법은 어떻게 생각하나? 로 또, 상속, 사기, 불법 등의 것 말일세.

릴리 저는 그런 건 원하지 않습니다.

카밀로 이유가 뭐지?

릴리 멋이 없으니까요.

카밀로 찾았군. 자네의 관념 안의 관념을 말일세. 자네는 부자가 되어서 자랑하고 싶은 것이네. 즉, '나 이렇게 성공했다!'라는 것을 자랑하고 싶어하는 것이지. 그렇기에 자네 안에는 '멋있는 부자가 되어야 해'라는 관념이 있다네. 안 그런가?

릴리 아… 그렇군요. 저는 그냥 대부호가 아닌 '멋있는 대부호'가 되고 싶은 거군요.

카밀로 그렇지. 인정받고 싶어서 그런 것이네. 그리고 아무나 할 수 없는 노력이나 혁신, 능력이 멋있는 것이라고 규정하고 있네. 즉, A라는 조건을 충족시켜서 대부호가 되고자 하며 A를 '아무나 할 수 없는 어려운 일'이라고 규정하고 있네. 따라서 자네 안의 관념은 대부호가 되지 못하고 있는 지금 자네의 현실과 정확히 일치하네. 이러한 규정의 규정, 관념 안의 관념이 자네를 힘들게 하는 문제가 되네. 이 관념을 현실화시키기 위해서 인드라망이 연동하며 자네의 현실 안에 문제가 창조되는 거네. 조건 A가 아무나 할 수 없는 어려운 일이기 때문에 A라는 조건을 충족하고 싶은 건가?

릴리 학벌, 스펙에 대한 저의 관념을 살펴보면 그런 듯합니다. 저는 아무나 할 수 없는 어려운 일이 멋있는 것, 인정받을 만한 것이라 여기고 있거든요.

카밀로 자네는 아무나 갈 수 없는 학교나 기업 등의 집단, 평범한 노력으로 가질 수 없는 것들을 늘 추구하고 있네. '아무나 할 수 없는 어려운 일'이라는 관념으로 인해 창조된 상황 안에서 아등바등 노력하며 힘들어하고 있네. 즉, 자네가 힘들게 노력해야만 하는 상황을 만들어놓고 그 안에서 힘들어하고 있는 걸세. '아무나 할 수 없는 힘든 일, 평범한 노력으로 가질 수 없는 일' 등의 관념은 결국 '현실에서 이루어지기 힘들다', '이루어지지 않을 것이다'라는 관념으로 이어지네. 즉, 자네의 현실은 관념대로 정확히 일치해서 창조되고 있는 걸세.

릴리 정말이에요. 저의 관념은 곧 저의 현실이었어요. 그렇기에 관념을 세상에 나타내기 위한 문제들이 창조되고 있었고요. 저는 문제나 상황이 먼저이고 그에 대한 관념은 따라오는 것으로 생각했는데, 인식의 맹점과 시공간의 역전을 생각해보면 결국 현실은 관념으로부터 펼쳐지는 거였어요. 결국 제가 끌어당기고 있던 것은 '대부호가 되는 것은 힘들며 이루어지지 않는다'였고요…. 시크릿을 열심히 해도 이루어지지 않는다고만 생각했었는데, 매 순간 시크릿은 정확하게 창조되고 있네요.

카밀로 자네를 고통스럽게 하는 현실은 자네가 창조한 현실일세. 이는 자네가 진정 창조자였다는 사실을 증명하는 증거가 된다네. 그럼 이제 새로운 관념으로 재인식만 하면 되지 않겠나? 상대성의 관점에서 보자면 지금 이 상황과 정확하게 반대되는 상황이 반드시 존재하네. 또, 그것은 동시성의 관점에서 보아도 이미 이루어진 결과로부터 펼쳐져 있는 시공간이기에 '지금 여기'의 자리에 반드시 존재하네. 그러니 '지금 여기'의 자리에서 원하는 현실, 문제가 해결된 상황을 나의 새로운 현실로 규정하여 인식하면 되는 거지. 만약 이것은 상상일 뿐이라는 생각이 밀려온다면 그 생각도 있는 그대로 바라보게. 또는 과거에 대한 기억, 현재에 대한 인식, 미래에 대한 상상을 관찰해보게. 결국 이 세 가지가 같은 것임을 알 수 있네. 모두 동일한 '심상'일세. 그렇기에 근본적으로 나의 상상과 현실이 다른 게 아니라네. 이것을 충분히 이해한 다음 '지금 여기'의 자리에서 원하는 현실을 나의 현실이라고 규정하게.

릴리 관념을 재규정하는 것이 사실상 현실창조의 마스터키였군요. 예를 들어주신 것은 부에 관련된 것 하나였지만, 이와 같은 관념의 분석은 삶의 모든 부분에 적용할 수 있는 거죠?

카밀로 그렇네. 하지만 제대로 알아야 할 것이 있네. 새로운 관념의 재규정을 빙자하여 지금 나의 모습을 배척하면 안 된다는 걸세.

릴리 관념의 재규정이 지금 현실에 대한 외면으로 시작된다면 그 또한 하나의 반의도로 작용한다는 말씀이시군요.

카밀로 정확하네. 관념의 재규정은 철저하게 상대성을 보는 관점에서 이루어져야 하네. 그렇기에 지금의 비참한 내 모습은 동시에 새로워진 모습이 존재하게 하는 존재 조건이라는 것을 철저하게 수긍해야 하네. 지금의 모습을 허용하지 못하고 받아들이지 못한다는 말은 결국 그것의 상대적 짝인 새로운 모습도 받아들이지 못한다는 말이지. 지금을 부정하는 것은 그 상대성마저 부정하는 것이네. 지금을 허용하는 것은 그 상대성을 허용하는 걸세. 지금 내 삶에 펼쳐지는 모든 것, 지금의 내 환경에 참여하는 모든 것을 있는 그대로 허용해야 하네. 있는 그대로 허용한다는 것은 상대성의 관점에서 바라보라는 말이네. 지금 내 삶에 부정적으로 나타나는 모든 것들은 그것들의 상대적 짝인 긍정적인 부분이 존재하기 때문일세. 이것을 항상 염두에 두고 있어야 하네. 만약 누군가 경제적인 결핍을 경험한다고 쳐보세. 이때 작용하는 현실 출력회로의 인드라망을 살펴보면 먼저 작용하는 것은 돈으로 상징되는 '풍요'와 분리된 감각일세. 즉, '나는 풍요가 아니다'라는 분리감인 거지.

릴리 맞아요. 나는 풍요로운 사람이 아니라는 사실과 나는 풍요로운 사람이 아니라는 규정이 그것을 증명해주죠. 결국 이 상황에 작용하는 관념은 '나는 풍요가 아니다'라는 분리감이네요.

카밀로 풍요는 '자유'를 상징하는 가치일세. 그렇다면 결핍을 경험하는 사람의 마음속에는 '나는 자유가 아닌 구속이다'라는 분리감이 자기규정으로 작용하고 있네. 그렇다면 자유는 뭘까? 자유는 온전한 허용인 '사랑'의 상징일세. 그렇다면 이를 통해 '나는 나 자신을 온전히 허용(사랑)하지 않는다'는 분리감이 있음을 알 수 있네. 이 근원적인 분리감은 다른 우주와의 인연관계에서도 분열에 해당하는, 보다 강한 결핍감을 느끼도록 현실을 조작하네. 따라서 누군가 큰 풍요와 자유의 가치를 표현하고자 하는 이가 있다면 그를 드러내기 위한 상대는 내가 된다네. 나도 상대성의 비밀을 몰랐을 때는 이와 같은 상황을 끊임없이 경험했네. 어떤 방식으로든 결핍을 느낄 만한 상황이 찾아오는 거지. 지갑을 잃어버린다든가, 물건을 살 때 어이없는 바가지를 쓴다든가, 계좌가 해킹된다든가…. 다시 말해 풍요와 나 사이의 분리감이 클수록 나라는 존재가 상대성 안에서 강한 결핍의 모습으로 나타나는 걸세. 개체적 관점에서 볼 때는 이러한 것들이 비참해 보여도, 이를 상대성, 동시성, 전체성의 눈으로 바라볼 수 있는, 비이원의 진리를 아는 사람은 그런 현실에서도 존재의 완벽함을 보네. 그렇다면 그는 이 상황을 재규정할 수 있는 당연한 권리와 자격을 얻지.

릴리 재규정은 아무렇게나 할 수 있는 게 아니군요. 자격, 권리를 얻어야만 가능한 거였어요.

카밀로 재규정의 자격과 권리는 존재하는 모든 것들의 상대, 동시, 전체의 측면을 온전히 수용할 때 얻게 되네. 비참한 내가 풍요로운 누군가를 나타내기 위한 도구로 쓰였다면 이제는 내가 풍요를 드러낼 권리를 가지는 걸세. 전체성 안에서 아무것도 하지 않고 그저 좋은 것만을 바라는 마음은 일종의 악으로 작용하네. 그것은 가장 이기적인 마음이며 어리석음일세. 먼저 받아들여 허용하고, 존재의 완벽함을 관한 후에 재규정하면 되는 거지.

릴리 저는 괴리감에 빠지지 않고 풍요를 인식할 수 있는 비법이 궁금합니다.

카밀로 내가 특별한 능력을 가진 게 아닐세. 이러한 인식의 힘은 누구나 가지고 있는 걸세. 다만 모르고 있을 뿐이지. 핵심을 정리해주겠네.

1. 지금 이 순간 나의 결핍과 비참함을 있는 그대로 받아들인다. 다시 말해 상대성, 동시성, 전체성을 관한다.
2. 이때 발생하는 모든 서러움과 슬픔마저도 상대성, 동시성, 전체성의 눈으로 바라보며 허용한다.

3. 인식의 맹점, 주체와 대상의 비이원적 관계, 시공간의 실체, 궁극실재의 작용방식, 욕구와 욕망의 구분, 찰나생멸하는 트랙의 속성, 탐진치와 진선미, 인드라망의 세계, 현실 출력회로의 완벽함, '지금 여기'의 온전함 등을 모두 앎의 수준까지 가져가면 이성의 온전한 납득이 일어나고 그 앎은 가슴으로 옮겨가 감성의 영역에도 각인된다.
4. 인식되는 대상이 그대로 '나' 자신이라는 사실을 관조하며 재규정의 관념을 '나'로 삼는다.
5. '보시니 좋더라'의 마음이 일어나며 창조가 완성된다.

- 규정지어진 '나'는 일종의 '가짜 나'이며 몸이다.
- '몸에 동일시된 자아규정'이 현실을 현실로 만든다.
- 첫 번째 생각인 '있음'이 세상을 관찰하기 위해서 '나'라는 허수를 만들었고, 그리하여 '신 의식'이 되었다.
- 지금 나의 현실 상황과 그에 대한 관념이 일치한다.
- 새로운 관념의 재규정을 빙자하여 지금 나의 모습을 배척하면 그 또한 하나의 반의도로 작용한다.
- 재규정의 자격과 권리는 존재하는 모든 것들의 상대성, 동시성, 전체성을 온전히 수용할 때 얻게 된다.

원의도와 반의도

카밀로 원의도, 반의도라는 용어를 들어봤을 걸세. 반의도라는 녀석은 시크릿을 방해하는 일등 공신이지. 반의도를 말하려면 그와 반대되는 개념인 원의도에 대해서도 알아야 하네. 가령 부 시크릿을 하고 있다고 치세. 그럼 현재의식의 의도인 '나는 부자가 되고 싶다'라는 의도가 원의도가 되고 부를 끌어당기는 유인력을 방해하는 숨은 관념인 '나는 가난하다'가 반의도로 여겨지네. 하지만 과연 그럴까? 사실을 따져보면 반대일세. 심층 무의식 안에서 작용하고 있는 '나는 가난하다'가 원래의 의도일세.

릴리 아하! 좀전의 공부를 하고 나니 감이 빨리 오네요. 우리의 현실은 잠재의식의 완벽한 투영, 즉 관념의 투영이잖아요. 이 관념은 인드라망 안에서 연동하며 현실의 출력 회로를 형성하고 각양각색의 모습으로 투영되고요. 현재의식은 오감을 통해 경험되는 세상 안에서 출력되는 세계를 체험하죠. 그렇기에 현재의식이 현실에 대한 불만족으로 가지는 의도, 개선하고자 하는 욕구의 시작이 '반의도'가 되는 것, 맞죠? 부자가 되고자 하는 마음이 오히려 반발하는 마음이었다고요!

카밀로 영리하구먼. 가난한 현실을 투영시키는 현실의 씨앗은 'I am that I am', 즉 원의도일세. 그에 대한 개선의 의지로 나타나는 의도가 반의도이지. 가난을 개선하고자 하는 갈망의 마음에 기름을 붓는 상황들의 현실화 또한 원의도일세. 이 원의도가 무의식의 차원에 있기에 현재의식의 차원에 있는 개선의 의도가 힘이 약한 것일세. 우리의 현재의식의 의도들을 살펴보면 한 가지 특징이 있네. 바로 결핍에 대한 반발 성향일세. 현재의식 자체가 무의식을 이길 수 없는데다가, 결핍으로 인한 상처와 그에 따른 방어기제로서의 특징인 집착마저 품고 있는 게 대다수이지.

릴리 아… 부가 되든, 외모가 되든, 건강이 되든, 인간관계가 되든 간에 우리를 시크릿으로 이끄는 가지각색의 상황들과 변하고자 하는 개선 의지 안에 깊은 상처와 결핍이 숨어 있다니. 맞는 말이에요. 그렇기에 집착하고 조급한 것 같아요.

카밀로 심층의식 안의 원의도와 현재의식 안의 반의도… 그 둘은 사실 동시성 안에서 한 쌍이기에 떼려야 뗄 수 없는 관계라네. 무의식에서 작용해 발현되는 원의도는 순수한 'I am that I am'이기에 무조건 현실화되네. 자연스러움 그 자체이기 때문이지. 하지만 현재의식 안의 반의도는 무언가 힘이 들어가서 부자연스럽고 조급하며 의심과 집착을 반복하지. 현재의식의 의도와 함께 생기는 방어기제가 사념체가 되어서 나의 마음을 나락으로 끌어내리기 때문일세. 이러한 사념체, 즉 액살은 부정적인 기운을 먹고 사네. 이것은 미묘하기 이를 데 없는 중독(생각, 느낌, 감정, 행위, 사고방식)을 만들어내서 끊임없이 반복하게 만들지. 이렇게 되면 현재의식의 의도는 자신이 중독되어 쳇바퀴처럼 반복재생되고 있음을 눈치도 못 채네.

릴리 반의도는 오히려 원의도를 먹여 살리고 있다는 말이군요. 결핍과 집착을 머금은 의도는 방어기제이고요. 이렇게 되면 결코 무의식 안의 본래 의도를 이길 수 없는 건가요?

카밀로 그렇네. 의식에게 주어진 무한한 힘인 창조능력을 발휘할 수 없네. 그렇기에 무언가를 개선하려는 의지는 결핍에서 피어난 꽃이 되어선 안 되네. 결핍이 아닌 창조하는 선택이 되어야 하네. 시크릿은 원의도 대 반의도의 대립구조가 아닐세. 오히려 나의 삶에 나타나는 모든 것을 있는 그대로 받아들이고 인정함으로써 시작되네. 삶을 개선하고자 하는 의도는 지금 내 삶을 나타나게 한 원의도와 대립의 각을 세우는 것이 결코 아닐세. 이미 드러난 모든 것, 그것이 비록 비참하기 그지없는 형태라 하더라도 그것이 가지는 신비를 받아들이는 것으로 시작해야 하네. 고통의 신비를 인정하면 의식은 일시에 현존의 깊은 곳까지 도달하네. 지복의 바다에서 해탈의 기쁨 안으로 일시에 뚫고 들어와 머물게 되지. 내 안의 부정성이 한순간에 녹아나는 걸세. 이 상태에서 온전히 자유로운 마음으로 새롭게 드러내고픈 어떤 상태 that I am을 인식하고 선포하면 새로운 창조가 시작되네.

릴리 그럼 마음을 어떻게 준비시켜야 할까요? 또, 내 안의 관념이 곧 현실이라는 사실을 어떻게 명상으로 체화할 수 있을까요?

카밀로 첫째, 먼저 마음을 고요히 하여 지복에 머무르게나. 존재의 느낌 그 자체를 지금 여기의 의식공간 자체로 확장시켜 '나는 단지 개체존재만이 아닌 지금 이 순간의 의식공간 그 자체임'을 인식해야 하네. 그 고요한 지복 안에서 나의 현실이 곧 잠재의식임을 인식하게. 나의 현실과 이를 현상시키는 무의식 안의 현실의 씨앗이 존재함을 인식해보게. 그리고 그것이 창조의 원리인 'I am that I am ~' 안에서 완벽하게 작동하고 있음을 인정하게. 둘째, 이제 현실의 씨앗과 나의 현실 자체에 감사의 마음을 보내보게. 내 안의 그리스도가 활동할 기회를 만드는 것이지. 해가 뜨려면 밤이 필요하네. 밤은 해보다 먼저 와서 그의 길을 준비하는 역할을 완벽히 이행하고 있네. 원수를 사랑하려면 원수가 필요하네. 그것이 상대성 안에서의 진실일세. 감정에 치우치지 않는다면 이 사실을 볼 수 있네. 원수는 그 역할을 완벽히 수행하고 있다네. 그러니 아무리 바꾸고 싶은 현실이라도 그것의 존재의미 자체에 대한 감사로 시작해야 하네. 내 삶은, 내 현실의 'I am that I am'은 완벽하다고 선포하는 걸세. 현실의 메커니즘 자체는 완벽하니 이제 그 규정의 방향만 바꿔주면 되는 걸세. 그러니 감사해야 하네. 셋째, 자네의 현재 자체에 감사를 표하며 이제 새롭게 드러내고픈 현실을 분명히 인식하게. 그것을 통해 신의 영광이 드러남을 인식하게. 마음의 심연으로부터 온전한 평화, 의심 없는 앎으로 선포하게. '나는 이것이다.' 'I am that I am.' 이로써 자네의 창조는 열매를 맺네.

- 현재의식이 현실에 대한 불만족으로 가지는 의도가 반의도이다.
- 반의도는 오히려 원의도를 먹여 살리고 있다.
- 내 안의 관념이 현실이라는 사실을 체화하려면 첫째로, 나의 현실과 이를 나타내는 무의식 안의 현실의 씨앗이 완벽하게 작동함을 인정해야 한다. 둘째로, 현실의 씨앗과 나의 현실 자체에 감사의 마음을 보낸다. 셋째로, 새롭게 드러내고픈 현실을 분명히 인식한다.

윤회 극복하기

릴리 관념이 나의 현실을 만든다는 점은 이제 이해가 됩니다. 저를 잘 살펴본 결과 저는 어떤 특정한 생각, 느낌, 감정 등에 휩싸여서 정신 못 차리고 허우적대는 일을 반복하고 있어요. 일종의 중독 같아요.

카밀로 그러한 경험은 누구나 하지. 마치 무언가에 중독된 것마냥 이런 일들이 반복되네. 그것을 자세히 관찰해보면 나름의 패턴을 지닌 채로 외적 디테일을 바꿔가며 나타나지. 대부분 중독된 패턴이 반복됨을 인지조차 못하네. 하지만 문득 이런 패턴의 윤회를 인지할 때가 있네. 한데 아는 게 독이라고, 오히려 그것이 더 고통스럽지. 반복되면 반복될수록 자기 자신에 대한 실망과 비하로 이어지니까.

릴리 맞아요. 오히려 어설프게 알고 나서 아는 것을 따라서 살지 못하는 제 모습을 볼 때마다 정말 비참합니다. '나는, 내 삶은 왜 이럴까.' '내가 그렇지 뭐. 안다고 뭐가 달라지겠어.' 이런 마음들의 끝없는 반복 속에서 보냅니다.

카밀로 이런 상태가 바로 범인드라망 차원에서 활동하는 거대한 집단 사념체, 즉 펜듈럼의 습기(습관이 된 기운의 윤회)에 먹힌 결세. 하지만 이때야말로 자기탐구가 그 힘을 발휘할 때일세. 어떤 강렬한 사고나 감정 상태에 휩싸임을 인지할 때 자신에게 물어야 하네. 자네처럼 '나는, 내 삶은 왜 이럴까'라는 생각이 든다면 이 고통은 누구에게 일어나는 거냐고 물어보게. 나한테 일어나는 것일세. 그렇다면 내 삶은 왜 이럴까 한탄하는 '나'는 누구지? 이렇게 쭉 생각해보면 모든 문제의 중심에는 '나'가 있네. 고통받는 나! 이 '나'는 도대체 누구일까? 고통받는 '나'는 하나의 심상일세. 고통과 동일시되어 나타난 하나의 관념체일세. 고통과 동일시된 '나'라는 관념이 오감으로 체험되는 트랙에 나타난 상황일세. 우리는 단지 이 '고통받는 나'만이 아니네.

릴리 패턴의 윤회를 극복하는 첫 번째 방법은 '나의 부정을 통한 나의 확장'이라는 거죠? 격렬한 감정 상태가 발생하고 그것에 함몰됨을 느낄 때 스스로에게 '나는 누구인가?'라는 의문을 품음으로써 그 연쇄반응을 끊어내는 것이요. '나'는 인식의 주체이므로 인식의 대상인 '고통받는 나'라는 정체성에 한정될 수 없지요.

카밀로 그렇네. 의문을 품으면 그보다 훨씬 큰 비이원성인 '존재 그 자체'로서의 나로 그 외연이 확장되지. 이와 같은 사고를 통해서 연쇄반응은 주춤하네. 텅 빈 의식공간으로 인식의 초점을 옮겨보게. 그 상태가 '주시자'의 상태일세. 의식의 초점이 고통받는 나, 고통, 고통을 주는 상황이라는 함몰 상태에서 그 장면이 나타나는 스크린 자체로 편재하며 확장된 상태가 되네. 쉽게 말해 '고통받는 나'의 위치에서 '고통받는 자를 보는 자'의 위치로 한 발짝 물러나는 거지. 이 같은 훈련은 특정 상황에 함몰되지 않는 힘을 길러주네. 존재의 느낌이자 앎인 I am의 지복에 머물 수 있지. 이제 이 지복의 자리에서 나에게 일어나는 패턴의 윤회를 관조하게. 그러면 그것들 또한 구조적으로 완벽하게 나타났고, 상대성 안에서 그것이 극복된 상황을 반드시 짝으로 지니며, 동시성 안에서 존재하기에, 나의 우주의 주인인 '나'는 그것을 당연히 선택할 수 있음을 깨닫네. 나아가 나를 괴롭히는 그 상황이 나의 영광을 드러내기 위한 존재 조건이었음을 알게 되지. 따라서 나를 괴롭히던 그 상황과 그에 관여한 모든 인드라망의 우주를 받아들여 대자대비의 마음이 일어나네. 고통은 또한 기회일세. 자네의 번뇌가 깨달음일세. 두려워하지 말게. 결국, 세상 그 자체인 자네는 자기 자신의 모든 부분을 스스로 일으켜 체험하고 있는 걸세. 그리고 그 비밀을 깨닫지 못하면 자네 삶의 많은 부분은 자네가 설정한 자기규정을 따르며 그 존재의 잔상 안에서 윤회하지.

릴리 윤회란 말을 많이 쓰시네요. 윤회가 정확히 뭔가요?

카밀로 우리의 삶 전체와 일상을 잘 살펴보면 한 가지 사실을 알 수 있네. 바로 같은 패턴의 반복일세. 이러한 패턴의 반복을 '윤회(samsara)'라고 부르지.

릴리 영혼이나 자성이 환생을 계속하는 것 아닌가요? 흔히 윤회라고 하면 전생, 환생의 의미로 알고 있잖아요.

카밀로 그건 어떤 고정불변의 나, 즉 고유 영혼이 있어서 생전에 지은 업보에 따라 다음 생의 모습이 결정된다는 이야기가 아닌가? 하지만 우리가 생각하는 방식의 전생 윤회라는 것은 없네. 환생을 반복하는 방식의 윤회가 있으려면 어떤 고정불변의 성품인 자성, 영혼이라는 '나'가 있어야 하는데 '나'라는 것은 세상을 관찰하기 위해 만들어진 하나의 허수이네. 실체로서의 '나'가 있는 것이 아니라 '나라는 생각'이 있는 걸세. 이 생각이 I-am-ness로서 순수존재의식의 실체일세. 성경에서는 이를 가리켜 신의 첫 번째 마음인 말씀, 즉 로고스라고 불렀지. 요한복음에서는 이렇게 표현하네.

태초에 말씀이 계셨다. 말씀은 하느님과 함께 계셨으며 하느님과 같은 분이셨다. 모든 것은 말씀을 통하여 생겨났고 이 말씀 없이 생겨난 것은 하나도 없다.

— 1:1-3

이 태초의 말씀이 바로 순수존재의식 '내가 있다(I am)'일세. 이는 궁극실재의 마음속 '생각'이지. 이것은 삼라만상을 인식함으로써 만들어내고, 또 관찰하는 도구일세. 궁극의 실재는 이 생각 내용인 '나(I)'를 아는, 한없이 모름에 가까운 '앎(am)'의 모습으로 I am 안에 상주불멸하고 있네. 윤회하여 환생을 계속하거나 죽어서 천국, 지옥에 간다고 여겨지는 '영혼'은 바로 이 '내가 있다'는 생각이 만들어낸 하나의 관념일 뿐일세. 고대인들은 이 생각에 따라 윤회설을 만들었고, 진실이라 생각하며 살았지. 그리고 이로 인해 신분제도가 통치수단으로 등장했네. 특히 힌두 문화권에서는 이러한 교리를 적극적으로 활용해 카스트 제도를 만들어내 전반적인 사회원리로 활용하네. 이때 한 명의 대사상가가 등장해 윤회 사상을 부정하고 기존의 '자아(atman)'에 대한 사상을 박살 내지. 그게 누구겠나?

릴리 혹시 석가모니? 그분의 사상은 '무아(anatman)'라고 불리잖아요. 또, 비이원성을 통해 나라는 것이 환과 같음을 밝혀냈기도 하고요. 그렇다면 윤회는 어떤 고정불변의 영혼이 주체가 되어 환생을 계속하는 것이 아니군요. 그것은 '나라는 생각의 윤회'가 아닐지요? 즉, 자신과 자신이 관찰하는 세상에 대한 규정을 끊임없이 반복하는 것이죠.

카밀로 날카로운 지적이네. 이 같은 자기규정의 윤회는 어떤 일정한 패턴을 반복하네. 바로 현실을 투영해내는 원천인 '관념'의 반복일세. 우리의 현실을 한번 들여다보게. 나의 현실은 왜 항상 비슷비슷할까?

릴리 그러게요. 저의 연애는 왜 항상 만남과 이별을 반복할까요? 또, 저의 경제 상황은 왜 좀처럼 나아질 기미가 안 보일까요? 저의 시크릿은 왜 항상 이루어지지 않을까요? 제 현실은 항상 비슷해요.

카밀로 간단하네. 그 이유는 나라는 존재가 일정한 존재의 잔상을 따르며 점멸하고 있기 때문이네. 매 순간은 찰나생, 찰나멸하네. 한데 이상한 현상이 생기지. 분명 매 순간은 찰나생멸하는 매 순간 새로운 것임에도 불구하고 존재는 이전의 것에 대한 잔상을 따르고 있네. 예전의 내가 유지되며 지금의 나로 이어지고 있네. 예전의 나를 만들어낸 관념은 지금의 나에게도 이어지며 미래의 나를 구속하네. 안 그런가? 지금의 자네는 여전히 1초 전의 나, 어제의 나, 1년 전의 나, 10년 전의 나라는 자기규정이 이어지고 있지 않냐는 말일세.

릴리 그렇습니다. 저의 자기규정은 끊어짐 없이 계속되고 있네요. 매 순간은 항상 새로운 것인데 말이죠. 자신을 존재의 잔상에 구속하지 않을 수 있다면 매 순간 새로운 삶의 모습을 '지금의 나'로 규정할 수 있지 않을까요? 존재의 잔상, 예전의 나는 과거, 기억, 정신적 이미지에 불과하니까요. 이 끊임없는 윤회를 끊어내고 싶어요.

카밀로 그래. 자네의 시크릿은 과거의 기억인 '지금 당신이 당신이라고 믿고 있는 모든 규정'에서 자유로워질 때 완성될 것이네. 이를 위해서는 지금 자네가 믿고 있는 '나는 이러하다(I am that ~)'로부터 한 발짝 물러나야 하네. 한 발짝만 물러나 보게. 지금 여기의 현실을 따라가지 말고 현실이 나타나는 배경으로 물러나서 바라보는 구경꾼의 시선을 가져보게. 그럼 자네의 집착(반의도)이 보이기 시작할 거네. 그것이 보인다면 자네의 변형은 시작된 것일세. 그때 비로소 자네의 시크릿은 힘을 얻기 시작할 거야.

- 어떤 생각, 느낌, 감정 등에 중독되어 일정 패턴이 반복되는 것을 알아차리면 자기비하로 이어지기 쉬운데, 이는 집단 사념체의 습기에 먹힌 것이다. 이때 자기탐구가 필요하다.
- '나'는 인식의 주체이므로 인식의 대상인 '고통받는 나'라는 정체성에 한정될 수 없다.
- 세상 그 자체인 당신은 자기 자신의 모든 부분을 스스로 일으켜 체험하고 있다. 이 비밀을 깨닫지 못하면 삶의 많은 부분은 당신이 설정한 자기규정을 따르며 그 존재의 잔상 안에서 윤회한다.
- 일정 패턴의 반복을 윤회라고 한다.
- 시크릿은 과거의 기억인 '지금 당신이 당신이라고 믿고 있는 모든 규정'에서 자유로워질 때 완성된다.

나

카밀로 우리는 몸이 아닐세. 마음도 아닐세. 우리는 주시하는 순수의식일세. 물론 궁극적으로 우리는 순수의식마저도 넘어서 있는 존재이지만 그것의 정체는 순수의식의 자취를 통해 알려지네. 몸이라는 육체 존재 안에 얽매이지 않는 것이 우리의 진짜 정체라면, 우리에게 있어서 상상의 영역과 현실의 영역, 이 두 가지 트랙의 차이는 무엇일까?

릴리 가르쳐주신 바에 따르면 관념의 차이라고 알고 있습니다.

카밀로 그렇지. 상상과 현실이라는 개념에 주어지는 관념 규정의 차이이지. 이 점에 대해 조금 더 살펴보면 현실과 상상에 공통으로 존재하는 무엇이 있네. 자네 현실과 상상의 특징에 대해서는 이미 알고 있지?

릴리 네. 그것은 '몸'이 아니었나요? 몸에 동일시된 자기규정을 따라 나타나는 오감의 트랙이 현실 트랙이라고 말씀해주셨잖아요. 반면에 상상의 트랙은 보이는 몸에 동일시된 오감과는 다른 오감, 상상의 오감이 활동하는 트랙이라고 하셨고요.

카밀로 그래. 현실을 구분 짓는 특징이 몸이라는 대답은 맞네. 하지만 그 몸이란 것도 결국은 이것은 상상, 이것은 현실이라는 개념적 딱지가 먼저 생겨야 나타날 수 있는 것일세. 그러니 지금 우리가 찾는 그것은 몸보다 이전에 존재하는 것일세. 그것을 찾는다면 자네는 그것을 사용하여 인식하고자 하는 세상을 만들 수 있네. 그것이 바로 '나라는 허수'일세.

릴리 이 말씀은 전에도 하셨던 것 아닌가요?

카밀로 그렇지, 하지만 지금은 특정 부분을 더 강조하고 있는 거야. 바로 '허수'라는 부분일세. 나라는 것은 허수일세. 실제로 존재하는 것이 아니지만 그 '나'가 있어야 우리가 세상이라고 부르는 트랙이 보일 수 있네. 이 '나'가 있어야만 I am이 that I am을 규정해 세상이 보여지네. 결국 자신을 어떻게 규정하느냐에 따라 자네가 보고 체험하는 세상의 모습이 결정되는 거지.

릴리 이 부분이 결국 시크릿의 요체네요. 관념의 규정이 시크릿이라고 하셨잖아요.

카밀로 열심히 공부했군. 관념의 재규정이 시크릿이라는 걸 제대로 이해한다면 이제 '관념을 규정하는 자는 누구인가?'라는 의문이 떠올라야 하네. 그리고 그에 대한 답변이 이해되어야 할 차례지. 관념을 규정하는 자는 '나'일세. 그런데 그 나를 자기탐구 기법으로 찾아보았더니 그 실체가 없는 것이었다니! 나라는 것은 절대로 성립할 수 없는, 마치 유령과도 같은 것이었다는 말일세. 그럼 이 유령의 눈에 비치는 세상은 무엇이겠나? 그러니까 존재하지 않는 것이 보는 것은 결국 무엇이겠냐는 말일세.

릴리 이 부분이 가장 이해하기 힘들었어요. 존재하지 않는 자가 보는 것이니 마치 아이를 낳을 수 없는 여인의 아이와도 같은 것이 이 세상이라는 사실이요. 하지만 그렇기에 시크릿이 가능할 수 있다니 나쁜 점만 있는 것은 아닌 것 같기도 하고요.

카밀로 자네 혹시 수학 좋아하나?

릴리 아니요. 저는 이미 초등학교 때 돌아올 수 없는 강을 건넜습니다.

카밀로 안타깝군. 이번 비유는 이해하기가 좀 힘들겠는걸. 수학에 보면 허수라는 게 있네.

릴리 들어보긴 했어요. 그 특성에 대해서는 잘 모르겠지만요.

카밀로 먼저 허수라는 것에 대한 수학적 정의를 살펴보자고. 1572년 이탈리아의 수학자 라파엘 봄벨리가 실수로는 나타낼 수 없는 2차 방정식의 근을 나타내기 위하여 수의 개념을 확장하여 정의했네. 그것이 바로 허수이지. 단순히 대수적인 필요 때문에 상상으로 만들어낸 숫자로서, 실존하지 않는 수이네. 잠시 다른 길로 새자면, 모든 수는 자연계의 현상을 추상적으로 나타내기 위해 인간이 상상으로 만들어낸 개념에 불과하며, 수는 실존하지 않는다는 점을 기억하게. 다시 말해 실수도 허수만큼이나 허구로써, 우주의 언어를 인간이 이해할 수 있는 방식으로 강제로 번역한 것에 불과하네. 허수는 우주의 규칙을 숫자로 변환하는 과정에서 수로는 표현할 수 없는 규칙을 표현하기 위한 방식일 뿐이지. 짧게 요약을 하자면 허수라는 것은 제곱을 했을 때 -1이 되는 수를 말하네. 한데 제곱을 했을 때 -1이 되는 수가 있을 수 있겠나?

릴리 제곱했을 때 -1이 나올 수는 없다고 알고 있는데요.

카밀로 그렇지. 하지만 허수는 존재하는 수가 아님에도 2차 방정식의 해가 되네. 즉 실수 영역에서 1차원 벡터로 표현될 수 있었던 수 체계를 2차원 벡터로 확장시켰다는 의미가 있지. 수학자들은 이 수를 허수로 정의하고 기호 i로 표기하기 시작했지. 재미있지 않나? 나를 뜻하는 영어단어 I와 허수를 뜻하는 기호가 같다는 사실 말이야.

릴리 한데 이 존재할 수 없는 헛것이 과연 어디에 쓰이는 거죠?

카밀로 양자 물리학을 비롯한 현대 물리학에서는 이 허수라는 개념이 거의 필수적으로 사용되네. 그러니까 허수는 존재할 수 없는 상상의 수임에도 불구하고 현대 물리학에서 세상을 표현하는데 필수적으로 쓰인다는 말일세. 물리학자 슈뢰딩거는 파동 방정식을 사용하여 운동의 에너지를 구했네. 이때의 방정식을 슈뢰딩거의 방정식이라고 하는데 여기서도 허수 i가 쓰이고 있지. 그러니까 존재를 설명하기 위하여 존재할 수 없는, 그저 개념의 수에 불과할 뿐인 헛것이 사용된 셈이지. 즉, 허수가 있기에 진수라는 개념이 드러난다는 말일세. 이 역시 상대성 아니겠나.

릴리 환영에 불과할 뿐인 세상을 환영 속의 존재인 우리는 진짜라고 믿고 살고 있지만, 정작 그가 관찰하는 세상을 규정하여 경험하는 주체인 '나'는 허수라는 말씀이시군요. '나'라는 허수가 자기를 규정함으로써 세상이라는 환상을 만들어내는 거였어요. 그렇기에 세상이 나타나려면 자신이 세상을 관찰하는 주체라는 착각을 하는 존재, 실재하지 않는 존재이지만 실재한다고 착각하는 존재인 '나(I)'가 필요하다는 말씀이신 거죠?

카밀로 그것이 바로 '내가 있음(I am)'이며 성경에서는 '말씀(궁극실재의 생각)'이라고 표현한 것이네. 그리고 이것이 스스로 존재한다고 착각을 일으킴으로써 그것이 자신의 존재성을 확인하게 만드는 대상인 우주 삼라만상이 펼쳐져 나온 것이지.

릴리 그래서 성경에서는 모든 것은 이것으로부터 나왔고 이것으로부터 나지 않은 것은 하나도 없다고 표현한 것이었군요.

카밀로 '나'라는 허수의 역할은 절대적이네. 우리는 개체존재가 시작하기 전까지 우리의 근원을 알아볼 수 없네. 개체존재라는 프리즘에 순수의식인 '나'라는 허수가 투과되어야 비로소 세상을 알아보고, 자신의 근원을 돌아보는 여정(회광반조)을 통해서 근원이 알려지게 되네.

릴리 그렇다면 현존이란 전체와 부분, 이 두 가지를 한 번에 꿰뚫어서 아는 앎의 상태군요. 그러니 중요한 것은 앎이고요.

카밀로 그렇네. 우리는 '자기규정'이라는 말을 개체존재인 몸뚱이에 한정하고 받아들이지. 그러나 진정한 자기규정은 순수의식 I am이라는 허수가 세상을 규정하는 움직임인 'that I am ~'일세. 이와 같은 순수의식의 자기규정을 통해 관찰되는 세상이 관념으로서의 세상의 실체이네. 한데 내가 존재의 잔상, 즉 규정된 어떤 나(that I am ~)를 따르고 있는 동안에는 있는 그대로를 보기 힘들지. 규정된 존재 안에 묶여 있고 그것을 자신이라고 철석같이 믿고 있기 때문이네. 규정된 존재성은 몸 안에 동일시되어(I am this body) 묶여 있기에 우리가 현실이라고 부르는 트랙은 '몸의 오감으로 체험되는 관념들이 현실화된' 트랙이 되는 걸세. 문자 그대로 제한된 시선으로 하나의 규정(나는 몸이다)을 통해 받아들이는 영상이 현실이라는 이름의 트랙이 되는 걸세. 이와 동일하게 오감이 작용하고, 주인공이든 등장인물이든 관찰자로든 어떤 형태로의 '나'가 있긴 하지만 '몸에 동일시된 나(I)를 따르지 않는 트랙'에 바로 꿈이나 상상이라는 관념이 부여되는 걸세. 그래서 시크릿이라는 현실창조의 영역에 '몸에 동일시된 오감'이 그것을 이루는 요소로 관여하는 것이고. 이것을 완전히 보게 된다면 전체성의 관점이 되는 거네.

릴리 세상이 나타나는 메커니즘을 모른다면 시크릿은 단지 소원성취를 위한 절박한 몸부림에 지나지 않겠군요. 그것도 결핍과 상처로부터 벗어나려는 절망적인 몸부림이요. 그러니 반의도가 작용하여 시크릿이 제대로 이루어지지 않았던 거였어요. 시크릿은 세상의 실체를 꿰뚫어 보아야만 쓸 수 있는 지혜의 검과 같네요.

카밀로 하지만 양날의 검이네. 그러니 다치지 않기 위해서라도 진리에 대한 깨우침이 반드시 동반되어야 하네.

릴리 진리를 알게 되면 이원성을 버리고 비이원성을 추구하게 될까요?

카밀로 진리의 차원을 알고 보면 비이원성이 곧 이원성이라네. 그러나 생각이 만들어낸 이원성의 도식에 속수무책으로 당하고 있는 한, 비이원성과 이원성이 서로 다른 상태라 믿고서 이원성은 버리고 비이원성을 찾아 헤매네. 하지만 한쪽을 취하기 위해서 한쪽을 버린다면 이 또한 이원성의 또 다른 형태일세. 알고 보면 코미디지. 물론 스스로 헤어나기 힘든 문제이긴 하네.

릴리 이원성에서 벗어나서 일원성의 그 무엇을 찾았거나, 보았거나, 확인했다고 주장하는 사람들은 뭔가요?

카밀로 그들은 이원성의 경계를 새롭게 재설정했을 뿐이네. 그리고 그들은 반드시 스스로 미진함을 느끼지. 진짜로 알게 된다면 지금 주체와 객체로 나뉘어 있는, 나와 나 아닌 것으로 구분되어 있는 이 상태, 즉 이원화의 상태가 역설적으로 한 번도 나누어진 적이 없음을 증명하고 있다는 걸 깨닫네. 다시 말하자면 이원화되어 있는 지금의 이 상태가 실은 이미 비이원의 상태임을 증명하는 것이지.

릴리 마치 존재의 실상을 설명하기 위해 허수가 사용되는 것처럼 말이죠?

카밀로 그렇다네. 본래 하나로서 분리될 수 없는 일원성이 자기 자신을 표현하기 위해서는 의식이라는 수단으로 꿈꾸듯 자신을 그려내야 했네. 이를 위해서는 상대성이 필요했기에 본래 있지도 않은 허수인 '나(I)'를 설정해 주체와 대상으로 분리된 듯이 바라보고 있는 것이 지금의 우리이네. 그리고 이러한 앎의 자리에서는 이원성이 일원성과 비이원(서로 다르지 않음)의 관계에 있다는 것이 알려지지. 이것을 아는 것이 깨달음이며 이 메커니즘을 통해 관찰하고자 하는 세상을 인식하는 것이 시크릿일세. 깨달음이라는 것은 어떤 특정하고 황홀한 변성의식 상태가 아니며, 시크릿이라는 것은 하늘에서 돈벼락을 내리게 하는 마법이 아닐세. 시크릿은 나의 삶 그 자체를 허용, 인정하고 새로운 삶 또한 온전히 허용하고 인식하며 감사하는 것이네. '하느님께서 말씀으로 세상을 만드시고 보시니 좋았다'라는 성경의 이야기처럼 이원성을 통하지 않고 스스로 존재하는 것은 있을 수 없네. 존재한다, 혹은 존재하지 않는다고 말하는 것 자체가 이원성을 내포하는 것이기 때문이네. 스스로 존재하는 것을 아는 앎! 그 앎(모름) 또한 이원성으로 일원성을 엿보게 하지 않는가?

릴리 아직 다 알 수는 없지만 진정한 비이원성은 이원성을 배척하지 않고 아우른다는 말씀으로 느껴지네요. 이것이 불교에서 말하는 '번뇌 즉 보리'인가요?

카밀로 그렇다네. 진정한 지혜는 대상의 한쪽 면만 보지 않지. 우리가 대상의 한쪽 면만 보는 것은 관점의 작용일 뿐이네.

릴리 그렇다면 관점이란 무엇인가요?

카밀로 관점이란 세상을 보는 틀을 말하는 걸세. 하지만 잊지 말게. 관점이란 한 점에서의 시선일 뿐이네. 내가 나의 대단한 관점으로 세상을 보고 너를 보고 신을 본다는 생각이 들겠지만, 관점이란 '한 점에서의 시선'에 불과하네. 내가 서 있는 한 점(규정, 관념)에서 한 발자국이라도 벗어나면 나의 시선(인식)은 변하네.

릴리 관점의 안과 밖을 이루는 경계를 허무는 것이 비이원이군요. 깨달음도 시크릿도 관점이 변할 때 가능하겠어요.

카밀로 그것을 스스로 허용해보게나.

릴리 왠지 '나' 없이 보는 느낌이 드네요. 모두가 나 같은 느낌도 들고요.

카밀로 자네 안에서 관점의 전환(metanoia)이 일어나고 있다는 뜻일세. 세모난 관점에선 세모난 세상이 보이고 네모난 관점에선 네모난 세상만이 보이지.

- 허수는 제곱했을 때 -1이 나오는 수이며, 존재할 수 없는 수이다.
- 허수가 있기에 진수가 드러난다.
- '나'라는 허수가 자기를 규정함으로써 세상이라는 환상을 만들어낸다.
- 이원화되어 있는 지금의 이 상태가 실은 이미 비이원의 상태임을 증명하는 것이다.
- 관점의 안과 밖을 이루는 경계를 허무는 것이 비이원이다.

자신을 회상하다

카밀로 자네가 절대로 잊지 말아야 할 것이 있네. 자네는 몸도 아니고 의식도 아니며 오히려 그것들을 존재하게 하는 근원이라는 사실이네. 그 근원은 체험의 대상, 인식의 대상으로 알려질 수 없으니 존재하는 것이 아니네. 존재라는 것은 '있다'가 되든 '없다'가 되든 인식 안에서 포착될 때만 정의될 수 있네. 하지만 내가 말하는 것은 인식의 대상이 아닐세. 그렇기에 모든 개념적 규정을 떠나 있는 진짜로 없는 것, 이름 붙일 수 없는 것일세. 그것은 자신을 회상하는 시선을 통해서 알아보네. 그 회상하는 시선이 바로 우리의 진짜 모습일세.

릴리 하나의 유일한 시선이 개체존재라는 개별렌즈를 통해서 개아라는 고유우주를 관찰하는 것이라고 하셨었죠. 전체가 부분을 통해서 자신을 관찰하고 있는 것이기도 하고요. 그 말씀을 들은 이후에 진정한 저는 개별렌즈가 아니라는 생각이 많이 듭니다. 개별렌즈는 꿈속에 나타난 호랑이, 토끼의 뿔처럼 환영으로 나타난 존재니까요. 우리가 마음이라고 부르는 순수의식이나 그 마음의 거울 면에 나타나 맺힌 형상들 또한 진정한 제가 아니라는 건 아직 어려운 이야기라서 이해하기엔 시간이 좀 필요할 것 같아요. 한데 궁금한 게 있었습니다. '신의 시선'이라고 규정짓는 순간 그 또한 인식의 대상이 되어버리지 않나요?

카밀로 그렇지. 그래서 그것은 개념을 통한 앎, 상대적인 앎을 통해서는 알려지지 않네. 하지만 상대적 앎을 통해서 알려지지 않는다는 사실이 그것의 진실을 말해주지. 자네가 바로 그것일세.

인식의 대상으로서 알려지지 않지만 동시에 주체, 대상, 작용을 만들어내는 그것! 개념으로 포착하면 이미 멀어지지만 동시에 개념을 통해서 어긋난다는 사실을 통해 자기 자신을 알게 하는 그것이네. 그렇기에 두려워하지 말고 항상 '의식 너머'에 머물게나. 그것이 바로 절대의식일세.

릴리 절대의식은 또 뭔가요? 의식이란 것 자체가 상대성을 통해서 생겨난 것인데 그렇다면 상대의식이 아닐까요?

카밀로 절대의식이란 말이 좀 이상하지? 이 말에서 이상함을 눈치챈 자네가 대견하군. 절대라는 말을 풀어보면 끊을 절絶과 대상, 상대를 뜻하는 대對라는 한자로 이루어져 있네. 이 말은 대(대상)가 끊어져 있다는 말일세. 즉 상대성이 끊어져 있다는 말이지. 한데 상대성이 끊어져 있다면 인식작용이 일어날 수 있겠나?

릴리 없죠.

카밀로 그렇지, 절대 자체는 인식작용이 될 수 없네. 그렇기에 절대의식의 자리에 머물라는 말은 자신의 정체성을 인식되는 모든 것으로부터 한 발짝 더 떨어진 곳에 두라는 말일세. 이는 주시자 관점의 수행으로써 좀더 쉽게 와닿지.

릴리 평소에 자신에 대한 정체성의 포지션을 어디에 두느냐의 문제로군요. 처음 수행을 시작하면 나에 대한 정체성(자기규정)이 몸 안에 한정되죠. 그러다가 사유와 명상을 통해 의식이 깊어지면 몸을 떠나서 허공과 같은 공간으로 물러나 편재하게 되는 거고요. 그러면 마치 허공에서 내려다보는 고정된 카메라의 시선과도 비슷한 감각으로 자신을 규정하겠죠?

카밀로 그러한 관점이 안착하면 주시자를 좀더 멀리 후퇴시키는 게 가능하네. 몸에서 떠나 허공으로 물러났다가 허공에서도 계속 후퇴하는데, 이러한 후퇴는 지구를 넘어 우주 공간까지 나아가네. 그러다 우주 공간을 담고 있는 '의식공간'을 자각하고, 이제는 그 의식공간의 한계점에 안착하네. 안착한 후에 계속 깊어지면 의식상의 초점이 사라져, 고정된 카메라가 가지는 시선의 방향성 자체가 없어지고 인식되는 대상 자체에 항상 존재하는 '앎'의 모습으로 머무르지. 이것이 바로 주시자에서 '자'가 떨어진 주시의 상태일세.

릴리 그러면 그 주시의 상태, 앎의 상태로 항상 머물라는 말씀이신가요?

카밀로 일단은 그렇지. 하지만 이 또한 아직 의식의 영역일세. 이 앎의 상태마저 나의 진정한 모습은 아니라는 자각 안에 머물러야 하네. 이 앎마저도 넘어가야 해. '이 앎이 궁극이다!'라는 마음마저 넘어갈 때 비로소 진실이 알려지네.

릴리 이 앎이 궁극실재가 작용하는 모습인 '신의 시선'임을 자각하라는 말씀이군요. 이 앎마저도 대상이 있기에 작용하지요. 우리의 보이는 모습은 이 신의 시선이 작용하는 모습이기에 신의 시선이 거두어진 그것이 우리의 진정한 모습임을 알라는 말씀이고요. 맞나요?

카밀로 맞네. 물론, 시선이 거두어진 모습은 앎 자체가 거두어진 것이기에 체험의 대상이 아니네. 여기까지가 인간의식이 도달할 수 있는 마지막 지점일세. 도달해서 머물 수 있는 마지막 지점에 머물되, 이 시선은 그것 너머에서 회상하는 것임을 잊지 말라고.

릴리 그렇군요. 결국 나의 삶을 대하는 근본적인 자세가 변해야 한다는 것이네요. 몸을 떠나고 의식마저도 떠난 지극히 높은 곳에 자신을 위치시키고 삶을 바라보라는 말씀이고요.

카밀로 바로 그것일세. 우리가 아무리 자신에 대한 관념을 위대함으로 채우려 한다 해도 의식이 인지할 수 있는 '위대함'이라는 개념의 한계가 겨우 몸이라면? 영혼이라면? 의식이라면? 앎이라면? 거기까지가 한계인 걸세. 이러한 것들은 모두 인식되는 대상이니 인식의 주체인 허수 '나(I)'에 머무르는 걸세. 나라는 것은 결국 인식되는 모든 것이니, 인식되는 형상으로 자신을 규정한다는 것 자체가 고작 하나의 허수로서 자신을 규정한다는 뜻이네. 있음과 없음, 앎과 모름이라는 상대적 한계성인 '인식'을 떠나 있는 곳까지 자기규정을 넓혀보게. 우리는 '진짜로 없는 것(개념으로 체험될 수 없는 것)'이라네. 자네가 인식할 수 있는 모든 규정과 형상을 떠나게. 그것이 자네의 진실일세. 그것이 철저하게 궁극실재의 회상하는 시선으로 머무는 길일세. 물론 지금 이 말도 개념화하고 있는 것이긴 하지만 들을 귀가 있는 자는 알아들을 걸세.

릴리 형상 없는 자로 머물면서 마음껏 저의 고유우주를 관찰하면 되는 거군요. 인식이 존재를 결정하니 마음껏 상상하고 창조하면 되는 거고요. 저는 제가 관찰하는 우주에 나타나 인식된 존재이지만, 저의 진짜 모습은 그 시선 자체이며 주인이니 자신의 세계를 마음껏 창조할 수 있는 거네요.

카밀로 그래, 그것이 바로 진정한 시크릿이라네.

- 신의 시선은 인식의 대상으로서 알려지지 않지만 동시에 주체, 대상, 작용을 만든다.
- 몸을 떠나고 의식마저도 떠난 지극히 높은 곳에 자신을 위치시키고 삶을 바라보라.
- 당신의 진짜 모습은 신의 시선 자체이며 주인이므로 당신의 세계를 마음껏 창조할 수 있다.

운명과 존재

운명론과 시크릿

릴리 한 가지 정말 궁금한 게 있습니다. 시크릿의 중요한 원리인 '결과에 대한 인식'은 운명론과 어떻게 다를까요? '모든 것은 정해져 있다'는 사상과 '모든 것은 쪽대본이며 내가 믿는 것이 이루어진다'는 시크릿의 주장이 어떤 차이점을 가지는지가 궁금합니다.

카밀로 좋은 질문일세. 결론부터 말하자면, 그 둘은 같은 것일세.

릴리 저는 차이를 알고 싶다고 여쭤본 건데 대뜸 그 둘이 같은 것이라고요?

카밀로 정확히 말하면 시크릿은 '비이원적 운명론'일세.

릴리 비이원적인 운명론이라…. 결국 운명론의 입장을 취하시는군요.

카밀로 운명론은 '모든 것은 정해진 결말을 향해 나아간다'는 고찰이지. 사주나 점성술, 나아가서는 수상학, 관상학 역시 운명론에 기반하네. 수많은 계급사회 및 종교의 지배 논리에 이르기까지 운명론은 폭넓은 지지를 받아왔네. 그 파급력은 어마어마해서 왕을 신의 화신으로 올려놓고 피지배자 계급은 그것을 당연한 순리로 받아들이기까지 하지.

릴리 그렇죠. 수많은 고대 제왕들은 자신을 신의 아들이라고 불렀으니까요. 운명론은 계급제도를 만들고 고귀한 신분은 하늘이 선택해 내려준 것이라 변할 수 없다고 강조하며 지배계급이 군림하도록 도왔죠.

카밀로 그것이 운명론의 힘이지. 반면 시크릿은 겉으로 보기에는 이 같은 논리에 반하는 것처럼 보이네. 시크릿을 단순히 원하는 것을 끌어당기는 스킬 정도로만 이해하는 협소한 차원에서는 당연한 현상일세. 하지만 진정한 시크릿은 운명론으로 보일 만한 메커니즘 안에 있네. 크게 다른 것이 하나 있다면 바로 비이원적 운명론이라는 사실일세. 시크릿의 기반원리는 비이원성일세. 궁극실재가 자신을 대상화하여 자신의 꿈속에서 세상을 일으킨 것이 존재의 실상이네. 이 과정에서 시공간의 흐름, 즉 움직임을 표현하는 장치가 만들어졌네. 이 장치는 인식의 맹점으로 인해 결과로부터 시공간의 역전을 일으키며 펼쳐지네. 이 때문에 오감과 현재의식의 인식작용으로 느껴지는 '물상'을 실체라고 생각하는 것이지. 이것이 우리가 경험하는 현실이고 말이야.

릴리 현실은 '미래(결과)로부터 흩뿌려짐'이라는 속성이 있군요. 이건 분명히 운명론적 속성인 것 같은데요?

카밀로 그것은 이원적 실체론에 기반한 운명론과 거리가 멀다네. 실체론적 운명론과 비이원적 운명론의 차이가 무엇이라고 생각하나?

릴리 정해진 결말을 통해 나아가게 되어 있다는 주장과 결과로부터 펼쳐져 있다는 주장이 비슷하긴 하지만 완전히 같진 않은 것 같아요.

카밀로 당연히 다르지. 그 차이점은 트랙의 속성인 찰나생, 찰나멸을 통해 알 수 있네. 먼저 기존의 운명론을 살펴보자고. 일전에 '트랙'이라는 개념에 대해 말을 했는데 기억나는가?

릴리 네. 존재의 궤도라고 표현하셨죠.

카밀로 그래, 자네는 그 트랙을 어떤 '모양'으로 인식하고 있는가? 그러니까 원인에서 결과로 향하는 과정이 그려내는 동선의 모양 말일세.

릴리 원인이라는 점에서 결과라는 점으로 선을 하나 그으면 되는 거 아닙니까?

카밀로 그렇지, 보통 그렇게 트랙을 이해하고 있지. 다들 트랙을 '선형'으로 이해하고 있네. 트랙을 선형으로 인식하고 있기에 기존의 운명론을 받아들이고 비이원적 운명론을 받아들이기 힘든 것이야. 하지만 이러한 인식은 시공간의 인식 메커니즘을 모르는 무지에서 나온 인식일세. 트랙은 절대로 선형이 아니네. 트랙은 '점멸'하네. 마치 연속성을 지닌 것처럼 보이는 형광등 불빛이나 애니메이션과 같지. 하지만 연속된 것처럼 보이는 한 순간은 무의식에서 'I am that I am'으로 각인된, '이미 그러한 모양태'의 끊임없는 점멸진동의 잔상이네. 이 과정에서 '나는 ~이다'라는 각인된 인식이 연속성을 얻고, 인간의식은 그것에서 흩뿌려지는 과정을 체험하는 걸세. 시공간의 역전에 의해 인식되는 세상이니 운명론이 맞는 거지. 하지만 그것은 매 순간 점멸하기에 매 순간 새로운 선택의 가능성 위에 있네. 이른바 수많은 가능태의 평행우주라네. 연속되는 듯 보이는 우리의 현실은 사실 매 순간 선택되고, 또 유지되고 있는 것일세. 이것이 비이원적 운명론이지.

릴리 음, 점멸한다 해도 경험되는 것은 과정 안의 어떤 한 점이 아닌가요? 그것이 어떻게 새로운 가능성의 증거가 되는지 모르겠어요.

카밀로 좋은 질문이네. 그것을 이해하려면 점멸이라는 것을 알아야 하지. 매 순간의 찰나생멸 안에는 이미 과거·현재·미래가 동시에 존재하고 있네. 이것은 궁극실재가 세상을 펼쳐내는 또 다른 원리인 동시성일세. 모든 순간 안에는 과거·현재·미래가 동시에 존재하네. 이것을 증명하는 것이 상대성이지. 즉, 원인이 있으려면 동시에 결과가 존재해야 하며, 결과가 있으려면 동시에 원인이 있어야 하네. 과거가 있으려면 현재·미래가 동시에 있어야 하네. 현재, 미래도 마찬가지야. 즉, 어떤 한 순간은 우리의 인식 안에서 '현재'로 체험되지만 그 현재 안에는 이미 과거(원인)와 미래(결과)가 동시에 참여하고 있는 걸세. 이해가 가나?

릴리 이제 이해가 갑니다. 모든 순간은 찰나생멸, 즉 점멸하는 형태로 새롭게 나타나고 있다. 그리고 그렇게 점멸하는 매 순간에 과거(원인), 현재(과정), 미래(결과)가 동시에 참여하고 있다. 인식의 맹점으로 인해 매 순간은 하나의 미래(결과)에서 흩뿌려져 펼쳐진다. 맞나요?

카밀로 제대로 이해했네. 그리고 여기서 또 한 가지의 중요한 사실을 알 수 있지. 바로 '쪽대본'일세.

릴리 쪽대본이요?

카밀로 그래. 매 순간의 쪽대본이지. 선형의 운명론은 시크릿을 인정할 수 없는 구조일세. 그러니까 A로 시작한 현실은 A의 결과에만 도달하고 B로 시작한 현실은 B의 결과를 낼 수밖에 없네. 직선으로 연결되어 있기 때문일세. 하나의 시작(원인)은 하나의 정해진 결과만을 도출하네. 그렇기에 운명론이지. 하지만 '점멸'을 통해서 본 비이원적 운명론은 다르네. 매 순간의 인과관계가 이미 현재완료된 상태로 찰나생멸하기에 결과에 대한 인식을 확신하기만 한다면 얼마든지 트랙의 변경이 가능하네. 다시 말해서 A에서 A, B, C, D의 모든 결과로 도달하는 게 가능하다는 말일세. 그리고 이와 같은 특성에 의해서 시크릿이 존재할 수 있는 거지. 만약 세상이 정해진 대로의 트랙만을 사는 선형 운명의 세상이었다면 시크릿이나 가능성, 가능태라는 것은 존재할 수 없네. 하지만 세상은 무한한 가능성의 세계일세.

릴리 점멸하는 순간 속에서 하나의 결과를 확신하는 것은 네비게이션의 목적지 좌표를 설정하는 것과 같네요.

카밀로 매 순간에 이미 완료된 '결과'를 선택하여 각인하는 열쇠는 '앎, 느낌, 감정'일세. 다른 말로 하면 '믿음, 앎에 동반하는 느낌, 당연함으로부터 오는 지복감'이겠지. 이것이 완벽하게 작용할 때 우리는 우리가 선택한 현실을 체험하네. 즉, 원의도에 각인된 관념이 현실이 되는 걸세. 이러한 발현은 인드라망의 세계 안에서 모든 인드라망의 연동을 포용하면서도 뛰어넘는 힘일세, 결국 내가 관찰하는 고유우주는 나의 인식의 정원이기 때문일세. 이것이 시크릿이네.

릴리 매 순간이 점멸하며 그 순간 안에 모든 인과관계가 이미 현재완료되었다는 사실을 계속 상기한다면 소망과 현실 사이에서 느끼는 괴리감에 함몰되지 않을 것 같아요.

카밀로 점멸하는 매 순간 안에는 이미 모든 인과관계와 인드라망의 연동이 완료된 상태로 나타나지. 그 원인과 결과의 동시성이 공존하는 장소가 지금일세. 그래서 지금 현재가 수많은 가능성의 합류 지점이며 동시에 교차로가 되는 걸세. 이를 깊이 깨우치면 현실과 소망 사이에서 발생하는 괴리감에 빠지지 않지. 잊지 말게, 미래에서 뿌려지는 트랙은 '선형'이 아닌 '점멸하는 인과동시'의 트랙일세.

- 시크릿은 비이원적 운명론이다.
- 연속된 것처럼 보이는 한 순간은 무의식에서 'I am that I am'으로 각인된, '이미 그러한 모양태'의 끊임없는 점멸진동의 잔상이다.
- 우리의 현실은 매 순간 점멸하기에 매 순간 새로운 선택의 가능성 위에 있다.
- 매 순간의 찰나생멸 안에는 과거·현재·미래가 동시에 존재하고 있다.
- 매 순간의 인과관계가 이미 현재완료된 상태로 찰나생멸하기에 결과에 대한 인식을 확신하면 얼마든지 트랙의 변경이 가능하다.
- 현재는 수많은 가능성의 합류 지점이자 교차로다.

세상의 실체

릴리 비이원성을 공부하면서 '생각'이라는 것에 대해 많은 고민을 해봤습니다. 생각은 정말 대단한 놈이더군요.

카밀로 생각을 아는 자는 세상을 아네. 생각이 세상의 실체이기 때문이지. 궁극의 실재가 비이원성으로 자신을 펼쳐내는 방식은 과연 무엇일까? 그 방식을 알게 되면 세상을 창조하며 살아갈 수 있지 않을까?

릴리 그야 그렇죠. 말 그대로 개인의 영역에서 궁극실재의 영역으로 도약하는 거잖아요.

카밀로 그렇게 되고 싶다면 생각이 무엇인지 알아야 하네. 세상은 의식에 의해서 현현하지. 궁극의 실재가 자신을 체험하기 위해 마음을 만들어냈네. 그리고 그 마음 안에 펼쳐지는 세상은 의식이라는 움직임을 통해 삼라만상을 꿈처럼 펼쳐내네. 이때 생겨난 첫 번째 마음이 바로 '(내가) 있음', 즉 am이라는 하나의 생각일세. 이것은 (I) am (that ~)이라는 동사적 상태이네. 또한, 한없이 모름에 가까운 앎인 순수한 '있음'이라는 감각, 느낌을 표현하기 위한 '생각'일세. 그리고 이것이 바로 마음의 정체이네. 마음이란 '(있다는) 생각'일세.

릴리 마음의 정체가 '있다는 생각'이었군요. 마음은 하나의 생각에 지나지 않는 것이면서, 반대로 하나의 생각에 지나지 않는 것이 우리가 경험하는 세상이라니…. 왠지 서글프면서도 가벼워지네요.

카밀로 그렇지, 슬프게 보면 비극이지만 가볍게 보면 시트콤이지. 마음, 즉 '있다는 생각'은 연속성이 필요하네. 그래서 있지도 않은 시공간의 느낌을 만들어내고 이를 체험하기 위해 인식의 맹점을 만들어내지. 인식의 맹점은 존재의 잔상만을 체험하는데, 이는 움직임을 표현하기 위한 수단이자 '존재의 연속성'이라는 착각, 망각을 통해 자신이 존재한다는 생각을 유지하려는 방편이지. 우리가 체험하는 이 세상은 궁극실재의 마음속에 일어난 하나의 생각인 '내가 있음'으로부터 나온 것일세. 즉, 이 세상의 실체는 '생각'일세. 생각으로부터 나왔기에 세상은 연속성을 얻은 생각, 즉 관념 혹은 개념의 끊이지 않는 흐름일세. 소위 말하는 생각 혹은 착각의 연속이 이 세상일세. 석가모니께서는 이 같은 상황을 두고 '무명(내가 있음)이라는 착각으로부터 일어난 연기(상대성으로 인식되어 드러남)의 세상이라 그 정체가 공한(환영에 불과한) 것임을 모르는 고해(고통의 바다)'라고 표현을 하셨네. 예수께서는 '아버지로부터 분리되어 있다는 착각에 사로잡힌 길 잃은 어린양'과 같다고 표현했지. 결국 '생각'이 세상의 실체일세. 무언가가 있다면 그것은 진짜 있는 게 아니라 '있다는 생각'이며 반대의 경우 또한 진짜 없는 게 아니라 '없다는 생각'일세. 내가 가난하다면 그것은 진짜 가난한 게 아니라 '가난이라는 생각'이며 내가 부유하다면 그것은 진짜 부유한 게 아니라 '부유함이라는 생각'이네. 불교에서는 세상을 희론이라고 불렀네. '희'라는 글자는 연극을 뜻하는 글자일세. 세상은 한 편의 연극이며 그 연극은 개념을 통해서 인식되어 펼쳐지지. 개념은 결국 '생각'일세.

릴리 이제야 알겠네요, 세상 사람들은 생각을 내가 하는 것으로 생각하기에 오히려 생각이 세상의 실체인 줄 모르고 있는 것 같아요.

카밀로 대부분은 그렇게 믿고 있네. '생각이란 내가 하는 것'이라고 말이지. 하지만 그렇지 않네. 내가 생각을 하는 게 아니라, 생각이 나를 만들어낸 것일세. 개아로서의 나는 고유우주를 경험하는 하나의 통로이며 관찰하는 렌즈이지. 우리가 나라고 믿어 의심치 않는 그 존재감마저도 생각이라는 것일세. 나라는 생각의 바탕 위에 우주 삼라만상이 나타나는 것이니 그렇게 나타난 우주 삼라만상도 생각이 되지. 세상 자체가 생각에 불과하지만 그 '~에 불과한 것'이 또한 유일한 사실이네.

릴리 생각은 내가 하는 것이 아니네요. 하긴, 내가 생각을 한다면 미쳤다고 저에게 불리한 생각을 하겠어요? 또, 제가 생각하는 주체라면 어떻게 뒤에 올 다음 생각을 모를 수가 있겠어요? 제가 생각의 주인이고 생각의 창조자라면 '내 마음 나도 몰라'라는 말을 하며 밀려드는 온갖 사고의 파도들에 이리저리 끌려다니는 일도 없어야겠죠.

카밀로 생각은 세상을 출력해내는 요소일세. 또, 하느님의 첫 번째 생각인 로고스로부터 나온 신의 자식들일세. 개아로서의 우리는 그 로고스의 파편이지. 개아에게 인식됨으로써만 존재할 수 있는 우주 삼라만상 또한 생각이 실체화된 것일세. 생각이 세상의 실체라네. 그러니 생각을 지배하면 세상을 지배할 수 있네. 그럼 어떻게 생각을 지배할 수 있을까? 생각을 존재하게 하면 되네.

릴리 어떻게 생각을 '존재'의 차원으로 가져올 수 있는 거죠?

카밀로 존재라는 것은 드러나 인식되는 걸세. 그러니, 생각을 존재의 차원으로 가져오는 도구는 바로 '인식(I am that I am)'일세. '나는 생각한다. 고로 존재한다'라는 표현을 바꿔서 표현해보겠네. 생각이 '현현된 존재'가 되기 위해서는 '나(소망, 세상 그 자체)는 인식(존재가 허용된 생각)된다. 고로 존재한다(인식되어졌다)'라고 인식하게. 그리고 인식된 결과에 대한 앎으로부터 나오는 당연한 느낌과 감정을 즐겨보게. 그러면 그 순간 우리의 현재라는 트랙은 그것으로부터 흩뿌려지기 시작하네.

- 궁극의 실재가 자신을 체험하기 위해 마음을 만들어냈다.
- 마음이란 '(있다는) 생각'이다.
- 인식의 맹점은 '존재의 연속성'이라는 착각, 망각을 통해 자신이 존재한다는 생각을 유지하려는 방편이다.
- 내가 생각을 하는 게 아니라, 생각이 나를 만들어낸 것이다.
- 생각을 존재하게 하면 생각을 지배할 수 있다.

탐진치와 진선미

릴리 아직 해결되지 않은 의문이 하나 있습니다. 왜 나라는 것은 모든 것을 인식함으로써 창조할 수 있는데도 늘 비슷한 것만을 추구할까요? 그것이 어떤 의도이건 간에 불행보다는 행복, 빈곤보다는 풍요, 질병보다는 건강, 늙음보다는 젊음을 누구나 추구하잖아요. 상대성의 원리를 알든 모르든, 그 원리를 긍정하든 부정하든 말이에요. 저런 것들의 추구도 결국은 인간의식의 한계에서 비롯된 일인지, 아니면 어떤 의도를 가지는 것 또한 개아인 내가 하는 것이 아니라 신이 하는 것이니 신의 의지가 그러한 것인가요? 만일 신의 의지가 그렇다면 왜 그런 것이죠? 아니면 존재가 자신의 존재 양식을 택할 때 부나 건강이나 풍요가 그저 더 존재 본연의 속성에 가깝기에 그런 건가요?

카밀로 아주 좋은 질문일세. 그야말로 존재 현상의 본질에 대한 의문이네. 자네 생각에 인간의식의 시작은 이원성인가 일원성인가?

릴리 이원성이지요. 분리감과 상실감이 바탕이 된….

카밀로 그렇지, 인간의식의 시작점이 이원성이라는 사실은 무엇을 말해주나?

릴리 아! 우리의 시작이 이원성이라는 것은 본디 일원성에서 펼쳐졌다는 거군요!

카밀로 세상이 일원성에서 펼쳐져 나올 때 인간의식은 상대성을 통해 일원성의 극점인 이원성에 위치하게 되네. 삶이란 원인에서 결과로, 과거에서 미래로 흐르는 시공간의 흐름을 따라서 완전히 펴진 두루마리 문서가 말려들어가듯이, 자신이 펼쳐진 곳인 일원성으로 회귀하는 것이네. 이렇게 체험되는 삶의 과정에서 인생사의 우여곡절이 그림처럼 펼쳐지지. 그런데 흥미롭게도 그 우여곡절 안에서 인간은 늘 같은 가치를 추구하는 것처럼 보이네. 자네가 질문했던 것처럼 빈곤보다는 풍요를, 허약한 몸보다는 건강한 몸을, 고립된 인간관계보다는 소통하는 인간관계를, 매력 없는 외모보다는 매력 있는 외모를 원한다는 걸세. 그 이유가 뭘까? 그것은 바로 인생이라는 영화가 분리에서 통합으로 나아가기 때문이네. 분리가 통합으로부터 펼쳐졌기에 이원의식이 나타나네. 그것이 인간이 이원적인 의식으로부터 자신을 알아보고 자신의 삶을 시작하는 이유일세. 이제 삶이라는 두루마리가 그 이원의 자리로부터 통합을 향해 말려들어가네. 그것이 우리의 삶의 여정일세. 통합, 회통으로 나아가게 하는 가치들을 향해서 말려들어가는 것이지. 상대성 안에서 진짜 행복은 포용, 허용, 수용을 통한 양면의 통합일세. 이 양면의 통합은 부정성의 극복과 승화를 통해 드러나게 되고 그것은 곧 존재 그 자체의 자유로움을 상징하지. 그리고 이를 가져오는 것은 개념적으로 진선미眞善美의 자리에 위치하는 것들일세. 반대로 이원성의 자리는 분리, 분열만을 유지하려는 속성이 있네. 이 자리에 위치하는 가치들이 탐진치貪瞋痴일세. 인간의식은 이원성에서 시작되지만 사실 우리의 본질은 하나였기에 그 하나로 돌아가려는 회귀의식이 작용하는 것이네. 그렇기에 이원성에 속하는 가치들인 분리, 분열, 상실로 나아가는 것이 아니라 일원성에 속하는 대통합을 끌어내는 가치들을 추구하려 하는 것일세. 결코 선이 악보다, 긍정이 부정보다 우월하기에 그런 것이 아닐세. 그저 분리된 것이 근원으로 돌아가고자 하는 움직임에서 일어나는 의도일세. 이것은 존재의 법칙일세. 제아무리 극악무도한 악인이나 사이코패스라 해도 이 법칙에서 벗어나지 않네. 사실 탐진치를 추구하는 것처럼 보이는 이들은 그들이 추구하는 그 탐진치의 분리, 분열, 파멸의 속성으로 인해 더욱더 고통받고 있지. 중독된 고통으로 끝없는 목마름을 느끼고 있다는 말이네. 모든 존재의 근원이

다르며 각기 고유의 존재값을 가진다면 이러한 작용과 과정 따위는 일어나지도 않을 걸세.

릴리 조금 더 구체적으로 설명해주세요.

카밀로 먼저 경제적인 빈곤을 살펴보세. 경제적 빈곤이란 돈이 없다는 뜻이지. 한데 돈이라는 것은 인간사회 안에서 풍요의 상징일세. 풍요라는 가치가 현실화된 것이라는 말일세. 그렇다면 풍요와 결핍은 무엇으로부터 파생되어 나오는 가치이겠나? 바로 자유일세. 경제적인 풍요가 있다면 본인이 하고자 하는 것을 자유롭게 할 수 있네. 그렇기에 풍요와 결핍은 자유를 현실에서 표현하는 상징이 되는 걸세. 그렇다면 이 자유는 무엇의 상징일까? 바로 허용의 상징이네. 온전한 허용은 곧 사랑이니, 결국에 사랑의 상징이기도 하지. 정리하자면 돈은 풍요(결핍)이자 자유(구속)이며, 사랑의 표현이 되는 걸세. 이원성의 상태에서는 나와 돈(풍요, 자유, 사랑)이 분리되어 있다고 느끼네. 그렇기에 나=결핍=구속이라는 자기규정이 형성되고 그에 해당하는 경제적 결핍이 나타나는 걸세. 따라서 돈에 대한 집착이 생기며 가진 자에 대한 증오와 가지지 못한 자신에 대한 분노가 생기게 되지. 또, 이를 만들어낸 자기규정(나는 돈으로부터 분리된 존재다)을 '나'라고 받아들이지. 이러한 인정은 결국 이원성을 상징하는 가치인 분리와 파멸을 표현할 수밖에 없네. 경제적인 부분만을 예시로 설명했지만 인간관계, 건강, 외모 등도 마찬가지라네.

릴리 지금 이 순간의 이원성을 인정하고 비이원의 눈으로 바라보면 탐진치는 진선미로 승화되는 거군요. 그것이 바로 대통합을 통한 존재성의 전환, 진정한 '메타노이아'고요. 인간의식은 근원적으로 대통합을 추구할 수밖에 없겠네요. 지금 하신 말씀은 과거의 학자들이 토론하던 성선설, 성악설과 같은 이원적 대립 구도와는 그 성질 자체가 완전히 다른 느낌이에요.

카밀로 시크릿의 힘을 사용할 때 꼭 명심해야 할 게 있네. 절대로 인식의 힘을 탐진치에서 나오는 의도로 사용하면 안 된다는 것을 말이야. 시크릿의 법칙 중에는 '일점인식'이라는 속성이 있어서 나쁜 의도로 사용해도 이루어질 일은 이루어지네. 하지만 탐진치에서 나온 결과는 반드시 어떤 형태로든 파멸을 불러오네. 그것 자체가 분리, 분열, 파멸의 상징으로 세상 안에서 작용하기 때문이지.

릴리 탐욕, 분노, 어리석음에 기반한 성공은 반드시 그에 해당하는 대가를 받네요.

카밀로 단순히 인과응보의 법칙으로 설명할 수는 없네. 실제로는 오직 '궁극실재의 작용' 하나밖에 없는지라 개체존재의 인과응보가 성립할 수 없기 때문이지. 탐진치에서 시작된 결과는 그 탐진치가 가지는 근원적인 가치인 분리, 상실, 파멸로 귀결된다는 것이 더 정확한 얘기네. 진선미의 자리에서 마음을 내고 세상을 바라보게. 대통합을 추구하려는 마음으로 자신을 채우면 나의 삶을 출력하는 인드라망의 연동으로 구성된 현실 출력회로 또한 그러한 방향으로 형성되네. 그 회로가 진선미로 채워져야 우리의 소망이 이루어질 때 타 존재가 피해를 보지 않네. 그것을 절대로 잊지 말게나. 자네의 소망을 이루기 위해 수많은 사람이 희생되는 시나리오가 만들어지고 또 시행된다면, 자네의 소망을 이루는 데 동원되었던 인드라망이 언젠가 자네에게 양날의 검으로 돌아오게 될 걸세.

릴리 시크릿이 가질 수 있는 반발력에 대한 경고로군요. 항상 잊지 않고 살겠습니다.

카밀로 또한 진선미를 추구하는 마음자리에 머물게 되면 보이는 사실이 하나 있지. 이것이 가장 중요한 것이네. 진정으로 진선미의 자리에 머무르는 사람은 상대성, 동시성, 전체성의 진실을 한 순간에 꿰뚫어 보게 되네. 그것을 비이원의 눈, 부처의 눈이라고 부르네. 부처의 눈으로 '탐진치를 추구하는 것처럼 보이는 사람들'을 바라보면 그들이 존재할 수 있는 이유가 '진선미를 추구하는 사람들'이 있기 때문이라는 사실을 알게 되네. 이 세상은 상대성의 세상이라 진선미를 추구하는 사람들이 나타나기 위해서는 반드시 탐진치를 추구하는 사람들이 있어야 하기 때문이지. 그렇기에, 부처의 눈은 탐진치를 추구하는 이들을 절대적으로 악인으로 규정하지 않는다네. 그리스도의 눈도 마찬가지네. 예수는 사람들을 죄인이라고 부르지 않았지. 다만 치유가 필요한 사람들임을 알고 연민과 사랑(허용)의 눈길로 그들을 바라본 것이네. 그들이 그런 모습으로 있는 것은 진선미를 추구하는 내가 있기 때문이라는 사실을 알기 때문이지. 이것이 불교에서 '선업도 업이다'라고 말하는 이유라네. 예수는 탐진치를 추구하는 사람들을 상대성 안에서 바라보며 품어 안았네. 그리고 자신의 우주에서 그들을 '탐진치를 추구하는 존재'로 인식하기를 멈추었지. 그러자 인드라망의 연동으로 그들의 존재성(탐진치에 빠져 있다는 사실)에 변화가 일어나게 되네. 이전까지 탐진치를 추구하는 존재였던 대상이 진선미를 추구하는 존재로 변형되는 발판이 마련된 걸세. 탐진치든 진선미든 둘 다 궁극실재가 꾸는 꿈속의 일이라는 사실을 또렷이 자각하고 있다면 진선미와 탐진치의 실현에 집착하지 않게 되네. 그 무엇이 되더라도 그것은 꿈속의 일이며 완벽한 궁극의 작용이라는 것을 아는 걸세. 그러니, 분별하면서도 절대적인 단정을 떠나 존재하는 걸세. 이것이 진정한 무분별이네. 분별의 힘을 상대성, 동시성, 전체성 안에서 완벽한 균형으로 사용하는 거지. 이해가 가나?

릴리 정말 중요한 말씀이네요. 내가 진선미를 추구하는 캐릭터로 기능하고 있다고 해서 탐진치를 추구하는 캐릭터들을 절대적인 악인으로 단정하지 않는다는 것. 그들이 있기에 진선미를 추구하는 내가 있을 수 있음에 감사하며 그 진정한 진선미의 마음으로 그들을 새롭게 인식함으로써 그들을 변화시킨다는 것. 어떻게 보면 이것이 대자대비의 마음으로 타인을 구원하는 마음이군요. 또한 이 모든 것이 역시 꿈속의 일이기 때문에 실체가 아니라는 것을 알고 집착하지 않는 것이 중요하겠네요. 사실 진선미를 추구한다 해도 추구하는 대상에 집착하게 되면 균형이 깨진다는 느낌이 있었거든요. 그러나 이러한 마음이라면 균형이 깨질 일이 없겠네요.

카밀로 그렇지. 어찌 됐든 간에 꿈속의 일이기 때문일세. 자, 지금까지의 모든 얘기가 자네의 삶에 어떻게 적용될지 궁금하지 않나? 나의 시크릿 경험담을 들려주는 것으로 이 이야기를 마무리하자고.

- 인간의식의 시작점은 이원성이며, 본디 일원성에서 펼쳐졌다.
- 인간이 같은 가치들을 선호하고 추구하는 이유는 탐진치의 자리에서 진선미로 향하기 때문이다. 즉, 근원으로 돌아가려는 회귀의식이다.
- 지금 이 순간의 이원성을 인정하고 비이원의 눈으로 바라보면 탐진치는 진선미로 승화된다.
- 인식의 힘을 탐진치에서 나오는 의도로 사용하면 타인에게 피해를 주게 되고, 그것은 다시 자신에게 돌아온다.

부富 시크릿

1억7천을 3일 만에 끌어당기다

카밀로 내게는 절친한 친구가 한 명 있었다네. 그런데 자동차 사고로 친구는 세상을 떠나고 홀로 남은 친구의 부인은 한쪽 다리에 큰 상처를 입고 말았네. 엎친 데 덮친 격으로 여러 가지 사정이 얽혀서 약 2억에 달하는 목돈이 필요하게 되었지. 둘 다 부모님을 일찍 여의고 일가친척 하나 없이 결혼했기 때문에, 누구에게 기댈 수도 없는 절망적인 상황이었네. 아이도 셋이나 있었고 말이야.

릴리 무슨 일이었는지는 모르겠지만, 말만 들어도 앞이 깜깜하네요.

카밀로 나는 그 상황을 파악한 즉시 돈을 끌어당기는 인식작업에 들어갔지. 그런데 가장 중요한 것은 나의 인식이 실현되도록 힘을 실어줄 부인의 인식이었네.

릴리 부인의 인식이라고요?

카밀로 이 일은 나의 일이지만 부인의 일이기도 하니까. 내가 끌어당길 부는 부인을 위해서 쓰이는 것이지 않나? 다시 말해 나의 고유우주에서의 인식이 타인의 고유우주의 풍요로움을 인식하고, 그것이 그의 우주에 투영되는 방식인 거지. 나는 그녀를 설득했네. 무슨 일이 있어도 일이 해결될 것이니 부인은 아무 신경 쓰지 말고 일이 잘 해결될 것을 믿으라고 말이지. 갑자기 닥친 사고로 남편을 잃고 경제적인 타격까지 받은 부인이 그 말을 받아들이기는 쉽지 않았겠지. 그래서 나는 그녀에게 '하늘에서 남편이 돌봐줄 테니, 그에게 기도하고 의탁하라'고 말을 했네. 내가 강력한 긍정의 힘을 쓴다 해도 그녀가 강력한 부정(좌절, 포기)의 인식을 낸다면 일이 성사되는 데 시간이 걸리지 않겠나. 내가 관찰하는 우주에는 타인의 우주도 포함된다는 사실을 안다면 이 부분이 이해가 갈 걸세.

릴리 트랙에 관해 설명하실 때 나의 트랙에는 타인의 인식 또한 포함된다고 말씀하셨죠.

카밀로 그렇지. 그녀의 우주에서 나는 이 어려운 상황을 해결하기 위해 도움을 주는 사람으로 온전하게 인식되어야 했지. 그것을 위해서 그녀의 마음을 먼저 다잡도록 유도한 걸세. 필요한 금액은 상당했고, 그것이 준비되어야 할 기간은 짧았네. 누가 봐도 불가능에 가까운 상황이었지. 그녀를 안심시킨 뒤 나는 심상의 세계로 들어갔네. 자연스러운 심상화는 순수의식의 평정지복 위에서 행해야 하네. 그 자리는 시크릿의 대전제인 'I am that I am'을 규정하는 자리이기 때문이지. 그렇게 'I am — 내가 있음'의 자리에 고요히 머물면 의식은 마침내 '나'와의 결합보다도 이전인 무한히 모름에 가까운 앎, 'am — 있음'의 자리로 빠져든다네. 그 자리는 대상을 '나'로서 규정하는 비이원의 앎이 배경의식 전체로서 기능하며 편재하는 상태일세. 순수한 지복감인 'I am(존재의 느낌)'을 규정하는 자리이기 때문이지. 그곳으로부터 모든 규정이 펼쳐져 나온다네. 그 자리에 머물면서 심상을 일으키는 걸세. 순수한 의식인 am의 상태에서는 일어나는 심상과 '나' 사이의 간극이 사라지네. 그러니까 '내가 심상화를 한다'가 아니라 '인식되는 심상이 곧 나이다'라는 비이원 심상화가 펼쳐지는 거지. 그렇게 나는 상황이 해결되어 기뻐하는 그녀의 모습을 인식했네. 나는 내가 본 것에 만족했으며 그 마음은 일이 이루어진 것에 대한 감사로 나타났네. 약 3일에 걸쳐 나는 이 작업을 반복했지.

릴리 반복하셨다고요? 진정한 심상화는 한 번이면 족한 것 아닌가요?

카밀로 그것은 어떤 마음의 상태에서 반복하느냐에 따라 다르지. 인식한 것이 이미 이루어져 존재한다는 사실을 믿지 못하는 마음으로 반복하는 것은 결핍만을 가중하네. 하지만 이미 첫 번째 인식으로 결과의 창조는 끝났지. 그다음부터는 이미 이루어져 존재하는 것, 내가 가진 것을 감상하는 마음으로 회상하는 걸세. 마치 보관하고 있는 미술품을 꺼내서 감상하듯이 즐기는 걸세. 미술품을 감상하는 데 횟수가 무슨 상관이 있겠나? 이러한 반복의 행위는 거듭될수록 인드라망의 조합을 새롭게 움직여 현실 출력의 때를 앞당기는 효과가 있네.

릴리 이해했습니다. 불신을 바탕으로 한 반복이 아니라, 이미 가진 것을 자주 감상하며 즐긴다는 개념이군요.

카밀로 잘 이해했네. 마치 손안의 도자기를 감상하듯, 거실 벽에 걸린 그림을 감상하듯 상상 안에서 꺼내어보고 만족하는 것이지. 그것이 반복되면, 그 작업이 행해지고 있는 현재라는 시간의 파편은 '결핍된 과거와 연결된 트랙'에서 이탈하여 '이루어진 결과로부터 펼쳐진 트랙'으로 편입되네. 아무튼 아까의 그 이야기는, 상상조차 못했던 곳에서 필요한 돈을 끌어오며 끝이 났네. 스페인에 거주하는 지인이 좋은 일에 쓰라며 큰돈을 보내온 걸세. 이것이 이루어지기까지 걸린 시간은 정확히 3일이었네.

꼭 필요한 것이 가장 알맞은 때에 알아서 들어온다

카밀로 자네는 지갑을 가지고 다니나? 요즘에는 현금을 잘 쓰지 않아서 예전만큼의 필요성은 아니지만, 어쨌든 지갑은 필수 아닌가.

릴리 저는 부 시크릿의 일환으로 장지갑을 가지고 다녀요. 굳이 현금이 필요 없더라도 그 안에 현금을 조금씩 넣고 다니죠. 화폐를 볼 때마다 리마인드하기 위해서요.

카밀로 돈을 자주 봄으로써 풍요에 대한 인식을 재확인하는 것은 좋은 습관일세. 그러나 그보다 더 중요한 것이 있지. 진정한 지갑은 '인식'일세. 인식내용을 이끄는 자기규정 'I am that ~'이 풍요에 초점이 맞추어져 있으면 필요한 일에는 돈이 마르지 않게 되지. 나의 일화를 하나 들려주겠네. 어느 무더운 여름날, 산책을 좀 길게 할 겸 한강까지 걸어가기 시작했네. 한강에 도착했을 때, 나는 목이 말라 음료수를 사려 했지. 한데 그제야 지갑을 가지고 나오지 않은 것을 알았지 뭔가.

릴리 아이고, 난감하셨겠네요.

카밀로 난감이라는 감정은 일순간일세. 지갑이 없는 사실에 대해서는 순간 난감했지만 내가 무일푼이라는 생각은 없었네. 그러니까 내 인식 안에는 언제나 그때그때 필요한 만큼 채워지는 마법의 지갑이 있기 때문일세. 수중에 돈이 없지만 내 목마름을 해결할 수 있다는 사실에 대해서는 아예 의심이 없었던 거지. 그때 누군가 내게 다가와서 음료수를 내밀었네. 어떤 교회에서 선교의 일환으로 사람들에게 음료수를 나눠주고 있더군. 그렇게 내 목마름은 해결이 되었지. 즉시 말일세. 집으로 돌아가는 길은 올 때보다 더 더웠네. 나는 차 안에서 시원하게 앉아서 가는 나를 인식했고, 길가 그늘에 있는 벤치에 잠시 앉아 있었네. 그때 어디선가 자동차 경적이 들려서 돌아보니 친구 한 명이 일을 보고 돌아가는 길에 나를 발견한 것이었네. 나는 그의 차에 탔지.

릴리 와! 기가 막힌 우연이네요.

카밀로 우연이 아닐세. 나의 인식에 맞추어서 인드라망이 움직여 현실 출력회로를 재구성한 것일세. 무한한 가능태 중에서 그 상황에 가장 알맞은 것이 선택된 것이지. 세상에 우연이란 것은 없네. 모든 것은 자신이 관찰하는 고유우주를 규정하는 'I am that I am'의 작용이야.

릴리 그 짧은 순간에는 어떤 심상화를, 아니 어떤 인식을 하셨나요?

카밀로 아주 간단하네. 시원한 음료를 마시고 행복한 나를 인식했고, 차를 타고 돌아가는 나를 인식했을 뿐이네. 다만, 이러한 인식은 순수의식의 바탕 위에서 이루어져야 하네. 온갖 생각의 방해를 받는 상태에서는 인식된 것이 결과로서 드러날 힘이 없네.

6만 유로의 빚을 해결하다

카밀로 나는 가톨릭 수도승이었네. 그리고 수도승은 사유재산을 소유하지 않지. 그래서 나의 부 시크릿은 나와 관련된 인간관계 안에서의 사건을 해결하는 형태로 많이 이루어졌지. 시절인연이라고, 그때는 그러한 시절인연의 때였기에 나의 인식은 '나에게 도움받는 누군가'를 인식하여 나타나게 했네. 그러니까 궁극실재의 전체적인 구상안에 이런 역할을 하는 도구로 쓰이는 거야.

릴리 과연, 수도원에 계실 때는 자신을 위한 돈이 필요가 없었겠네요. 그래서 카밀로 님의 부 시크릿은 유독 타인을 위한 것이 많은 거군요.

카밀로 따지고 보면 정말 많은 사람의 풍요를 인식했고, 이루었다네. 그들이 알든 말든 말이지. 하지만 내가 아무리 긍정적인 인식을 한다고 해도 당사자 스스로가 부정적인 기운에 지배당하면 그의 풍요는 빠르게 이루어지기가 힘들지. 물론 시간이 흐르면 그는 결국 원하는 것을 이루고 성장할 테니 아쉽지는 않네. 그렇기에 나는 지나치게 부정적인 사람을 보면 먼저 균형 잡힌 마음을 가진 그 사람을 인식하네. 그것이 그 사람의 소망이 이루어지기 위한 첫걸음이 되는 거지. 본론으로 돌아와서, 이번 일화는 내가 아직 스페인 수도원에 있을 때의 일이네. 나와 친분이 깊었던 우리 수도회 소속의 수도자 한 명의 형이 곤란한 지경에 처했음을 우연히 알게 됐네. 그의 형은 동원할 수 있는 모든 수단을 동원했지만 여전히 6만 유로라는 돈이 부족했지. 그 일로 속이 썩은 그가 동생을 보러 수도원에 찾아왔다네. 하지만 사유재산을 소유하지 않는 수도자에게 그런 큰돈이 있을 리 만무하지. 나는 그 사연을 들었고 그에게 말했네. 진정 하느님을 믿는다면 아무 걱정하지 말고 그에게 의탁하라고 말이지. 그리고 그 두 사람을 위한 기도에 들어갔네. 나는 '나'라는 존재의 느낌을 6만 유로라는 대상에게 온전히 허용했네. 다시 말하면, 지금 그들에게 필요한 6만 유로라는 돈을 '나'로 삼은 거지. 풍요와 '나'가 분리되지 않았음을 알기에, 그 돈이 가져오는 풍요와 자유의 느낌을 만끽하며 충분히 즐긴 거지. 그리고 이제는 풍요의 느낌과 하나 된 '나'와 사연의 주인공인 두 사람의 '나'를 하나로 인식했네. 그 두 사람은 나의 인식 안에 존재하니 그들이 바로 '나'일세. 풍요가 나이며, '나'가 그들이니 나는 그 두 사람이 되어 해결된 상황을 만족하고 즐겼네. 그리고 며칠 뒤 그의 형은 필요한 돈을 마련할 수 있었다네. 처음 대출을 거부했던 업체에서 연락이 와 좋은 조건으로 대출을 해준 덕분이지.

릴리 새로운 부분을 알았네요. 카밀로 님의 심상화는 '행복해하는 너의 모습을 내가 심상화한다'가 아닌 '나=너'인 앎의 상태에서 '풍요=나'의 느낌을 취해서 사용하신다는 느낌이 들어요. '타인의 행복을 빌어준다'가 아니라 타인 그 자체가 되어서 그들의 행복을 인식한다고나 할까요.

카밀로 그렇지, 그게 바로 비이원 심상화의 정수이자 타인을 위한 기도의 정수일세.

온전한 인식으로 돈을 만들어내다

카밀로 이번 일화는 일점집중 인식으로 단시간에 필요한 돈을 끌어당긴 경우지. 당시 나는 정확히 200만 원이 필요한 상태였네. 그 당신의 나는 수입이 있는 상태이긴 했지만, 어쨌든 4일 안에 200만 원이 필요한 상태였지. 그래서 곧바로 필요한 돈의 인식에 들어갔네. 이번에는 기한이 상당히 촉박했고 또 정확히 필요한 액수가 정해져 있었기에 있는 그대로의 액수를 인식하기 시작했네. 순수존재의 느낌 안에서 지금 이 순간의 모든 것에 감사의 마음을 보낸 다음, 창조의 의지를 200만 원이라는 액수에 실어서 인식했네.

릴리 심상화하실 때 실물을 인식하신 건가요? 아니면 계좌에 찍혀 있는 액수를 인식하신 건가요?

카밀로 이번에는 정확하게 실물을 인식했지. 5만 원권 40장을 인식했네. 현실과 상상, 심상과 물상은 본질적으로 같은 것일세. 그것에 동반되는 당연한 느낌이 '이것은 현실이다'라고 규정하면 그것은 현실트랙이 되고 '이것은 현실이 아니다'라고 규정하면 상상으로 남게 되는 차이밖에는 없네. 나는 정확히 200만 원을 인식했고, '나'의 느낌은 200만 원 안으로 녹아들어서 하나가 되었네. 그리고 이틀 뒤 시내에 나갔던 나는 공원 벤치에서 작은 가방 하나를 발견했네. 누군가 잃어버린 게 분명해 보였지. 나는 그것을 들고 경찰서를 갔고, 경찰은 가방 주인에게 연락했네. 이

육고 그가 도착했고 그는 나에게 연신 고마움을 표시하며 사례금을 주기를 바랐지. 그의 가방에는 2억 원이 들어 있었고 나는 그에게 1퍼센트를 받았네. 정확히 내가 인식했던 5만 원권 40장으로 말이지. 그 돈은 나에게 꼭 필요했던 것이었네. 그리고 나는 그것이 나에게 올 것을 의심하지 않았네.

14억의 빚을 해결하고 회사를 살리다

카밀로 가톨릭의 수도승들은 일종의 의무를 지네. 그것은 바로 타인과 세상을 위해서 기도하는 것이지. 비록 세상과 격리되어 살아가지만, 그들은 기도를 통해서 세상과 함께하네. 이번 일화는 역시 내가 수도원에 있을 때의 일이네. 어느 날 나는 편지 한 통을 받았네. 편지의 주인공은 오랫동안 연락이 뜸했던 지인이었지. 그는 몇 년 전부터 한국에서 사업을 시작해서 꽤 잘나가던 사람이었고 워낙 바쁘다 보니 자연스럽게 나와는 연락이 끊어졌네. 그런 사람이 다음 달에 나를 방문하겠다고 하지 뭔가.

릴리 그런 사람이 갑자기 연락했다는 건 뭔가 도움을 요청하려는 것 같네요.

카밀로 왜 아니겠나. 그는 무리한 사업확장으로 20억이 넘는 빚을 지게 되었고, 회사가 부도날 위기에 처해 있었네. 고생하며 쌓아 올린 모든 것을 잃을 처지였어. 나는 그와 많은 대화를 했고 그에게 한 가지 제안을 했네. 정확히 6개월간 내가 하라는 대로 할 수 있겠냐고 말이지. 지푸라기라도 잡는 심정이었던 그는 내 제안을 승낙했네. 그래서 스페인에서 나의 일과가 끝나는 시간인 오후 9시 45분에 맞춰서 함께 심상화 명상을 하게 되었네.

한국과 스페인은 일고여덟 시간의 시차가 나기 때문에 그에게는 오후 2시~3시경이 되는 거지. 그렇게 그는 나와 함께 하루에 네 시간의 심상화 명상수련에 들어갔네. 결과가 어땠을 것 같나? 심상화 시작 초반에는 저항과 명현반응 때문에 무척 괴로워했지만 이를 악물고 버틴 그는 3개월 뒤 14억에 달하는 빚을 해결했고 6개월 뒤에는 회사의 매출이 두 배 이상 뛰었네. 그렇게 몇 년 뒤 그가 회사를 매각하고 프랑스에 이민 가기까지 그의 회사는 초기대비 30배에 달하는 성장을 이루었지. 인식의 힘으로 말일세.

릴리 대단하네요. 누구나 그렇게 할 수 있는 건가요?

카밀로 그럼. 누구나 할 수 있지. 하지만 누구나 해내는 것은 아닐세. 새로운 현실을 창조한다는 것은 관점의 전환을 의미하네. 우리가 인식하는 대상은 결국, '나' 자신의 자기규정이기에 자기 자신에 대한 고정관념들을 재규정해야 하는 힘든 작업이기도 하지. 그렇기에 인내심과 꾸준함이 필요한 걸세. 대다수는 관념의 재규정 시에 일어나는 저항에 못 이겨 포기하고 말지. 그러나 만약 포기하지 않는다면, 누구든지 해낼 수 있네.

건강 시크릿

죽음에서 되돌아오다

카밀로 이 일화는 나의 첫 번째 의식의 각성이 일어났던 계기이네. 수도원에 입회한 지 3년이 된 어느 날, 나는 다른 수도원으로 약 2주간 신학교육을 받으러 갔네. 그때는 한창 비가 쏟아지는 시기였는데, 내가 교육을 받으러 간 수도원은 돼지 축사들이 밀집해 있던 지역이었지. 그런데 한 일주일간 미친 듯이 쏟아지던 비 때문에 수도원의 상하수도가 망가졌지 뭔가. 이 일로 수도원의 수도꼭지에서는 돼지의 오물이 섞인 물이 나왔네.

릴리 설마 그 물로 인해서 어떻게 되신 건 아니었지요?

카밀로 왜 아니겠나. 오염된 물로 며칠 동안 샤워를 하다 보니 뇌수막염에 걸렸다네. 신학교육 마지막 날 오후부터 나는 극심한 두통에 시달렸네. 그렇게 우리 수도원에 도착해서도 침대에 누워서 꼼짝도 못하는 상태로 두통과 고열에 시달리고 있었지. 그렇게 시간이 지나고 4일째 되는 날 밤에 나는 병원에 실려 갔지. 자네, 뇌수막염의 고통이 어떤 건지 아나? 뇌를 쥐어짜는 통증이 몇 초 간격으로 계속되지. 그렇게 침대에 누워 있는 시간 동안 내 육체는 죽어가고 있었네. 그러나 육체가 죽어가는 그 시간 동안 아이러니하게도 주시자 의식이 각성되기 시작했네.

릴리 육체는 죽어가는데 의식은 각성을 시작했다고요? 희귀한 사례 같네요.

카밀로 나는 육체가 죽어가는 전 과정을 또렷이 인식했다네. 시시각각 죽음을 향해 나아가는 육체를 주시자의 자리에서 바라보면서 몸으로서의 '나'와의 동일시가 떨어져 나간 거지. 손가락 하나 까딱하기도 힘들 정도의 무력감, 몸 안에서 미쳐 날뛰는 열기, 불규칙하게 뛰는 심장박동, 심지어는 혈관 속 피의 흐름과 신경을 타고 달리는 감각들까지 또렷이 자각되기 시작했네. 그러던 어느 순간, 그것들을 바라보는 '나'가 사라져버렸네. 주시자의 '자'가 떨어져 나가 의식의 초점이 사라져버린 '주시'의 상태가 된 걸세. 이 상태는 순수한 인식의 상태이자 '인식되는 모든 대상이 그대로 나인 상태'일세. 삼라만상이 나타나 걸리는 배경의식과 그것에 편재하는 앎이 혼연일체가 되었지. 찰나에 생하는 것들과 멸하는 것들이 하나로 얽혀서 돌아가고, 연속된 시간의 흐름은 사라져버렸네. 있는 것은 매 순간 새로운 찰나의 연속이었지. 시간의 간격이 사라지고 인식은 '지금 여기' 매 순간 새로운 것으로 알려졌네. 병원으로 옮겨진 이 몸은 하루에 독한 항생제만 20봉지씩 맞으며 병실 침대에 누워 있었지만, 그 시간은 나의 인식 속에서 실제로 존재한 과거의 사실이 아니었네. 나는 존재의 느낌 안에서 새로운 규정을 인식했네. 그리고 16일 만에 건강한 몸으로 되돌아왔지. 죽음의 순간에 죽음을 인식하기를 멈추고 새로운 규정을 인식함으로써 오래된 존재의 잔상을 끊어버리고 삶으로 돌아온 거지.

릴리 정말 신비한 일이네요. 그렇다면 죽음을 거부하신 건가요?

카밀로 아니지. 사실은 반대일세. 탄생한 모든 것은 죽음으로부터 펼쳐진 것이니 이 몸도 언젠가는 사라지게 되네. 나는 오히려 이 사실을 받아들여 삶에 대한 집착을 버렸고, 이 집착이 끊어짐으로써 저항이 사라져 '건강한 몸'이라는 새로운 규정을 인식할 수 있었지. 내가 놓아버린 것은 죽어가는 몸과 동일시된 '나'였다네. 죽어가는 몸으로서의 나를 버림으로써 존재의 잔상이 끊어져버린 걸세. 그렇게 새로운 몸이 펼쳐져 나타났지만, 지금의 이 몸에도 집착은 없네. 왜냐면 살아 있다는 자체가 이미 죽음을 내포하고 있음을 알고 있기 때문이지. 그러나 이 일을 겪었을 당시, 완전한 존재의 느낌 속에서 나는 온전한 생명력을 인식했고 그것을 '나'로서 규정했네. 그리고 그 규정에 따라 삶으로 다시 돌아온 것뿐이지. 아무튼 이 사건은 나의 첫 번째 깨어남의 순간이었네.

관절 통증을 치료하다

카밀로 내가 수도생활을 했던 스페인 갈리시아 지방은 스페인 내에서는 추운 지역이네. 물론 한국의 추위와는 비교할 수 없지만, 이곳의 추위는 독특하네. 뼛속으로 스멀스멀 스며드는 듯한, 냉기에 가까운 추위이지. 1년의 대부분은 비가 내리기 때문에 습기도 대단하네. 내가 있던 수도원은 돌 건물이었지. 중세유럽 배경의 영화에서 나오는 것처럼 무지막지한 돌 건물 말이야. 이 돌에서 뿜어내는 냉기와 나의 체질은 그다지 궁합이 좋지 않았네. 수도원에 들어간 첫해는 점퍼와 옷을 있는 대로 껴입고 지급된 담요 두 장을 돌돌 말아 새우처럼 웅크리고 잠을 자도 몸이 덜덜 떨렸지. 수족냉증으로 손발이 고생을 좀 했는데, 특히 차가운 돌의 냉기를 샌들 하나로 버텨야 했으니, 내 발은 한여름에도 발바닥과 뒤꿈치가 쩍쩍 갈라져 양말에 피가 엉겨 붙을 정도였네. 한국에서는 경험해보지 못한 증상이었지.

릴리 한여름에 발바닥이 갈라지고 피가 양말에 엉겨 붙는다는 얘기는 처음 들어보네요.

카밀로 그보다 더 힘든 건 관절에 생긴 통증이었다네. 냉기란 이런 것이구나 싶을 정도로 관절 구석구석 스며드는 느낌을 받았지. 아무튼, 난생처음으로 관절염에 시달리기 시작했어. 입회한 첫해부터 나를 괴롭히던 이 관절염은 이후로도 수년간 계속되었네. 그러나 앎이 깨어난 이후에 나는 이러한 나의 몸을 있는 그대로 인정했네. 있는 그대로를 인정한다는 것은 상대성의 가능태를 동시에 인정한다는 뜻일세. 나는 상대성 안에서 이 아픈 몸이 존재할 수 있게 하는, 드러나지 않은 모습인 '관절염이 치료된 건강한 모습'을 인식하기 시작했네. 자급자족을 위한 노동이 주된 일과 중 하나인 봉쇄수도승의 사정상 관절염을 치료하지 못한다면 수도생활을 포기해야 할 수도 있었기 때문이지. 그렇게 나는 깊은 존재의 느낌 속에서 관절염에 시달리지 않는 건강한 몸을 인식하기 시작했네. 그리고 이 인식을 맛보고 즐긴 지 한 달 반 만에 왼쪽 팔꿈치와 오른쪽 손가락의 통증이 사라졌네. 하지만 무릎의 통증은 경감되기만 했을 뿐, 여전히 남아 있었지. 나는 '아직 치유가 일어나지 않은 현재'를 끊임없이 치료가 일어난 상태인 '이루어진 결과'의 트랙에 편입시켜 인식을 즐겼네. 그렇게 석 달 뒤에 나는 무릎의 통증으로부터 해방되었지. 밭 작업에서 제외되어 무릎이 쉴 수 있는 시간이 생기면서 말이야.

신장기능과 콜레스테롤 수치를 정상으로 되돌리다

카밀로 수도원에 입회하고 나서 내 건강은 급격하게 나빠졌네. 문화, 정서, 기후, 음식 등 모든 것이 다른 세계에 적응하는 것이 어디 보통 일이겠나. 게다가 봉쇄구역 안에서 살아가는 수도생활은 항상 자기 자신의 밑바닥을 대면하게 만들기 때문에 그 스트레스 자체가 상상을 초월하네. 입회 7개월 만에 12킬로그램이 빠질 정도로 건강이 급격히 나빠졌지. 결과적으로 40킬로그램대 초반까지 몸무게가 떨어졌네. 그동안 내가 말라가는 것을 눈여겨보시던 수련장 수사님은 안 되겠던지 내 손을 잡고 병원으로 데려갔네. 그리고 그곳에서 여러 가지 검사를 하고는 충격적인 사실을 발견했네. 몸은 그렇게 말랐는데 담낭에는 콜레스테롤이 잔뜩 껴 있었고, 신장기능 또한 무척 약해져 있었지. 신장기능이야 그렇다 치고, 내 몸에 콜레스테롤이 잔뜩 껴 있다는 걸 믿기 힘들었네.

릴리 어째서죠? 그건 성인들에겐 흔한 일 아닌가요?

카밀로 그건 일반인들의 경우이지. 트라피스트 수도승은 크리스마스나 부활절 같은 대축일을 제외하고는 고기를 먹지 않거든. 주식은 곡식과 야채일세. 기름진 식사를 하지 않는데도 콜레스테롤이 잔뜩 꼈다는 것은 어딘가 몸의 균형이 무너졌다는 뜻이지. 이후, 나는 건강한 몸을 심상화했네. 그때는 아직 시크릿에 대해 이것저것 실험해보던 시기였기에 내심 좋은 주제가 생겨 기쁘기도 했지. 나는 매일 잠자기 전 완벽한 상태로 돌아온 담낭과 신장을 심상화했네. 상상의 힘을 동원해 건강해진 신장과 담낭의 '느낌'을 인식하고, '나'라는 느낌이 그 심상 안으로 녹아들어 하나로 느껴질 때까지 인식하다가 잠들곤 했지. 그 작업은 약 다섯 달 정도 계속되었네. 6주가 지났을 때 나는 내가 인식하는 결과가 현실트랙에 이미 펼쳐지고 있음을 직관적으로 느꼈지만, 병원에서 확실히 검사할 때까지는 매일매일 건강해진 신장과 담낭의 느낌을 문자 그대로 즐겼었네. 수도원 특성상 아프더라도 바로 병원에 갈 수 없었기에 다섯 달이 지난 후에 다시 가게 되었는데, 그때 나의 담낭과 신장은 정상으로 돌아와 있었네. 생각의 방해가 없이 인식내용만 오롯이 남아 그것에서 '나'라는 존재감을 느낄 수 있다면, 그 인식되는 내용은 이미 '나는 이것이다 — I am that ~'의 도식 안으로 들어오네. 그렇다면 그것은 현실의 트랙에서 펼쳐지지 않을 도리가 없네.

디스크와 등의 통증을 치료하다

카밀로 수도생활의 두 가지 기둥은 기도와 노동일세. 내가 있던 수도원은 백 마리가 넘는 젖소를 키우고 있었고 양봉, 밭농사, 들판 일에 이르기까지 그야말로 일복이 터진 곳이었지. 매일매일 중노동의 연속이라고 생각하면 편할 걸세.

릴리 목축, 양봉, 농사, 들판 일… 종합 막노동 세트군요.

카밀로 이런 환경에서 관절염을 비롯한 이런저런 통증을 달고 살았던 나는 마침내 디스크까지 걸려 등의 통증 때문에 밤에 잠을 잘 수 없을 정도였네. 침대 매트리스는 허접한 스펀지였고 그 위에서 자면 다음 날 움직이기 힘들 정도로 여기저기 결렸지. 급기야 나는 침대에서 매트리스를 빼버렸고 매트리스를 받치던 커다란 나무판자 위에서 잠을 청하곤 했네. 그러면 허리는 그나마 편하지만, 등의 통증은 가중되었지. 그래서 나는 하루에 두 번씩, 40분간 허리를 곧게 편 채로 수도원의 정원을 걸었네. 그러나 그렇게 3년 가까이 걸어도 근본적인 치료는 되지 않았네. 다음 날 아침 눈을 뜨면 또 고된 노동을 해야 하니까 말이야. 그러던 중 인식의 힘을 알게 된 나는 이제 건강해진 허리와 등을 상상하기 시작했네. 지금 당장 온몸을 때려대는 통증을 상대성의 관점에서 받아들이며, 지금의 통증이 그것의 상대성으로 존재하는 건강한 허리의 증거임을 허용했네. 통증을 무시하고 진행한 것이 아닐세. 이 통증은 그것의 상대적 존재성인 '건강한 허리'라는 모양태가 없으면 존재할 수 없는 것이야. 그렇기에 이 통증을 역이용해서 건강한 허리의 증거로 삼으며 인식을 계속한 걸세. 이러한 허용이 점점 깊은 수준에서 이루어지자 이제는 허리와 등의 통증을 느낄 때마다 일종의 안심과 희열이 생기기 시작했네. 이제 내게 통증은 단순한 통증이 아니었네. 건강한 허리의 증거였지. 그렇게 넉 달이 지났고 허리와 등의 통증은 점점 사라졌네. 디스크가 치료된 걸세. 이러한 결과가 드러나기까지 허용의 과정은 고통스러운 작업이었네. 하지만 어떤 임계점을 넘어서면 고통은 행복의 증거로서 받아들여지네. 그러면 기적이 일어나지. 너무나 당연한 결과로서 말일세.

인식으로 체질을 바꾸다

카밀로 수도원에서 나를 괴롭혔던 것 중 하나가 수족냉증이었네. 사방에서 뿜어져 나오는 냉기는 몸을 냉하게 만들었고, 손발이 항상 얼음장처럼 차가웠었지. 오죽하면 한여름에 발바닥이 수십 가닥으로 찢어져 피가 맺혔겠나. 게다가 수련으로 인해 감각이 예민해지면서 몸 곳곳에서 냉기가 실제적인 형태로 느껴지기까지 했지.

릴리 생각만 해도 끔찍하네요. 그래서 어떻게 하셨나요?

카밀로 그래서 나는 아예 체질을 바꾸기로 마음먹었네. 매일 잠들기 전, 이 몸을 따뜻한 빛의 몸으로 대체하는 상상을 했다네. 내 몸을 냉기에 먹혀버린 몸이 아닌 은은한 노을빛으로 빛나는 따뜻한 몸으로 인식했고, 호흡을 따라서 따뜻한 기운이 온몸 구석구석 퍼지는 느낌을 즐겼지. 이윽고 '내가 상상한다'라는 느낌이 사라지고 이 따스한 온기가 심장과 세포 하나하나에 각인되기 시작했네. 따스한 빛의 몸과 호흡을 따라서 전달되는 온기만 오롯이 인식되었지. 한번 움직이기 시작한 따스한 빛은 진동하며 몸 구석구석으로 퍼져나갔고, 마침내 이 몸은 냉기로부터 해방되었다네.

인간관계 시크릿

경쟁자와의 갈등이 해결되다

카밀로 내가 있었던 수도원의 일과는 오후 9시 45분에 끝났었네. 수도원 중에서도 상당히 늦은 시간에 일과가 끝나는 편이었지. 일과의 시작은 오전 5시였네. 입회 초기 나는 수행에 대한 열정이 불타올랐지. 그래서 새벽 3시 전에 일어나서 개인 수방에서 명상수행을 하고 새벽기도를 하곤 했네. 그러다가 중간에 명상을 끊고 성당에 가기보다는, 처음부터 성당에서 수행을 하는 것이 좋을 것 같다는 생각이 들어 3시에 성당에 가서 명상에 잠기는 것으로 내 일과를 시작하게 되었지. 그런데 이 일이 엉뚱한 사건을 일으켰네. 나 이전에 한 수도승이 새벽 4시에 와서 명상에 잠기는 게 일과였는데, 그는 아무도 없는 성당의 고요 속에서 기도하는 것을 즐겼다네. 즉, 성당을 독차지하는 걸 즐겼던 거지. 그런데 어느 날부터인가 그가 도착하기 전에 내가 먼저 무릎을 꿇고 앉아 명상을 하고 있으니, 그는 묘한 경쟁심을 느꼈던 걸세. 가장 일찍 일어나 혼자서 명상을 하는 그 즐거움을 내가 깨버린 걸세. 그리고 슬슬 그의 인내심이 한계에 달했을 때 그는 나를 불렀지. 그는 내게 방해가 되니 성당에 일찍 오지 말고, 기도를 하려면 방에서 하라고 말하더군. 나는 그의 말을 무시했고, 며칠 뒤 원장 신부님이 나를 불렀네.

릴리 설마… 그가 일러바친 건가요?

카밀로 정확하네. 내가 그와 경쟁하기를 원하는 것 같다고 왜곡해서 원장 신부님께 일러바친 거지. 성당은 누구의 소유물도 아니며, 기도는 경쟁이 아니네. 그러나 때로는 인간의 탐진치는 미묘하게 작용하지. 영적인 경쟁을 불러일으키는 것은 일도 아닐세. 아무튼 그 일이 있고 나서 나는 새벽에 성당에 가는 것을 멈췄지. 그리고 내 가슴속은 부글부글 끓어오르기 시작했네. 인정하고 싶지 않았지만, 나의 마음속에도 그와 같은 경쟁심이 있었던 거지. 아주 미묘한 마음이었어. '내가 너보다 더 열심히 수행한다'는 일종의 우월감을 느끼고 싶었던 걸세. 어리석은 마음이었지. 진정 수행을 원한다면 방에서 조용히 진행하면 될 일인데 말이야. 그보다 먼저 와서 기도함으로써 묘한 쾌감을 느끼고 있었던 게 사실일세. 아무리 거룩하고 성스러워 보이는 것도 그것이 집착의 대상으로 변하면 그 또한 탐진치가 된다는 것을 그때 배웠지. 그리고 나는 곧바로 내 안에서 그를 바라보는 인식을 바꾸기 시작했네. 먼저, 이 모든 현실을 있는 그대로 허용해 받아들였네. 있는 그대로를 본다는 건 단순히 현실과 타협해 저항하기를 멈춘다는 뜻이 아닐세. 오히려 상대성, 동시성, 전체성의 관점에서 사건을 바라보는 것을 말하는 거지. 이제까지 교만하고 시샘 많은 악마처럼 느껴지던 그 형제를 '나의 존재를 가능하게 하는 필수요건'으로 인식하기 시작했네. 그렇게 부정성에 대한 느낌이 씻겨졌고, 그는 내 안에서 신심 가득한 수행자로 인식되었네. 그리고 며칠 뒤 그가 나를 찾아왔네. 그리고 자신이 어리석었노라고 용서를 구했지. 언제든지 와서 기도해도 된다는 말과 함께 말이야. 그렇게 우리는 둘도 없는 형제로 거듭날 수 있었네. 인간관계 시크릿의 비밀은 상대방을 인식하는 나의 관점에 있다네. 누군가를 바라보는 나의 인식이 변하면 그 사람과 나와의 관계성 또한 변하게 되네. 그러니 상대방을 바꾸려 하지 말고, 그를 바라보는 나의 인식을 바꾸게. 그럼 그는 변하게 되고 우리는 함께 성장하네.

내 편을 만들려면 내가 먼저 그의 편이 되어라

카밀로 사람 사는 곳은 다 똑같은지라 수도원 내에서도 파벌이 있고 서로 간의 암묵적인 경쟁이 있네. 이러한 파벌은 공동체 내의 지도부를 편성할 때 극에 달하고 승리한 파벌에 속한 자들은 혜택을 받지. 결국엔 수도원 내에서도 정치적인 면이 존재하는 걸세. 나는 그런 것에는 관심이 없었네. 오직 '나는 무엇인가'에 대한 해답을 얻는 데에 몰두해 있었지. 하지만 앎의 온전한 완성을 위해서는 인간성이 지니는 모든 부분에 대한 경험이 필요하네. 그렇기에 공동체 내에서의 인간관계는 수행을 완성으로 이끄는 길잡이가 되지. 우리 수도원 내에서 상당히 영향력 있는 수사가 한 명 있었네. 그는 수도원 요직을 오래 맡아온 사람이었지. 그런데 그가 나를 묘하게 싫어했다네. 그가 나를 좋아하지 않으니, 몇 년 동안 나는 상당한 불편을 겪고 있었네. 그러던 중

내 안에서 앎이 깨어났고, 나는 그를 바라보는 인식과 관념을 재규정했네. 내 마음 안에서 그와 관련된 저항을 일으키는 모든 부분을 샅샅이 살펴보기 시작했지. 저항이란 각 존재의, 각 사건의 고유한 이야기를 인정하지 않을 때 발생하네. 모든 것은 그럴 만하기에 발생하는 것이란 사실을 철저하게 인정하는 것이 허용의 시작이지. 나는 이러한 사실을 철저히 인정하고, 상대성 안에서 가해자와 피해자의 역할을 관하면서 일명 '피해자 코스프레'를 하고자 하는 내 안의 관념을 보았다네. 나는 대면하기 싫은 어떤 사실에 대한 도피처로서의 피해자의식이 이런 상황을 연출하는 것임을 알게 되었지. 인간은 대부분 가해자가 되기를 원치 않네. 어떤 상황에서도 피해자가 되려 하지. 그래야 타인에게 책임을 전가함으로써 스스로 용서할 수 있기 때문이지. 결국 타인에게 엄격하고 자신에게 관대한 어떤 마음이 있는 걸세. 결국 그와의 관계에서도 이 같은 관념이 작용했고, 인드라망의 연동으로 그가 가해자 배역으로 등장한 걸세. 나는 이 같은 사실을 철저히 인정했고 또 인정했네. 그리고 그 인정이 진정으로 이루어진 순간 나는 그의 친구로서의 나의 모습을 인식하기 시작했네. 몇 주간의 심상화 및 관념의 재규정이 끝났을 때, 그는 나의 좋은 친구가 되어 있었지.

재회 또는 새로운 인연

카밀로 이번 이야기는 자네가 흥미를 느낄 만한 것이네. 바로 연인관계에 대한 것일세. 연인관계에 대해 먼저 알아야 할 것이 있지. 상대성 안에서 반드시 해결되고 표현되어야 할 무언가가 '연인'으로 나타난다는 사실일세.

릴리 그게 무슨 말씀인가요?

카밀로 연인관계는 아주 특별한 의미가 있는 현실회로의 조합이네. 인드라망의 연동은 연인관계를 '상대성의 완성'으로서 표현해내길 원하네.

릴리 삶 자체가 다양한 상대성의 표현이지만 연인관계의 형태는 특별한 위치를 지닌다는 말씀이군요. '상대성의 완성'에 대해 좀더 구체적으로 말씀해주세요.

카밀로 상대성의 완성은 진정한 허용을 말하네. 진정한 허용은 바로 사랑이지. 연인이란 나의 반쪽 정도가 아닐세. 연인이란 나 자신일세. 서로의 온전한 허용을 표현하기 위해 짝지어진 관계란 말이지. 세상은 상대성을 통해서 작동하네. 연인관계는 한자로 사람을 뜻하는 '人'을 완성시켜주는 가장 특별한 상대적 존재성이야. 그런데 개개인의 캐릭터를 표현하는 자기규정(I am that I am ~)은 각기 다르네. 연인관계를 통해 표현하고자 하는 관념이 어떤 것이냐에 따라 인연이 결정되지. 이러한 사실을 충분히 인지하지 못한다면 연인 시크릿은 단지 사람 끌어당기기에 머물고 말 것이네.

릴리 충격적이네요. 요즘 많이 하는 이상형 끌어당기기도 마찬가지인가요?

카밀로 이상형이라는 것을 잘 생각해보게. 그것은 내가 느끼고 있는 결핍일세. 이상형이 상세할수록 나의 결핍과 호불호 항목이 많다는 뜻이지. 그러니까 이상형 끌어당기기라는 것은, 나의 결핍을 채워줄 대상을 끌어당기는 것이야. 이 결핍을 보완해줄 대상을 끌어당기는 마음 자체가 결핍에 의존하고 있다면 그가 끌어당긴 인연은 어떤 식으로든 깨지게 되어 있네. 반면 자기의 특성을 잘 알고, 그 측면을 보완해줄 상대를 당연한 필요에 의해서 바라는 마음은 결핍에 의존한 끌어당김을 상쇄하네. 쉽게 말해서 스스로 존재감이 충만한 상태에서 자기 캐릭터를 완성해줄 상대방을 끌어당기라는 말일세. 이러한 마음에서 나오는 이상형 목록은 결핍된 마음에서 나오는 이상형 목록과는 다르네. 당연한 창조의 필요성을 표현하고 있는 것이기 때문이지. 재회 시크릿을 하는 중이라면 이 부분을 특히 잘 생각해보게. 재회를 원하는 마음 대부분이 성숙한 마음이 아닌 미련, 집착, 슬픔 등에서 비롯되니까 말이야. 나 또한 예전에 이러한 마음으로 시크릿에 빠져 있었네. 그래서 내가 원했던 모든 이를 만나고, 재회했지만 그 관계는 결국 모두 깨져버렸지. 뒤돌아보면 나는 헤어짐의 슬픔을 경험하기 위해 만남의 기쁨을 끌어당긴 것이었네. 이와 같은 연인관계에 대한 체험은 수도생활에 뛰어들게 된 원인 중 하나가 됐기에 부정적인 것만은 아니었네. 하지만, 이와 같은 가치는 앎이 깨어난 지금에야 볼 수 있는 사실이네. 연인 시크릿을 원하나? 결과를 인식하고 당연한 느낌으로 만족하고 즐기면 자네의 연인 시크릿이 어떤 형태가 되더라도 반드시 이루어질 것이네. 하지만, 그 이루어짐이 슬픔과 불균형을 체험하기 위한 과정으로써 마련될 수 있음을 잊지 말게. 연인 시크릿은 자기 자신을 준비시키는 숭고한 작업이 되어야 하네.

외모 시크릿

세상에 하나뿐인 매력

카밀로 자네는 외모에 불만이 있나?

릴리 자기 외모에 완전히 만족하는 사람이 얼마나 되겠어요. 저 또한 당연히 콤플렉스 덩어리죠. 여기도 마음에 안 들고 저기도 마음에 안 들고. 할 수만 있다면 외모 시크릿으로 싹 바꾸고 싶어요.

카밀로 자네, 외모는 무엇의 표현이라고 생각하나?

릴리 외모는 개성의 상징이 아닐까요?

카밀로 그렇네. 외모라는 것은 그 누구와도 같지 않은 독특한 매력이지. 그래서 개인의 개성은 각자가 관찰하는 고유우주(내 세상)의 상징이 되는 걸세. 요즘 많은 사람이 외모 시크릿을 하고 있던데 말이야. 외모 시크릿을 하기 전에 먼저 알아야 할 것이 있네. 그것은 바로 지금의 나의 모습을 온전히 인정해야 외모를 재규정할 자격이 생긴다는 걸세.

릴리 재규정의 자격이라…. 전에도 말씀하셨는데 그게 정확히 무엇을 말하는 거죠?

카밀로 그것은 허용일세. 지금 이 순간의 모든 것을 있는 그대로 인정하는 거지. 그것은 상대성을 인정한다는 걸세. 결코 자포자기가 아니야. 지금 이 순간의 나의 외모를 온전히 인정한다는 것은 지금의 외모가 나타나게 된 모든 역사와 드라마를 '그럴 만하기에 나타난 완벽한 사실'로서 인정하는 게 필요하네. 그렇게 지금 이 순간을 저항 없이 받아들이면, 받아들인 사실의 뒷면에 존재하는 무한한 상대성의 가능태들 또한 받아들이게 되지. 대부분이 외모 시크릿을 '지금 나의 외모에 불만이 있는 상태'에서 시작하지 않나? 그렇다면 그 불만족인 외모를 나타나게 만든 '내가 만족할 만한 외모'를 동시에 인정해주는 걸세. 이러한 양면의 허용을 통해 외모를 재규정, 재인식할 자격을 얻는 것이지. 지금의 외모를 배척하고 외면하려는 마음은 결핍으로부터 나오는 마음, 즉 반의도가 되어 원하는 외모를 끌어당기지 못하네. 설사 끌어당긴다 해도 반드시 부작용이 나타나지. 그러니 집착을 내려놓고 지금의 외모를 온전히 인정해서 자존감을 회복한 다음, 순수한 창조의 의지로 새로운 현실을 선택하는 것이 포인트일세. 나는 나의 외모에 불만이 없네. 그렇기에 나는 항상 빛나는 사람일세. 나를 보는 타인의 시선 또한 개의치 않네. 내가 나의 존재를 표현하고 증명하려는 대상이 곧 나 자신이기 때문이지. 나는 항상 만족스러우며, 당당하네. 이 당당함과 만족으로부터 나오는 특별한 여유가 나의 매력이네. 그러니 자네는 자신의 존재 자체만으로도 충분히 만족하는 존재의 느낌에 머물게나. 그러면 자네 스스로 빛이 나게 될 걸세. 미에 대한 사회적 기준이란 것은 항상 변하네. 하지만 스스로 빛나는 매력은 변하지 않는 것이지. 자네는 먼저 스스로 빛나는 매력을 손에 넣게.

심상으로 하는 웨이트 트레이닝

카밀로 자네, 헬스장을 다닌다고 했지?

릴리 네, 개인지도까지 받으며 열심히 운동 중입니다.

카밀로 열심히 하는구먼. 그럼 이 방법을 병행해보게. 이른바 심상훈련법일세. 쉽게 말하면 상상력을 동원해 운동하는 걸세. 나는 이 방법으로 헬스장을 가지 않고 근육을 단련했었네. 그 결과 누구나 부러워할 만한 식스팩 몸매를 만들었지. 운동기구를 쓰면 되는 문제이긴 하지만, 내가 수도원에 있을 때였으니까 어쩔 수 없었네. 아무튼 운동과 병행해서 이 심상훈련을 한다면 더욱 완벽한 몸매를 가지게 될 걸세.

릴리 그럼 상상만으로 근육을 만드는 게 가능한가요?

카밀로 당연히 가능하지. 그러나 이렇게 말하면 운동하기 싫어하는 게으른 사람들이 방구석에서 자기합리화를 위한 용도로 사용할 것 같으니, 보다 효과 좋은 방법을 알려주겠네. 맨손 상태에서 하는 운동을 마치 기구를 사용하는 것처럼 느끼는 방법이지. 상상으로 말이야.

릴리 맨손운동을 기구운동처럼 하라고요?

카밀로 그렇지. 빈손을 들어 올리더라도 그 손에 10킬로그램짜리 덤벨을 쥐고 있다고 상상하고 실제로 근육에 힘을 주며 들어 올려보게. SF영화의 촬영현장같이 말이야. CG를 입히기 전의 촬영장면을 생각해보게. 자네는 맨손으로 운동을 하고 있지만 CG를 입히면 집채만 한 바위를 들어 올리는 게 가능해지지 않나? 현실 또한 이와 같아서 상상력의 CG를 입히고 그것이 진짜 느낌으로 작용하면 자네의 몸은 10킬로그램짜리 아령을 사용한 효과를 볼 걸세. 한번 해보게. 제대로 몰입한다면 10분만 해도 땀이 뻘뻘 날 걸세. 이같이 행위가 뒷받침되면 자네의 소망은 훨씬 더 빨리 이루어질 걸세. 동시에 심상화에 사용되는 마음 근육도 단련되지.

시크릿으로 다이어트 하기

카밀로 나는 살이 잘 찌지 않는 몸일세. 무의식의 관념회로가 그렇게 형성됐기 때문이지. 그래서 나는 살을 찌우기 위해 관념을 재규정해야 했네.

릴리 정말 부러운 체질이네요. 그보다, 살이 잘 안 찌는 몸을 만드는 것도 관념의 규정을 통해서 가능하다는 말씀인가요?

카밀로 이 몸 또한 관념의 발현이지. 어떤 외모 관념을 가졌느냐에 따라서 드러나는 몸의 형상이 결정되네. 다이어트로 스트레스를 받는다면 살이 잘 안 찌는 체질로 인식을 하면 되는 거지. 하지만 이렇게만 말하면 게으른 다이어터들에게 면죄부를 주는 형국이 되지. 그리고 그들은 결국 실패할 걸세. '어떤 책에서 심상화만으로 다이어트를 할 수 있다더라', '움직이기도 싫고 식단 조절도 힘들었는데 잘됐네! 실패하면 그 저자 탓이야'라고 생각할 가능성이 크기 때문이네. 그러나 이렇게 생각한다면 첫 단추부터 잘못 끼우고 있는 걸세. 다이어트의 시작은 현재 이 몸에 대한 전적인 허용에 있기 때문일세. 지금을 있는 그대로 인정해야 재규정의 자격이 생기는 걸세. 그래야 지금 여기에 상대성의 가능태 또한 존재하기 때문이지. 지금을 인정하지 않는다면 상대성의 가능태 또한 부정되는 걸세. 그러니 지금의 몸을 철저하게 허용해서 인정해야 하네. 이때 동원되는 것이 상대성의 사유이지. 다이어트는 민감한 주제이니 조금 더 자세히 풀어주겠네.

1. 지금의 몸이 생겨난 원인과 조건, 인연관계의 연관성을 고찰한다. 그러면 지금의 이 몸이 '존재의 완벽한 메커

니즘'에 의해서 '그럴 만하기에 지금 이 모습으로 존재하고 있음'을 알게 된다.

2. 상대성, 동시성, 전체성을 관한다.
* 상대성 — 날씬한 몸이라는 상대성이 없다면 지금의 뚱뚱한 몸은 존재할 수 없다. 그렇기에 지금의 이 뚱뚱한 몸은 날씬한 몸의 증거이다.
* 동시성 — 시공간의 흐름 이전에, 모든 상대적인 것은 동시에 존재한다. 뚱뚱한 몸이 존재하는 이 순간 날씬한 몸 또한 이미 존재하고 있다. 상상을 통해 이미 결과로서 존재하는 날씬한 몸을 볼 수 있다. 인식되는 것은 이미 존재하는 것이다. 이미 있는 것이 아니라면 상상의 대상조차 될 수 없다.
* 전체성 — 전체성 안에서의 나는 뚱뚱한 몸을 표현하는 역할을 맡아 날씬한 몸을 표현하는 사람들을 존재하게 했다. 나는 나에게 주어진 배역을 온전히 수행한 것이다. 이것을 허용한다. 이것을 허용할 수 있을 때 비로소 나에게 날씬한 몸을 선택할 수 있는 자격이 생긴다.

자네가 다이어트를 하고 싶다면 이와 같은 허용의 과정을 반드시 거쳐야 하네. 그래야 결핍에 기반한 집착이 사라지네. 이것을 받아들였다면 이제 심상화, 재규정을 하면 되네. 자네는 심상화를 통해 뚱뚱한 몸이 활동하고 있는 '지금 여기'의 이 순간이 날씬한 몸이라는 결과에서 펼쳐져 있는 과정임을 인식해야 하네. 또한, 현재를 과거의 결과로서의 트랙에 편입시키지 않아야 하네. 그렇게 되면 괴리감만 계속되니까 말이야. 이루어진 결과로부터 펼쳐져 있는 과정으로서의 트랙에 편입시켜 받아들이는 걸세. 그리고 이루어진 결과를 즐기며 지금 현재에 충실하면 되네. 이때는 운동이나 식단조절, 심상화를 '억지로 한다'는 느낌이 없네. 당연한 결과로부터 펼쳐진 당연한 과정이 되는 것이지. 노력이 노력이 아닌 당연한 요소로서 변모하게 되는 거야. 자네는 노력을 할 필요가 없네. 당연한 과정을 당연하게 행위하면 되는 걸세.

휘어진 다리를 교정하다

카밀로 나는 내 캐릭터에 아무 불만이 없네. 그렇기에 외모 시크릿이라 해도 타인의 변화를 돕는 쪽으로 많이 사용했었지. 이번에는 인식이 가지는 힘을 보여주는 일화이네. 역시 수도원에 있을 때였네. 나는 멕시코인 부부 한 쌍을 알게 되었는데, 그들은 여름 휴가 기간에 가끔 수도원을 찾아오곤 했네. 그들은 딸을 하나 두었는데 아이가 자라면서 오른쪽 다리뼈가 바깥쪽으로 크게 휘어지기 시작했네. 아이가 아직 어렸고 경제적으로 풍족하지도 않았기에 마땅한 치료방법을 찾지 못하는 상태였지. 어느 여름, 이들은 나를 찾아왔고 나는 그 아이의 다리를 보았네. 그 네 살짜리 천사의 다리는 육안으로 보아도 심하게 휘어져 있었네. 다리의 균형이 맞지 않아 걸음걸이도 부자연스러웠고, 앞으로의 성장에도 영향을 미칠 것이 뻔한 상태였지. 아이의 부모는 눈시울을 적셨네. 그때 나는 그들이 가진 신앙의 힘을 이용해서 하느님께 의탁하자고 제의했네. 그리고 지금부터 기적이 일어날 때까지 아이의 다리가 나은 모습을 상상하고 또 상상하며 그저 하느님께 감사하라고 말을 했네. 돈이 들어가는 게 아니니 그저 믿고 또 믿으며 감사만 하라고 말이지. 그들은 정말 순수한 사람들이었네. 그래서 그들은 그날부터 눈 뜨고 있는 모든 시간에 하느님께 감사하며 건강해진 아이의 모습을 계속 상상했네. 물론 나 또한 아이의 건강한 모습을 인식하는 것으로써 그들을 도왔지. 그렇게 1년 4개월이 지난 어느 날 나는 그들에게 편지 한 장을 받았네. 1년이 지난 어느 날 아이의 아버지는 꿈을 꾸었는데 꿈속에서 다리가 정상으로 돌아온 아이와 물가를 산책하는 꿈을 꿨다더군. 그리고 그때부터 아이의 다리가 점점 펴지더니 4개월이 더 흐른 지금, 아이의 다리는 거의 정상으로 돌아왔다고 했네. 그리고 하느님은 존재하시며, 그들에게 기적을 보여주셨다고 덧붙였지. 그들의 말처럼 하느님은 존재하네. 그들의 인식의 힘으로서 말이지.

발의 크기를 변화시키다

카밀로 이번 일화는 내가 했던 외모 시크릿 중에 가장 특별한 것일세. 인식의 힘으로 체형을 변화시킨 이야기지.

릴리 다이어트나 운동을 통해서 체형을 변화시키는 게 아니라 인식의 힘으로 바꾼다고요?

카밀로 그렇지, 체형 자체를 변형시켰네. 가장 많이 변한 부위는 발일세. 수도원에 있을 때 발에 맞는 샌들이 없었네. 내게 지급된 샌들과 장화가 너무 작았지. 그래서 자주 발가락과 발목을 접

질리곤 했네. 내 발에 맞는 샌들과 장화가 없었기에 나는 내 발 크기를 줄여버렸네.

릴리 다 자란 성인 남성의 뼈가 인식을 통해서 변할 수 있나요?

카밀로 말 그대로이네. 나에게 꼭 필요한 것을 현실트랙으로 끌어당긴 걸세. 내가 가진 샌들과 작업용 장화에 꼭 맞는 발 크기를 인식했고 내 발 크기는 변했네. 이 변화가 일어나기까지 6주가 걸렸네. 중요한 것은 인식의 힘에 대한 앎이네. 게다가 '꼭 필요한 것'이라는 조건은 현실트랙으로의 구현에 당위성을 실어주네. 나에게 꼭 필요한 것은 반드시 실현된다는 사실에 대한 앎이 이런 강력한 현실조작의 힘을 만들어내는 걸세.

그 외 시크릿

포르투갈 여행이 이루어지다

릴리 저는 여행을 무척 좋아하는데 여러 사정으로 꿈도 못 꾸고 있어요. 카밀로 님은 왠지 여행을 많이 가보셨을 것 같은데요.

카밀로 나는 스페인에서 10년을 살았지만 봉쇄수도원 안에 있었기에 거류증을 갱신할 때나 병원에 갈 때, 그리고 학생수도자 신분으로 1년에 두 번씩 신학교육을 받으러 갈 때를 제외하고는 밖으로 나가본 적이 없네.

릴리 봉쇄수도자에 대해서 간단히 설명해주시겠어요?

카밀로 수도생활의 형태는 다양하지만 크게 나눈다면 활동수도회와 관상수도회로 나눌 수가 있네. 봉쇄수도회는 관상수도회의 범주에 들어가지. 전통적으로 수도자들은 한번 입회하면 평생을 수도원의 일정한 봉쇄구역 안에서만 생활한다네. 예전에는 가족들이 면회를 와도 쇠창살을 사이에 놓고 면회를 할 수밖에 없었지. 침묵, 기도, 노동을 세 가지 기둥으로 삼아 '일하고 기도하는' 단순한 삶이지.

릴리 생각만 해도 갑갑하네요. 그럼, 수도원 문밖으로는 전혀 나가지 않는 건가요?

카밀로 특별한 일이 없는 한 나가지 않지. 일종의 감옥이라고 생각하면 되네. 물론 이 경우에는 스스로가 선택해서 들어간 감옥이지. 어쨌든 사정이 이렇다 보니 여행을 한다는 건 꿈도 못 꿨네. 그런데 어느 날부터, 절친한 동료 수사가 포르투갈 출신이다 보니 그의 영향을 받아 포르투갈에 가보고 싶은 마음이 생겼네. 그곳의 유명 음식인 바깔라오 요리와 오리 밥 요리를 먹어보고 싶었지. 결정적으로, 유명한 오 포르토 와인도 맛보고 싶고 말이야. 그래서 심상의 세계로 들어가서 포르투갈 여행을 즐기기 시작했네. 나의 인식 안에서 나는 포르투갈 여행을 즐기는 정도가 아니라, 포르투갈의 길거리, 청명한 하늘, 맛있는 음식들, 매혹적인 빛깔의 와인 그 자체가 되었네. '내가 포르투갈을 여행한다'라는 느낌을 넘어서, 인식되는 장면이 통째로 '나(존재의 느낌)'였고, 수사로서의 나는 그 안에 나타난 하나의 요소였지. 그러니까 내(개아)가 내(I am that, 포르투갈 여행상황) 안에 나타난 현실을 즐긴 거지. 그 상상만으로도 나는 충분히 즐기고 더없이 만족할 수 있었지. 사실, 우리가 경험하고자 하는 것은 사건 자체가 아닐세. 그에 동반하는 감정과 느낌, 그리고 사건을 규정함으로써 드러나는 '의미'가 궁극실재가 진정 표현하고 싶어하는 걸세. 그 느낌, 감정, 의미를 이미 인식 안에서 체험했으니 나는 만족했고 이 즐거운 상상을 할 수 있게 만들어준 내 동료 수사와의 인연에 감사했네. 그리고 그에게 포르투갈 이야기를 들을 때마다 나는 인식(상상)으로 그의 사랑하는 고향을 수시로 즐기고는 했지. 그리고 얼마 뒤 놀라운 일이 생겼네. 포르투갈의 어느 주교님이 우리 수도원의 수도자 전체를 초청한 걸세. 무려 4박 5일간 숙식을 제공했지. 유명한 성지인 파티마 방문을 시작으로 포르투갈 전체를 횡단하며 일주하는 여행은 그야말로 완벽했네. 그리고 포르토 지방의 와인 저장고를 방문하는 것으로 그 완벽한 여행은 마무리되지.

릴리 믿기지 않네요. 혼자서 여행하는 게 아니라 수도원 식구 전체가 가는 여행이라니요. 그것도 초대를 받아서!

카밀로 일어나는 모든 일은 그럴 만하기에 일어나는 걸세. 그것은 기적이 아니지. 반대로 생각해보면 모든 일이 기적이라는 말일세. 인식의 힘은 자네가 짐작할 수 있는 모든 범주를 뛰어넘네. 그러니 그 무한한 힘에 맡겨버리게. 물론, 생각의 방해가 끼어들지 않은 순수한 인식이어야 하네. 생각의 방해가 끼어들지 않는. 이번 경우도 그러했네. 포르투갈 여행이 이루어질 수 있는 최적의 방식과 시기가 현실트랙 안으로 출현한 거지. 사실 나는 인식의 힘을 이용해서, 스페인에 있던 기간 동안 환상적인 여행을 몇 번 했다네. 나는 그것을 인식했고, 그것은 이루어졌네. 그게 다일세.

레알 마드리드의 홈구장을 가다

카밀로 이 이야기는 내가 아직 시크릿의 내부원리를 제대로 모르던 때의 일이네. 바로 2005년, 내가 수도원에 입회하던 날의 사건일세. 수도원 입회를 위해 비행기에 몸을 실은 나는 마드리드에 도착했고 비행기를 갈아타야 했지. 그런데 공항 직원과의 소통이 잘못되는 바람에 나는 비행기를 놓쳐버렸네. 당시의 나는 스페인어라고는 고작 알파벳밖에 모르던 시절이었네. 말도 통하지 않는 이역만리 타국에서 비행기를 놓친 거지. 무척 난감한 상황이었는데 어쩐지 두려운 마음은 전혀 들지 않았지. 그리고 가톨릭 신자답게 하느님을 향해 이렇게 말했네. '하느님, 당신이 여기 데려다 놓으셨으니 당신이 해결해주세요.' 이렇게 마음속으로 주문을 외우고 있었는데 누군가가 나에게 말을 걸었네, 한국말로 말이지. 나에게 말을 건 그녀는 스페인 태생이었어. 한국에 교환학생으로 있다가 집으로 돌아가는 길이었지. 그녀는 내 사정을 듣고 수도원에 전화를 걸어주었네. 수도원에서는 부랴부랴 마드리드에 있는 지인 부부에게 연락하여 나를 부탁했네. 그렇게 예상치도 못한 도움을 받은 나는 그 부부의 집에서 하루를 보내게 됐네. 나는 거기서 근사한 저녁 식사까지 대접받고 하루를 푹 잤다네. 그리고 그 집의 주인이 가기 전에 보여줄 곳이 있다며 나를 차에 태우고 어디론가 떠났지. 그곳이 어디인지 아나? 레알 마드리드의 홈구장이었네.

릴리 축구를 좋아하시나 봐요. 남자 맞네요.

카밀로 당시 나는 레알 마드리드의 열혈팬이었지. 그 홈구장을 밟는 내 모습을 얼마나 많이 상상했는지 모른다네. 하지만 속세를 떠나 수도원에 입회하면 그럴 기회가 없을 것 아닌가? '뭐, 아쉽지만 어쩔 수 없지'라고 생각하고 잊어버리고 있었는데, 수도원 입회하는 전날 비행기를 놓치면서 그 사건이 만들어진 거지. 나의 고유우주가 수도원에 입회하면 밖으로 나오지 못하는 걸 알고 있기에, 속세를 떠나는 당일 이런 사건을 만들어서 꿈을 이룬 걸세. 이 사건으로 많은 것을 느꼈네. 뭔가 무섭다는 느낌마저 들었고 말이야. 훗날 시크릿의 원리에 대해 알게 되면서 이 사건을 다시 떠올렸을 때, 비로소 창조의 법칙이 일하는 모습인 인드라망의 연동에 대해 깊이 사유하는 계기가 되었지. 축구장에 가고 싶은 꿈을 위해서 비행기를 보내버리는 힘을 나의 편으로 만들면 무엇이 두렵겠나? 반대로 이 힘에 대적하여 저항할 생각을 내려놓으면 또 삶이 얼마나 편하겠나? 이와 같은 체험은 삶의 긍정성과 부정성, 한쪽으로의 치우침으로부터 해방시켜주는 좋은 스승이기도 하네. 창조의 원리는 이 힘을 완전히 이해하여 활용하는 것이네.

맺음말

"네가 보는 모든 것에서 '나'를 보리라". 처음으로 내면의 음성이라는 것을 체험했던 때는 아직 내 나이 10대 때였다. 평범한 고교생이었던 나, 물론 아기 때부터 어머니가 눕혀놓은 그 자세 그대로 틈만 나면 손금을 들여다보는 아이였다니 유별나기는 했나 보다. 그래, 스스로 인지하지는 못했지만 나의 구도행은 이미 어릴 적부터 시작되었던 것이다. 심각한 사춘기를 보내던 시기에도 내 마음속에는 항상 이상한 갈증이 있었다. 존재란 무엇이고 이 세상은 무엇인지, 내가 보는 것들은 정말 실재하는 것인지, 부모님의 영향으로 어릴 때부터 다니던 성당에서 가르쳐준 하느님과 예수님은 정말 사람들이 말하는 그대로일까?

돌이켜보면 정말 많은 의문 속에 살았다. 이러한 의문들은 나의 삶을 구도행으로 이끌었고, 그 결과 나는 2005년 저 이

역만리 스페인 촌구석의 한 봉쇄수도원으로까지 흘러가게 된다. 물론 처음 수도원 입회를 결심한 계기는 인간관계로부터 받은 상처였다. 그것은 심약한 내가 감당하기에는 너무 컸고, 그동안 수련해오던 모든 마음공부는 무용지물이 되었다. 그때 떠오른 생각이 '차라리 수도원에 들어가서 아무도 나를 찾아올 수 없는 곳으로 숨어버리자'였다. 타인들이 보기에는 자기 자신을 신에게 봉헌하는 삶을 찾아 떠난 듯 보였으나 사실 수도원 입회의 계기는 지독한 고통이었다. 물론 이 감정은 입회하기까지의 시간을 보내면서 존재의 실상을 알고자 하는 목마름으로 변했지만, 어쨌든 나의 발심은 현실도피가 분명했다. 고통이라는 것은 참 묘한 것이다. 석가모니의 출가도 눈앞에서 인간의 고통을 목격한 이후였다. 그리스도교의 수많은 성인을 비롯해, 동서고금의 깨어난 많은 이들이 고통을 통해서 구도행을 시작했다. 이쯤 되면 고통이라는 것은 더 이상 고통만은 아니다. 나 또한 진지한 구도행을 실천에 옮긴 계기는 고통이었으니, 따지고 보면 나의 첫 번째 스승은 고통이었다. 그리고 앎으로 깨어난 어느 날, 내가 겪었던 고통이 가지는 의미를 분명히 알게 되었다. 지금 이 순간을 있게 한 안배, 그것이 고통이었다.

결과로부터 펼쳐져 있는 삶은 시공간을 역전시키며 체험된다. '나'라는 순수존재가 어떻게 자신을 규정하느냐에 따라 관찰되는 대상의 내용은 매 순간 새롭게 변모한다. 시간이라는 환상이 깨어지고 공간이라는 환영이 깨어지면 이 말이 무슨 뜻인지 알려지게 된다. 나의 경우에는 급성 뇌수막염에 걸려 목숨이 경각에 달린 상황에서 첫 번째 깨어남이 이루어졌다. 말 그대로 생사를 가르는 순간에 일어난 변형이었으니, 이 앎은 생사경生死境에서 깨어난 앎이다. 그리고 이 일 이후에 모든 것이 변했다. 의식의 각성이 일어나면 인간의식은 새로운 눈을 얻는다. 그 눈을 비이원의 눈이라고 부르고 싶다. 새로운 눈으로 세상을 보니 관점이 변한다. 예수는 이러한 변화를 메타노이아라고 불렀다. 우리말 성경에서는 '회개'라고 번역되었지만 진정한 회개는 세상을 바라보는 관점 자체가 변하는 것을 의미한다.

변화된 관점으로 세상을 보니 이제까지 공부하였던 동서고금의 모든 영성이 실에 구슬 꿰어지듯이 하나로 연결되었다. 어렵기 그지없던 마하리쉬, 마하라지 등의 인도 아드바이타 영성도, 그리스도교를 비롯한 히브리 계열의 신비주의도, 극동아시아의 도교 영성도, 그리고 석가모니로부터 전해진 불이법마저도 모두 하나로 통합되었다. 그렇게 '나는 무엇인가?'라는 의문에 해답을 찾게 되었고, 2014년 말 나는 수도원을 떠났다.

첫 번째 의식의 각성으로부터 약간의 시간이 흐른 후, 아직 수도원에 있을 때, 이 책의 주제이기도 한 '시크릿'을 알게 되었다. 사실 시크릿은 예전에도 알고 있었지만, 그때에는 크게 관심을 두지 않았었다. 진리를 추구하는 사람은 세속의 것을 멀리해야 한다는 관념이 있기도 했었지만 시크릿이 어떤 영성으로부터 파생되어 나온 것인지 파악할 능력 자체가 없었기 때문이다. 나의 관심사는 어디까지나 존재의 실상을 아는 것이었고 시크릿은 잠깐 곁눈질로 읽어본 것이 다였다. 그러나 새로운 앎은 나를 시크릿으로 다시 이끌었고, 그제야 시크릿의 정체가 무엇인지 보였다. 새로운 눈으로 바라본 시크릿은 존재의 대원리를 이용해 세상을 적극적으로 창조해내는 놀라운 영성이었다. 또한, 구도자의 전유물로만 여겨지는 비이원 영성을 가장 쉽고 현실적으로 사람들에게 전할 수 있는 길이었음을 느꼈다. 그리고 깨달음을 추구하는 이들이 빠지게 되는 미묘한 이분법, 진제眞諦(깨달음)의 차원과 속제俗諦(현실)의 차원을 이분화하는 고정관념에도 메시지를 던지고 싶었다. 진제와 속제는 둘로 나뉜 것이 아니다. 실존의 차원을 무시하고 형이상의 차원만을 추구하는 것은 사실 깨달음을 빙자한 도피일 가능성이 큰데, 이 가면이 실로 미묘하여 여간해서는 알아보기가 힘들다. 그래서 나는 이 비이원의 앎에 기반한 시크릿을 전하기로 마음먹었다.

네빌 고다드가 전했고, 론다 번이 세상 사람들에게 본격적으로 소개하기 시작한 '시크릿', 소위 말하는 '끌어당김의 법칙'에 관한 것은 많은 사람들이 다루었다. 하지만 시크릿을 작동하게 하는 원리와 실체에 대해 밝혀진 것은 많지 않다. 많은 영성가, 저자들이 그들의 직관적인 앎이나 체험을 토대로 썼기 때문이다. 그러나 그들이 전해주는 소중한 진리가 사람들에게 얼마나 큰 도움을 주었는지는 의문이다. 시크릿 또한 일종의 영성이다 보니 직관적인 앎에 크게 의존하고 논리적인 부분이 부족하기에 이성이 쉽게 납득되지 않기 때문이다. 이 책은 시크릿과 그것의 바탕이 되는 비이원의 신비를 논리적으로 설명하여 이성을 설득시키기 위해 쓰였다. 직관적인 앎은 합리적 의심이라는 무기를 지닌 이성의 저항에 쉽게 부딪힌다. 심층의식 깊숙이 각인된 고정관념들이 충돌을 일으키기 때문이다. 그렇기에 직관적인 앎은 깊은 사유를 통한 이성의 납득을 통해 보다 완전해진다. 다

행히도 현대인의 의식수준은 과거와는 비교가 안 될 정도로 성숙하여 신비에 속하는 영역을 논리적으로 이해할 수 있을 정도의 수준에 이르렀다. 그렇기에 나는 이 책으로써 이성적 이해의 영역을 직관적 깨달음의 수준으로 끌어올려 통합하고자 했다.

물론 어려움은 있었다. 아무리 논리적으로 설명하려 해도 결국에는 깊은 앎이 발현되는 것은 책을 읽는 개개인의 고정관념이 어떤 형태로 형성되어 있는가에 달려 있기 때문이다. 그렇기에 고정된 관념들에 대해 다시 한번 생각해볼 수 있도록 가장 핵심적인 부분만을 나름 체계적으로 정리하여 한 권의 책으로 엮었다. 이 책은 현대를 살아가는 모두를 위한 책이다. 단순히 삶의 고통에 찌들어 있는 이들만을 위한 책도 아니요, 미묘한 이분법에 빠져 있음을 모른 채 자기 안에 갇힌 채로 세상과 단절하고 구도행만 하는 이들을 위한 책도 아니다. 이 책은 세상 사람들이 삶의 현장 자체를 구도의 장으로 삼아 이분법에 물들지 않은, 진정으로 자유로운 삶을 살기를 바라는 마음으로 쓰였다. 이 책을 읽는 모든 이들이 심신 양면에서 모두 풍요롭기를 바란다. 또한 깨달음이 결코 쓸모없는 것이 아님을 알아, 자신의 삶에서 적극 활용하여 모두가 행복한 사람이 되기를 기원해본다.

이 책이 나오기까지는 수많은 인연의 오고 감이 있었다. 특히 본인이 운영하고 있는 네이버 카페 '비이원 시크릿 아카데미'의 스탭분들과 회원분들께 감사를 전하며 초창기부터 함께해준 데이스타 님께 특별한 감사를 전하고 싶다. 이분들과의 교류와 소통을 통해, 이 책을 일방적인 설명이 아니라 주고받는 대화로 좀더 읽기 쉽게 구성하여 완성해낼 수 있었다. 또한 힘든 편집

작업에 열정적으로 임해주신 정신세계사 대표님과 편집자님에게도 말로는 다 할 수 없는 깊은 감사의 말씀을 전한다.

삶은 분명 고되고 슬픈 것이다. 하지만 비이원의 신비를 알면 이 고단한 삶이 곧 더없이 아름다운, 장엄한 창조의 장임을 알게 된다. 이 신비로 세상 모두를 초대하는 바이다.